プリント形式のリアル過去問で本番の臨場感！

宮崎県 県立

宮崎西・都城泉ヶ丘 高等学校附属中学校

2025年春 受験用

解答集

本書は，実物をなるべくそのままに，プリント形式で年度ごとに収録しています。
問題用紙を教科別に分けて使うことができるので，本番さながらの演習ができます。

■ 収録内容

・解答集(この冊子です)

書籍ＩＤ番号，この問題集の使い方，最新年度実物データ，リアル過去問の活用，
解答例と解説，ご使用にあたってのお願い・ご注意，お問い合わせ

・2024(令和６)年度 ～ 2019(平成31)年度　学力検査問題

JN132412

○は収録あり

年度	'24	'23	'22	'21	'20	'19
■ 問題(作文・適性検査)	○	○	○	○	○	○
■ 解答用紙	○	○	○	○	○	○
■ 配点						

全分野に解説
がありま
す

2021年度より共通問題
注)問題文非掲載:2024年度の作文，2021年度の作文，2020年度都城泉ヶ丘高等学校附属中の作文

問題文の非掲載につきまして

著作権上の都合により，本書に収録している過去入試問題の本文の一部を掲載しておりません。ご不便をおかけし，誠に申し訳ございません。

教英出版

■　書籍ＩＤ番号

入試に役立つダウンロード付録や学校情報などを随時更新して掲載しています。
教英出版ウェブサイトの「ご購入者様のページ」画面で，書籍ＩＤ番号を入力してご利用ください。

書籍ＩＤ番号　102245

（有効期限：2025年9月30日まで）

【入試に役立つダウンロード付録】
「要点のまとめ(国語／算数)」
「課題作文演習」ほか

■　この問題集の使い方

年度ごとにプリント形式で収録しています。針を外して教科ごとに分けて使用します。①片側，②中央のどちらかでとじてありますので，下図を参考に，問題用紙と解答用紙に分けて準備をしましょう（解答用紙がない場合もあります)。

針を外すときは，けがをしないように十分注意してください。また，針を外すと紛失しやすくなりますので気をつけましょう。

① 片側でとじてあるもの

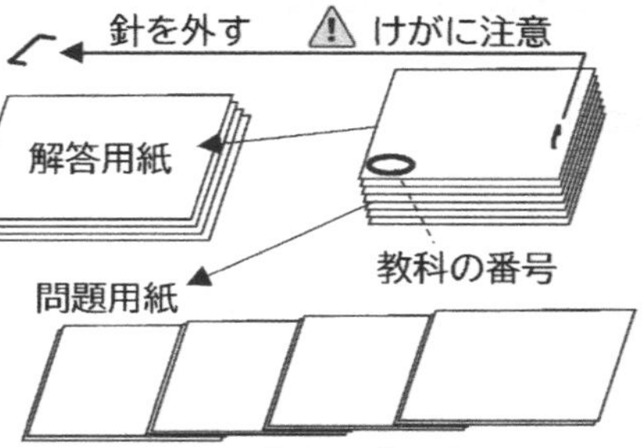

② 中央でとじてあるもの

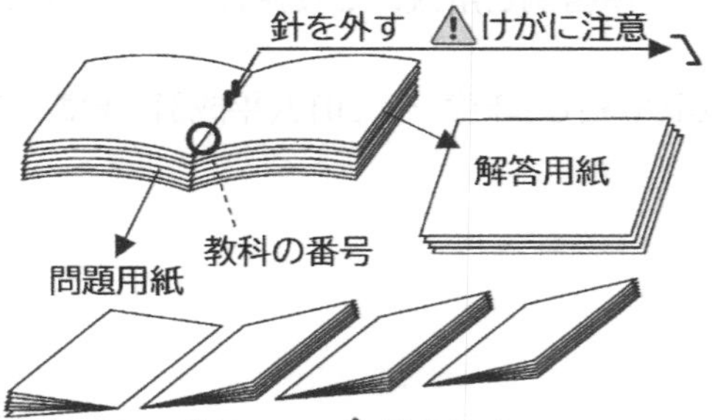

※教科数が上図と異なる場合があります。
解答用紙がない場合や，問題と一体になっている場合があります。
教科の番号は，教科ごとに分けるときの参考にしてください。

■　最新年度 実物データ

実物をなるべくそのままに編集していますが，収録の都合上，実際の試験問題とは異なる場合があります。実物のサイズ，様式は右表で確認してください。

問題用紙	適性：Ａ４冊子(二つ折り) 作文：Ｂ４片面プリント
解答用紙	Ｂ４片面プリント

リアル過去問の活用

～リアル過去問なら入試本番で力を発揮することができる～

本番を体験しよう！

問題用紙の形式（縦向き／横向き），問題の配置や余白など，実物に近い紙面構成なので本番の臨場感が味わえます。まずはパラパラとめくって眺めてみてください。「これが志望校の入試問題なんだ！」と思えば入試に向けて気持ちが高まることでしょう。

入試を知ろう！

同じ教科の過去数年分の問題紙面を並べて，見比べてみましょう。

① 問題の量

毎年同じ大問数か，年によって違うのか，また全体の問題量はどのくらいか知っておきましょう。どのくらいのスピードで解けば時間内に終わるのか，大問ひとつにかけられる時間を計算してみましょう。

② 出題分野

よく出題されている分野とそうでない分野を見つけましょう。同じような問題が過去にも出題されていることに気がつくはずです。

③ 出題順序

得意な分野が毎年同じ大問番号で出題されていると分かれば，本番で取りこぼさないように先回りして解答することができるでしょう。

④ 解答方法

記述式か選択式か（マークシートか），見ておきましょう。記述式なら，単位まで書く必要があるかどうか，文字数はどのくらいかなど，細かいところまでチェックしておきましょう。計算過程を書く必要があるかどうかも重要です。

⑤ 問題の難易度

必ず正解したい基本問題，条件や指示の読み間違いといったケアレスミスに気をつけたい問題，後回しにしたほうがいい問題などをチェックしておきましょう。

問題を解こう！

志望校の入試傾向をつかんだら，問題を何度も解いていきましょう。ほかにも問題文の独特な言いまわしや，その学校独自の答え方を発見できることもあるでしょう。オリンピックや環境問題など，話題になった出来事を毎年出題する学校だと分かれば，日頃のニュースの見かたも変わってきます。

こうして志望校の入試傾向を知り対策を立てることこそが，過去問を解く最大の理由なのです。

実力を知ろう！

過去問を解くにあたって，得点はそれほど重要ではありません。大切なのは，志望校の過去問演習を通して，苦手な教科，苦手な分野を知ることです。苦手な教科，分野が分かったら，教科書や参考書に戻って重点的に学習する時間をつくりましょう。今の自分の実力を知れば，入試本番までの勉強の道すじが見えてきます。

試験に慣れよう！

入試では時間配分も重要です。本番で時間が足りなくなってあわてないように，リアル過去問で実戦演習をして，時間配分や出題パターンに慣れておきましょう。教科ごとに気持ちを切り替える練習もしておきましょう。

心を整えよう！

入試は誰でも緊張するものです。入試前日になったら，演習をやり尽くしたリアル過去問の表紙を眺めてみましょう。問題の内容を見る必要はもうありません。どんな形式だったかな？受験番号や氏名はどこに書くのかな？…ほんの少し見ておくだけでも，志望校の入試に向けて心の準備が整うことでしょう。

そして入試本番では，見慣れた問題紙面が緊張した心を落ち着かせてくれるはずです。

※まれに入試形式を変更する学校もありますが，条件はほかの受験生も同じです。心を整えてあせらずに問題に取りかかりましょう。

宮崎西高等学校附属中学校
都城泉ヶ丘高等学校附属中学校

2024 令和6 年度 **作文**

《解答例》

問い一．本当に自分でよく考えて、心の底から「分かった」と思えない限りは、分かった気になっているにすぎないという考え。　　問い二．自分の感性にしたがわず、世間の評価にしたがって絵をとらえてしまうということ。

問い三．〈作文のポイント〉

・最初に自分の主張、立場を明確に決め、その内容に沿って書いていく。

・わかりやすい表現を心がける。自信のない表現や漢字は使わない。

さらにくわしい作文の書き方・作文例はこちら！→https://kyoei-syuppan.net/mobile/files/sakupo.html

《解答例》（第１部）

課題１ 問い１．ア．４　イ．４　ウ．27　エ．黒　オ．１　問い２．イ
問い３．１段目…２　２段目…１　３段目…２

課題２ 問い１．方法…中央値を比べる。　説明…中央値はA班が７，B班が６だから，A班の方が大きい。よって，A班の方が本をよく読んだといえる。
問い２．右グラフ　問い３．ア．×　イ．○　ウ．×　エ．×

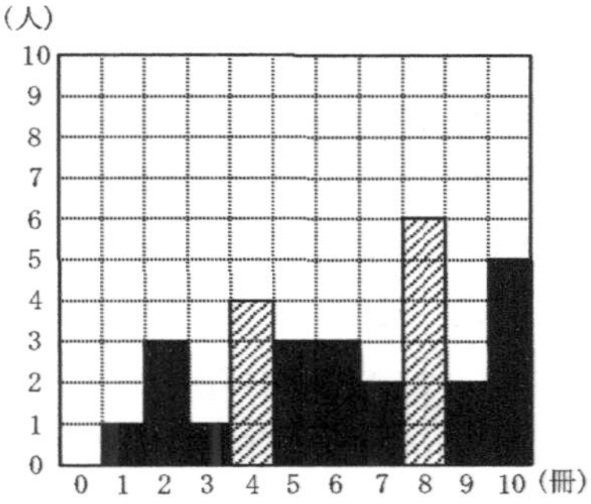

課題３ 問い１．エネルギーをつくるのに必要な酸素をたくさん全身に届ける必要があるため。　問い２．光の強さが弱い方が，植物が二酸化炭素を吸収して，酸素を出すはたらきは弱くなる。　問い３．光が当たらないようにしたとき，酸素が減り，二酸化炭素が増えたから，植物は呼吸をしているといえる。

課題４ 問い１．10ｇのおもりを，右うでのめもり３に２個，めもり５に３個つるしたとき。　問い２．40
問い３．ばね…B　理由…右うでをかたむけるはたらきが 100×３＝300 だから，ばねが左うでを下に引く力の大きさは 300÷６＝50(ｇ)である。図３より，おもりの重さが 50ｇでばねの長さが 75 ㎝になるのはばねBだから。

課題５ 問い１．ウ　問い２．A．戦死者が多く，戦争の費用が高かった　B．賠償金が得られなかったこと
問い３．A．24 時間営業ではない　B．特に夜間における航空機騒音

課題６ 問い１．成人男性に課される重い税の負担から逃れる　問い２．エ　問い３．A．マレーシア・インドネシアの訪日観光客数が増加している　B．マレーシア・インドネシアはイスラム教徒が多く，イスラム教徒の観光客が安心して食事ができるよう配慮する

《解　説》

課題１

問い１　図１の飾りは，上の段にも下の段にも，黒と白の立方体が２個ずつ使われている。したがって，黒の立方体が２×２＝４(個)，白の立方体が２×２＝４(個)使われている。
図２の飾りは，立方体が縦に３個，横に３個，高さに３個並んでいるので，全部で３×３×３＝27(個)の立方体が使われている。黒の立方体は，頂点の位置に８個と各面の真ん中に６個使われているから，全部で８＋６＝14(個)使われている。白の立方体は 27－14＝13(個)使われているから，黒の方が 14－13＝１(個)多い。

問い２　図３をABからCの方向に切ると，白の立方体を３個，黒の立方体を１個切断する。白の立方体は右の図Ⅰのように切られ，黒の立方体は図Ⅱのように切られるから，切り口は正三角形を組み合わせたイの模様になる。

図Ⅰ

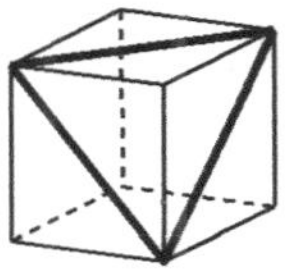

図Ⅱ

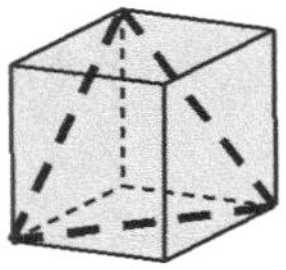

問い３　右図のように３つの段に分けて考える。正面と横から見た図から，右図で直線を引いた立方体にはボールが入っていないとわかる。あとは上から見た図と比べることで，○の位置にボールがあるとわかる。よって，１段目に２個，２段目に１個，３段目に２個のボールがある。

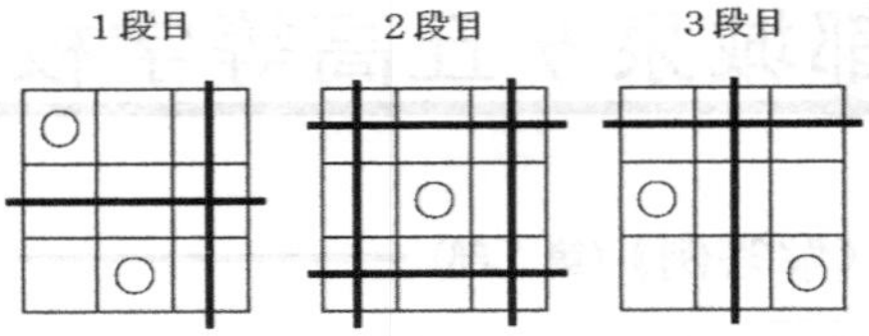

課題２

問い１　２つのグループを比べるときには，平均値か中央値で比べることがよくある。

問い２　グラフより，４冊と８冊以外の人数の合計は，１＋３＋１＋３＋３＋２＋２＋５＝20(人)だから，４冊と８冊の人数の合計は30－20＝10(人)である。また，４冊と８冊以外の冊数の合計は，
１×１＋２×３＋３×１＋５×３＋６×３＋７×２＋９×２＋10×５＝125(冊)だから，４冊と８冊の冊数の合計は，189－125＝64(冊)である。10人全員が８冊読んだ人だとすると，冊数の合計は８×10＝80(冊)となり，実際より80－64＝16(冊)多くなる。１人を８冊読んだ人から４冊読んだ人におきかえると，冊数の合計は８－４＝４(冊)少なくなるから，４冊読んだ人は16÷４＝４(人)，８冊読んだ人は，10－４＝６(人)である。

問い３　ア．学級全体の平均値は小数になることもあるので，正しくない。

イ．例えば30人全員が６冊読んだ場合，平均値は６冊になるので，正しい。

ウ．Ａ班とＢ班の人数が異なるので，正しくない。実際に計算してみると，６年２組全体の平均値は，189÷30＝6.3(冊)，(Ａ班とＢ班の平均値の和)÷２＝(7.0＋5.5)÷２＝6.25(冊)で，同じにならない。

エ．平均値は全体の順位のちょうど真ん中にくるとは限らないので，正しくない。例えば６年１組のＢ班を見ると，16冊という極端《きょくたん》に大きい値によって平均値が高くなっているので，平均値より大きい人は４人しかいない。

課題３

問い１　血液には酸素や養分を全身に運ぶはたらきがある。心臓のはく動が多くなると，心臓から送り出される血液の量が増え，全身に届けられる酸素や養分の量も増える。

問い２　Ａでは酸素が約２％増え，二酸化炭素が約２％減っていて，Ｂでは酸素が約１％増え，二酸化炭素が約１％減っている。このことから，光の強さがＡより弱いＢでも植物が二酸化炭素を吸収して，酸素を出すはたらき(光合成)は行われているが，そのはたらきは弱くなっていると考えられる。

問い３　光が当たらない(Ｃの)とき，光合成は行われていない。このとき酸素が減り，二酸化炭素が増えていることから，酸素を吸収して，二酸化炭素を出す呼吸が行われているといえる。なお，実際にはＡ～Ｃのすべてで呼吸は行われている。ＡやＢでは光合成のはたらきが呼吸よりも大きいため，酸素が増えて，二酸化炭素が減る。

課題４

問い１　てこのうでをかたむけるはたらきが30×３＋20×６＝210になればよいから，210÷３＝70より，右うでのめもり３に10ｇのおもりを７個つるすとつりあうことがわかる。ここから，つるすおもりの数を少なくするために，めもり３につるすおもりの数をできるだけ減らす。50×３＝150，30×５＝150より，めもり３に10ｇのおもり５個つるすときと，めもり５に10ｇのおもり３個つるすときでは，てこのうでをかたむけるはたらきが同じになるから，めもり３に10ｇのおもりを７－５＝２(個)，めもり５に10ｇのおもりを３個つるすと，右うでをかたむけるはたらきが20×３＋30×５＝210になって，てこがつりあう。

問い２　おもりの重さが 10ｇ増えると，ばねの長さが 10 cm長くなるので，おもりの重さが 20ｇのときより 20ｇ減った０ｇのときのばねの長さは 20 cm短くなる。よって，60－20＝40(cm)である。

課題５

問い１　ウ　　常任理事国のうち，ロシアだけが分担金の割合上位７か国に入っていない。

問い２　日清戦争の戦死者は約１万４千人，日露戦争では約８万４千人だから，日露戦争の戦死者は日清戦争の戦死者の約６倍である。また，使った戦争の費用は約８倍に増えている。日清戦争より被害が大きく，国民は重税に耐えて日露戦争に協力したのに賠償金が取れなかったために，日比谷焼き打ち事件が起きた。

問い３　都市部に立地している福岡空港と人工の島に立地している北九州空港で，何が大きく違うかを考える。北九州空港，関西国際空港，中部国際空港，東京国際空港などは海沿いや海上に立地しているため，周辺の騒音問題が少なく 24 時間の離着陸が可能になっている。

課題６

問い１　女性は租だけを負担するのに対して，成人男性は租・調・庸・雑徭・兵役を負担しなければならなかった。そこで性別をいつわったり，年齢をいつわったりして，重税から逃れようとする男性が多かったと考える。

問い２　エ　　交番(X)→病院(⊕)→消防署(Y)→図書館(🕮)→神社(⛩)→交番(X)→消防署(Y)→博物館(🏛)

問い３　イスラム教徒には，食べ物以外にも，１日５回のメッカに向かっての礼拝，ラマダーンの月の日中の飲食の禁止などさまざまな戒律があるので，文化を尊重する意味でも細心の注意を払いたい。

《解答例》

問い一．自分たちの森が燃えていくことに対して、たとえ一滴ずつでも自分のくちばしを使って水のしずくを運び、火を消す努力をすること。

問い二．(例文)

大量生産、大量消費型の暮らしが、地球に大きな負担をかけているという問題がある。

この問題に対して、私は物を大切に使うことを心がけたい。私一人がそうすることは、地球全体の大きな問題に対して、とても小さなことに思える。しかし、自分にできることを淡々と続けたクリキンディのように、あきらめずに行動を続けたいと思う。「小さな地球人」の努力でも、世界中の一人一人が行動を続ければ、大きな力となって、未来の地球を守ることにつながるのだと考える。

私は文ぼう具が好きで、新商品を見るとつい買ってしまう。その結果、机の中には使い切らずにあきてしまった文ぼう具がたくさんあり、じゃまになって捨てることもある。物をむだにすると、それを作るために使った資源もむだになってしまう。だから、物を買う時には本当に必要な物かをよく考え、買った物は長く大切に使うこと、むだなく使い切ることを実行していきたい。

宮崎西高等学校附属中学校
都城泉ヶ丘高等学校附属中学校

2023 令和5年度　適性検査Ⅰ

《解答例》(第1部)

課題1　問い1．100　問い2．1.5　問い3．イ．750　ウ．3

課題2　問い1．ア．4　イ．6　問い2．60

問い3．駅→工場→美術館→博物館→歴史資料館→駅〔別解〕駅→歴史資料館→博物館→美術館→工場→駅

課題3　問い1．①イ　②ア　③ア　問い2．①イ　②上から順にたまっていき　③下に移動する

課題4　問い1．7.5　問い2．120　問い3．イ

課題5　問い1．ウ　問い2．①えびの高原　②75　問い3．イ，オ

課題6　問い1．ア　問い2．ア．石炭の生産量が減り，輸入量が増えた　イ．原料を船で輸入するのに便利な沿岸部にある　問い3．イ，ウ

《解　説》

課題1

問い1　区間Aでは，2分間で300m走ったから，□にあてはまる数は，300÷3＝100

問い2　2分間で走った道のりは，区間Aが300m，区間Cが200mである。

区間AとCの速さの比は同じ時間で進んだ道のりの比に等しく，300：200＝3：2である。

よって，区間Aの速さは，区間Cの速さの$\frac{3}{2}$＝1.5(倍)である。

問い3　グラフ3より，6分間で走った道のりは，150＋400＋200＝イ750(m)

よしこさんは区間Aで300m，区間AとBで400m，区間AとBとCで600m進み，ゆきえさんは区間Aで150m，区間AとBで150＋400＝550(m)，区間AとBとCで750m進む。

よって，ゆきえさんがよしこさんに追いつくのは，ゆきえさんが区間Bを走っているときである。

ゆきえさんが区間Aを走り終えたとき，2人の間の道のりは300－150＝150(m)である。

区間Bを走る速さは，よしこさんが分速(100÷2)m＝分速50m，ゆきえさんが分速(400÷2)m＝分速200mだから，区間Bでは1分間で2人の間の道のりは200－50＝150(m)縮まる。

よって，ゆきえさんがよしこさんに追いついたのは，スタートから2＋150÷150＝ウ3(分後)である。

課題2

問い1　工場と美術館の2か所だけを見学するコースの2通り以外に，美術館と歴史資料館の2か所だけを見学するコースが，「駅→美術館→歴史資料館→駅」「駅→歴史資料館→美術館→駅」の2通りあるから，2か所だけ見学するコースは，全部で2＋2＝ア4(コース)ある。

博物館を入れて3か所だけ見学するコースを考える。博物館と工場と美術館の3か所だけを見学するコースは，「駅→工場→博物館→美術館→駅」「駅→美術館→博物館→工場→駅」の2通りある。同様に，博物館と工場と歴史資料館，博物館と美術館と歴史資料館の3か所だけを見学するコースも2通りずつあるから，博物館を入れて3か所だけ見学するコースは，全部で2×3＝イ6(通り)ある。

問い2　自主研修の時間は午前9時～正午までの3時間＝180分で，4つの施設の見学時間の合計は30×4＝120(分)だから，移動時間の合計が180－120＝60(分)より多くかかってしまうと，正午に間に合わない。

問い３　移動時間が少ないコースを考えるので，施設の間の移動時間に20分がなく，10分が多くなるようなコースを探すと，「駅→工場→美術館→博物館→歴史資料館→駅」または「駅→歴史資料館→博物館→美術館→工場→駅」が見つかる。このときの移動時間の合計はともに10＋10＋15＋10＋10＝55(分)なので，正午までにもどってくることができる。

課題３

問い１　表より，燃やす前の二酸化炭素の体積の割合は約0.04％で，火が消えた後の二酸化炭素の体積の割合は約３％である。よって，かずおさんの予想では，二酸化炭素の体積の割合が0.04％よりも小さい①では，ろうそくは，しばらく燃え，二酸化炭素の体積の割合が３％よりも大きい②，③では，ろうそくの火は，すぐに消えると考えられる。

問い２　ろうそくが燃えるとできる二酸化炭素を多くふくむ気体は，熱によってまわりの空気よりも軽くなっているので，上にあがる。このため，酸素を多くふくむ気体は下に移動する。その結果，長いろうそくが先に消える。

課題４

問い１　表より，おもりの重さを10ｇずつ増やしていくと，ばねの長さが0.5㎝ずつ増えていくことがわかるので，50ｇのおもりをつるしたときのばねの長さは40ｇのときより0.5㎝長い7.5㎝である。

問い２　問い１より，このばねは10ｇのおもりをつるすと0.5㎝のびることがわかるので，６㎝のばすためには，$10\times\frac{6}{0.5}=120$(ｇ)のおもりをつるせばよい。

問い３　結果より，ばねが２㎝のびたときに，おもりがゆかからはなれ，ばねののびが一定になったことがわかるので，イが正答となる。

課題５

問い１　「都井《とい》岬《みさき》」以外の候補地《こうほち》を選んだ方がいい理由を話しているので，「都井岬」のマイナス面か，他の候補地のプラス面を話しているものを選ぶ。ア，イ，エは他の候補地のマイナス面，ウは「都井岬」のマイナス面を話しているから，最も適切なものはウである。

問い２　ボルダルールのやり方で計算すると，「高千穂峡《たかちほきょう》」が３×(７＋３)＋２×(10＋６)＋１×(２＋８)＝72(点)，「えびの高原」が３×(10＋２)＋２×(７＋８)＋１×(３＋６)＝75(点)，「都井岬」が69点だから，点数が一番高い候補地は①えびの高原で，点数は②75点である。

問い３　多数意見のみが影響《えいきょう》する多数決の決め方，少数意見も影響するボルダルールの決め方など，様々な決め方があるので，話し合いを通して，場面に応じた決め方の選択ができるとよい。

課題６

問い１　資料１より，★の近くに□があることに注目しよう。資料２より，鉄をつくるには鉄鉱石と石炭が必要だとわかるので，□でとれた石炭が★で使われていたと考える。

問い２　●の製鉄所は，船で原料を輸入するのに便利な沿岸部(太平洋ベルト)にある。

問い３　まことさんのまとめでは，「鉄をつくる際に発生する，ガスの利用における省エネルギー」についてまとめられているので，輸出先の割合についてのアや，水の再利用についてのエは誤りである。

《解答例》(第２部)

課題１　問い１．10.2　　問い２．４：３のスライド　説明…設定が４：３のスライドは，縦の長さを4.5mで合わせると，横の長さが$4.5\times\frac{4}{3}=6$(m)になり，面積が$4.5\times6=27$(m²)になる。設定が16：９のスライドは，横の長さを6.5mで合わせると，縦の長さが$6.5\times\frac{9}{16}=\frac{117}{32}$(m)になり，面積が$\frac{117}{32}\times6.5=\frac{1521}{64}=23\frac{49}{64}$(m²)になる。よって，設定が４：３のスライドを使ったほうがよい。

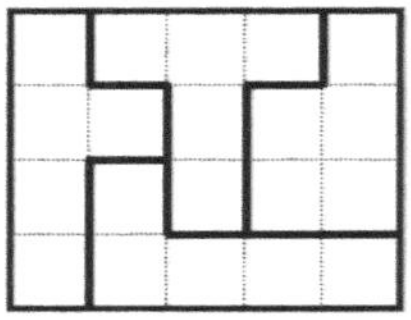

課題２　問い１．５　　問い２．右図　　問い３．ア．７　イ．30

課題３　問い１．ウ　　問い２．32　　問い３．水てきや氷のつぶが上しょう気流によって支えられているから。

課題４　問い１．ウ　　問い２．種子にふくまれる養分を使い果たしてしまう　　問い３．①イ　②ア

課題５　問い１．ウ　　問い２．Ａ．中心から各地への距離がわかる　Ｂ．東京からサンパウロを直線で結んだ最短の経路だ　　問い３．イ，エ

課題６　問い１．ア．10歳未満や10歳台で将軍になっている　イ．協力的ではなかった　　問い２．ウ．子のあいだで分割相続している　エ．相続される土地が小さくなっていった　オ．北条氏は増えて，北条氏以外は減っている　カ．思い通りに政治を行った

《解　説》

課題１

問い１　対角線の長さが約76.2㎝のときが30型なので，対角線の長さが約25.9㎝のタブレットは，$30\times\frac{25.9}{76.2}=10.19\cdots$より，10.2型になる。

問い２　スクリーンの横の長さと縦の長さの比は，$6.5:4.5=13:9=4\frac{1}{3}:3$だから，４：３のスライドを使う場合は縦の長さを4.5mで合わせ，16：９のスライドを使う場合は横の長さを6.5mで合わせると，スクリーンからはみ出ることなくできるだけ大きな面積で映し出せることができる。よって，解答例のように説明できる。

課題２

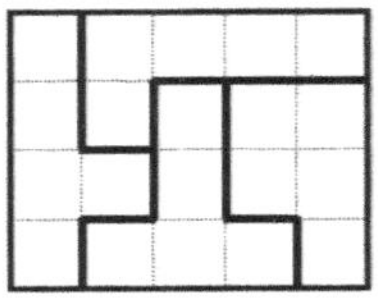

問い１　図１の①～⑤の図形はいずれもマス目が５つあるので，これをいつくか並べてできあがる長方形のマス目の合計は必ず５の倍数になる。

問い２　右図のように，解答例と上下に対称な図形の他に，左右に対称な図形，回転させて重なる図形なども考えられる。

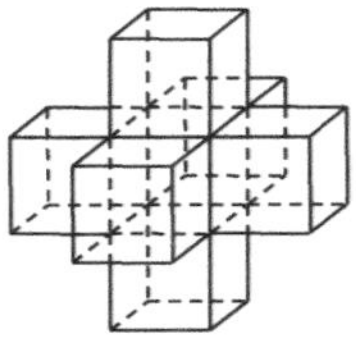

問い３　作った立体は右図のように，立方体をア7個使っている。
色をぬることができた面は，この立体を前後上下左右から見たときに見える面である。図４より，前後上下左右から見るとそれぞれ５つの面が見えるから，色をぬることができた面は，全部で５×６＝イ30(面)ある。

課題３

問い１　会話より，上空で空気が冷やされて水蒸気が水や氷のつぶに変化すると雲ができることがわかる。湯気は小さな水てきのつぶが集まって目に見えているものだから，見えない部分にふくまれている水蒸気が冷やされて，湯気の部分で水に変化したものである。よって，ウが正答となる。

問い２　標高4400mで温度が０℃になったので2000mの温度は$0.5\times\frac{4400-2000}{100}=12$(℃)である。また，標高2000mまでは標高が100m上がると温度が１℃ずつ下がったので，地面近くの気温は$12+\frac{2000}{100}=32$(℃)となる。

問い３　水てきや氷のつぶによってできる雲は，集まって大きくなることで重くなって落ちてくると考えられる。よって，雲ができても，上空に水てきや氷のつぶがたまって重くなるまでは雨が降らないと考えられる。

課題４

問い１　発芽に光が必要であることを確かめるときは，光以外は発芽の条件を満たしている③と④を比べる。

問い２　発芽した植物は光を受けて光合成を行い，自ら養分を作るが，地表に出て光を受けるまでは養分を作ることができない。

問い３　短日植物は，連続した暗期の長さが１日の半分以上になると花芽を作ることがわかる。よって，①では花芽を作らず，②では花芽を作る。

課題５

問い１　右図

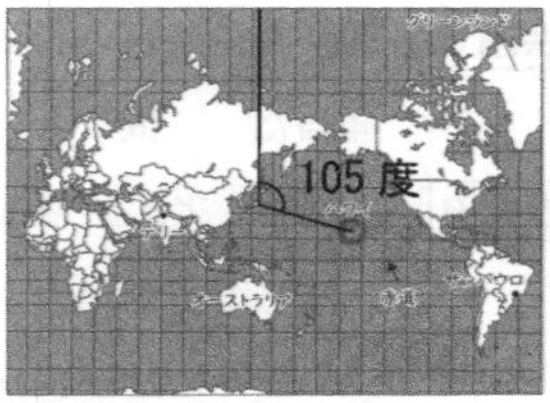

問い２　資料３の正距方位図法は，中心から各地への距離がわかる。
東京とサンパウロを直線で結ぶと，ヒューストンは東京－サンパウロ間の，ほぼ線上にあることがわかる。

問い３　オ―サグラフ世界地図は，面積や距離，形のゆがみをおさえ，地球の全体像を長方形に示した地図である。よって，ア，ウは誤りである。赤道からはなれるほど，実際の面積より大きくなり，形のゆがみが大きくなるのは資料２のメルカトル図法の特徴《とくちょう》である。

課題６

問い１　ア．文中に「源頼朝は，将軍に40歳台半ばでなっている」とあるので，年齢に着目して書けばよい。
イ．資料３に，「反執権勢力であると疑われ」，「逆らおうとした疑いで」とあることから，北条氏によって不都合であったときに，追放するための理由として，「疑い」がかけられていると考えられる。

問い２　ウ・エ．資料５より，当時の御家人は土地を分割して相続していることがわかる。よって，恩賞がもらえず土地を増やせないと，相続される土地はしだいに小さくなっていくと考えられる。　オ．元寇後の守護の数に注目する。北条氏が増えていて，北条氏以外は減っていることがわかる。　カ．執権の一族である北条氏が，各地の守護にも多く就いているので，北条氏が思い通りに政治を動かしたのが，「御家人の不満」がなくならなかった原因であると考えられる。

《解答例》

問い一．目に見える草丈の伸びのよさ

問い二．（例文）

筆者は、目に見えて大きくなることだけではなく、段階に応じて役目をきちんと果たしていくことが成長だと考えている。

私はこれまで、成長は、体力や知力が向上していくことであり、大人になったら止まるものだと思っていた。そして、成長するために必要なのは、栄養とすいみんをしっかりとることや、運動や勉強をがんばることだと思っていた。イネが米を実らせ、穂を垂らすのも成長の姿であるという筆者のとらえ方を知って、これまでの成長という言葉のイメージが変わった。人間も、段階に応じて、死ぬまで成長を続けられるのだと思った。そして、自分が身につけた力を他の人のために使うことも、成長というのだと思った。

これからは、自分の能力を上げる努力をするだけではなく、周りをよく見て、その中でどういう自分であるべきかを考え、求められていることにこたえられる人間に成長していきたい。

《解答例》(第1部)

課題1 問い1．ア．３　イ．28　ウ．３：７　問い2．黄・白・青　問い3．72.22

課題2 問い1．ア．15　イ．１　ウ．94　エ．３　オ．金　問い2．カ．76　キ．62

課題3 問い1．１㎤あたりの重さが，水よりも軽いか重いかというちがい。　問い2．氷がとけることで，１㎤あたりの重さが氷やエタノールよりも重い水がビーカーの底にたまり，その水に氷がういたから。

課題4 問い1．ウ　問い2．ア．ちがう　イ．同じ　問い3．記号…ア　理由…地球がAの位置にあるときが満月で，その約27.3日後のBの位置にくるまでの間に，まだ次の満月になっていないから。

課題5 問い1．ア．太陽光が長く当たる　イ．風通し　問い2．輸出額は増えている　問い3．屋根に積もった雪が落ちてくる

課題6 問い1．ア，エ　問い2．実に多くのでんぷんをためる　問い3．冬の住み家となり，生態系を守る

《解　説》

課題1

問い1　赤の面積は，２×２×3.14－１×１×3.14＝(２×２－１×１)×3.14＝ア３×3.14(㎠)
青の面積は，半径が２×４＝８(㎝)の円の面積から半径が２×３＝６(㎝)の円の面積をひけばいいから，
８×８×3.14－６×６×3.14＝(８×８－６×６)×3.14＝イ28×3.14(㎠)
黄と青の面積の比は，(12×3.14)：(28×3.14)＝12：28＝ウ３：７

問い2　赤の面積の20倍は，(３×3.14)×20＝60×3.14(㎠)
12×3.14＋20×3.14＋28×3.14＝(12＋20＋28)×3.14＝60×3.14より，黄・白・青の面積を合計すると，赤の面積の20倍になる。

問い3　赤と青が重なり合う部分は，右図の色付き部分である。これは，図2の赤と白の面積の和に等しいから，求める面積は，３×3.14＋20×3.14＝(３＋20)×3.14＝23×3.14＝72.22(㎠)

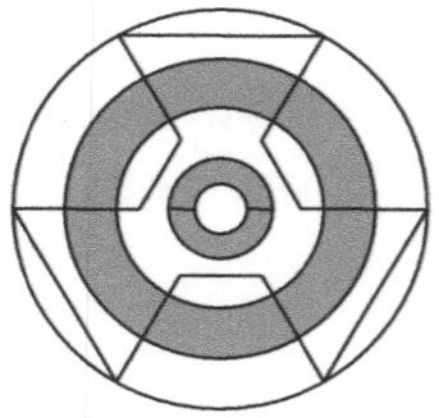

課題2

問い1　４月８日を１日目として数えると，４月15日は４月８日の15－８＝７(日後)だから８日目，４月22日は４月８日の22－８＝14(日後)だから，ア15日目にあたる。８と15をそれぞれ７で割ると，８÷７＝１あまり１，15÷７＝２あまり１より，あまりはイ１である。
７月10日は，４月８日の(30－８)＋31＋30＋10＝93(日後)だから，ウ94日目にあたる。94÷７＝13あまり３より，７で割るとあまりはエ３となる。あまりが１になる日が水曜日であり，あまりが３となるのは，あまりが１になる日の３－１＝２(日後)だから，オ金曜日である。

問い2　４月13日から７月９日までは，何週間と何日あるのかを考える。
４月13日は月曜日(４月のカレンダーより)，７月９日は木曜日(７月10日の前日)である。７月９日は，４月13日の(30－13)＋31＋30＋９＝87(日後)だから，４月13日を１日目とすると，７月９日は88日目である。
１日目～７日目(１週間)で学習する日数は金曜を除く６日であり，学習時間の合計は，30×４＋90×２＝300(分)，

つまり5時間である。88÷7＝12あまり4より，4月13日から7月9日までは，12週間と4日(月〜木)ある。

よって，学習する日数は，6×12＋4＝カ76(日)

月〜木の学習時間の合計は，30×4＝120(分)，つまり2時間だから，学習時間の合計は，5×12＋2＝キ62(時間)

課題3

問い1　表より，水にういた油と氷は1㎤あたりの重さが水よりも軽く，水にしずんだ鉄球は1㎤あたりの重さが水よりも重いことがわかる。1㎤あたりの重さが重いものほど下に移動すると考えればよい。

問い2　表より，1㎤あたりの重さが重い順に，水，氷，エタノールとわかる。よって，問い1解説より，氷がとけてできた水とエタノールが混ざり合わなければ，下から水，氷，エタノールの順になり，氷が水にはうき，エタノールにはしずんだ状態になる。

課題4

問い1　図1で，日本を通り，赤道に平行な直線を引くと，日本が地球の白い部分(太陽の光があたっている部分)を通る長さよりも，地球の色付きの部分(太陽の光があたっていない部分)を通る長さの方が長くなることがわかる。よって，図1は，昼が短く，夜が長い冬のようすである。

問い3　太陽，地球，月の順に一直線に並んだときに，地球から月を見ると満月に見える。したがって，地球がAの位置にあるときは満月である。地球がAの位置からBの位置まで移動するのにかかる日数が約27.3日であり，地球がBの位置にあるときには，一直線に並んでいない(満月ではない)。月が地球の周りを回っている向きから，一直線に並ぶのは地球がBの位置にあるときよりもあとになる(右図Cの位置)から，満月から次の満月にもどるまでの日数は約27.3日よりも長い。

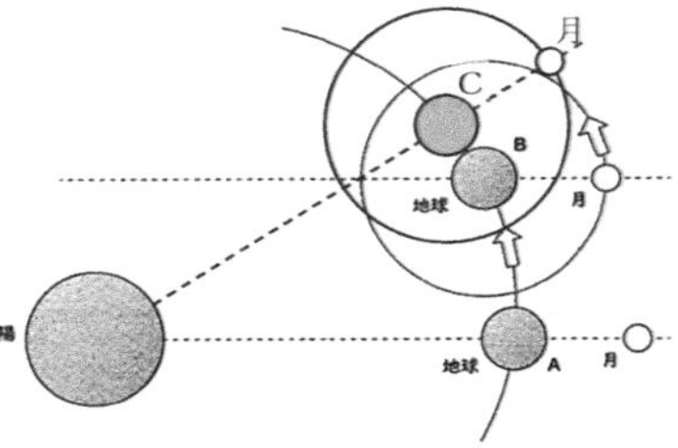

課題5

問い1 ア　太陽は東から上り，西へ沈んでいくから，屋根に積もった雪を午前中は東側で溶かし，午後は西側で溶かす。　イ　白川郷は南北に細い谷にあって強い風が吹くので，夏は窓を開けて風を吹き抜けさせることで，蚕が暑さにやられないように工夫している。

問い2　生糸の輸出額は，1882年が3772×0.43＝1621.96(万円)，1897年が16314×0.34＝5546.76(万円)である。

問い3　会話1でまことさんが，屋根の角度が急なのは雪水が流れやすいようにするためと言っている。隣家の敷地に雪が落ちないようにするためや，屋根の除雪作業中の転落や落雪による事故を防ぐために，排水口から雪水を流している。

課題6

問い1　アとエが正しい。アは岩手県，エは山形県。　イ．総面積が最小の宮城県では，農業生産額の約10分の1を果実がしめている。　ウ．耕地面積が最大の青森県では，農業生産額の約4分の1を野菜がしめている。

問い2　資料3より，光を使ってでんぷんを作り出してためていること，夜の気温が高いと稲がでんぷんを使いすぎてしまうことがわかる。資料4より，日照時間が長く，気温が高い日の少ない大仙市では，昼に多くのでんぷんをためて，夜にほとんど使わないことがわかる。

問い3　冬の田んぼに，昆虫，小魚，わたり鳥が住んでいることに着目する。冬のたんぼに水をはると，菌類やイトミミズなどが増えて，それを食べる生き物が集まる。鳥のフンは土の養分になる。多様な生き物が住むことで田んぼの土が豊かになり，除草剤や肥料を使わない安全な米作りができる。

《解答例》(第２部)

課題１ 問い１．ア．Ａ３　イ．Ｂ２　ウ．Ｄ２（イとウは順不同）

問い２．エ．Ｄ１　理由…２列目の人が座れる席がＡ２，Ｂ２だけになるから。　問い３．５

課題２ 問い１．180　問い２．一般家庭の1.3倍使用している　問い３．イ．5830　ウ．23　求め方…消費税10%を加算する前の金額が，$5300\times\frac{60}{100}=3180$(円)となればよい。この金額から基本料金を除いた，使用した水の量の料金は，3180－800＝2380(円)である。よって，水は10 m^{3}をこえてから，(2380－300)÷160＝13(m^3)使用できる。したがって，２か月分の水の使用量を，10＋13＝23(m^3)におさえないといけない。

課題３ 問い１．発光ダイオードは白熱電球に比べて電気のもつエネルギーが熱に変わる割合が小さく，信号機についた雪がとけにくいから。　問い２．発電所から家庭までのきょりが長いほど，空気中へにげるエネルギーが大きい。　問い３．イ

課題４ 問い１．エ　問い２．動物Ｂの数が増えると，動物Ｂによって植物Ａがたくさん食べられるようになり，やがて動物Ｂはえさ不足になるから。　問い３．落葉樹林の葉によって日光がさえぎられるようになるから。

課題５ 問い１．ア．売れなくなる　イ．日本企業の工場がアメリカ国内に建設され，現地生産が始まった

問い２．テレビと小麦の生産数や生産量が多い　問い３．輸出による収入が不安定になる

課題６ 問い１．７月23日，８月４日　問い２．イ　問い３．1970年代からシラスウナギの国内漁獲量が減っているので，産卵をむかえる銀ウナギを採捕しないことで，日本に戻ってくるシラスウナギの数を増やす目的があるから。

《解　説》

課題１

問い１　監督《かんとく》(Ｃ３の席)の横にコーチが座るが，Ｃ３の席の左右の席は利用できないから，コーチはアＡ３またはＥ３の席に座る。１列目に３人座る場合，座った席の左右の席を利用しないようにすると，Ａ１，Ｃ１，Ｅ１に座ることになる。この席の後ろの席は利用できないので，２列目の１人は，イＢ２またはウＤ２の席に座ることになる。

問い２　Ｃ３，Ｅ３を利用しているので，Ｃ２，Ｅ２の席が利用できないことに注目する。

２列目の２人は，Ａ２，Ｂ２，Ｄ２のうち２席に座るが，Ａ２とＢ２を同時に利用することはできない。

よって，必ずＤ２の席に１人座る必要があるので，１列目の人がＤ１の席に座ると，座れない人が出てくる。

問い３　問い２の解説より，２列目の人はＡ２とＤ２またはＢ２とＤ２に座る。２列目の人の座り方で場合分けをして，１列目の人の座り方を考えると，右図(○印が座っている席)より，全部で２＋３＝５(通り)あるとわかる。図のように１列目の人が座れない席に×印をつけると考えやすい。

２列目の人がＡ２とＤ２に座る場合

	A	B	C	D	E
1	×	○		×	○
2	○			○	
3			○		○

	A	B	C	D	E
1	×		○	×	○
2	○			○	
3			○		○

２列目の人がＢ２とＤ２に座る場合

	A	B	C	D	E
1	○	×	○	×	
2		○		○	
3			○		○

	A	B	C	D	E
1	○	×		×	○
2		○		○	
3			○		○

	A	B	C	D	E
1		×	○	×	○
2		○		○	
3			○		○

課題２

問い１　一般家庭の「ある一日の水の使用量」は450Ｌで，風呂はその$40\%=\frac{40}{100}$だから，アにあてはまる数は，$450\times\frac{40}{100}=180$

問い２　ゆうきさんの家の「風呂」の水の使用量は，一般家庭の「風呂」の使用量の，234÷180＝1.3(倍)である。

問い３　34 m^{3}使用したので，使用した水の量の料金は，30×10＋160×(25－10)＋200×(34－25)＝4500(円)

基本料金を合わせると，800＋4500＝5300(円)

これに消費税 10%を加算するので，水道料金は，$5300\times\left(1+\frac{10}{100}\right)=$ イ 5830(円)

この金額を 60%以下にするためには，消費税 10%を加算する前の金額を 60%以下にしないといけない。

使用した水の量の料金は，10 m^3のとき 30×10＝300(円)，25 m^3のとき 300＋160×(25－10)＝2700(円)だから，基本料金を合わせた水道料金は，10 m^3のとき 800＋300＝1100(円)，25 m^3のとき 800＋2700＝3500(円)なので，使用できる水の量は 10 m^3から 25 m^3の間だとわかる。

課題3

問い1　白熱電球は発光ダイオードよりも電気のもつエネルギーが熱に変わりやすいので，白熱電球の信号機では，その熱によって信号機についた雪がとけやすい。

問い2　導線の長さが発電所と家庭までのきょり，点灯した時間の平均が家庭で使用できる電気の量と考える。コンデンサーにたくわえられた電気の量はどの導線の長さでも同じだから，発電所から家庭までのきょりが長いほど，家庭で使用できる電気の量が少なくなる(空気中へにげるエネルギーが大きくなる)とわかる。

問い3　豆電球を発光ダイオードにかえたことによるちがいを比べるのだから，豆電球を発光ダイオードにかえること以外の条件は，実験の条件のどれかとすべて同じにする必要がある。実験では，電気をたくわえる時間は20秒だからイかウのどちらかであり，導線の長さは100cmか300cmか500cmだからイが適切である。

課題4

問い1　生物である木々の集まりの森林が，風(非生物的環境《かんきょう》)に影響《えいきょう》を与《あた》えているのでエが正しい。

問い2　動物Ｃによって食べられなくなった動物Ｂは一時的に増えるが，動物Ｂが増えることで植物Ａをそれまでより多く食べるようになり，植物Ａが減る。すると，食べ物の少なくなった動物Ｂは減っていく。なお，その後は，動物Ｂが減ることで植物Ａが増え，植物Ａが増えると動物Ｂが増え，動物Ｂが増えすぎると植物Ａが減り，…という数量の関係がくり返されると考えられる。

問い3　植物の葉に日光が当たると，水と二酸化炭素を材料にして養分(でんぷん)と酸素がつくられる。このはたらきを光合成という。４月～５月くらいに落葉樹林が新しい葉をつけるようになると，その葉の下に光が届かなくなるため，カタクリは光合成を十分に行えなくなる。

課題5

問い1 ア　資料２で 1980 年に着目すると，日本の生産台数がアメリカを抜き，日本からアメリカへの輸出台数が増えたことがわかる。そのことを，資料３の「日本の工業製品が大量に輸出されると，相手国の工業製品が売れなくなり」と関連付ける。　イ　資料２で 1987 年～1997 年に着目すると，日本企業によるアメリカでの生産台数が増えたことがわかる。そのことを，空らん後の「アメリカの労働者も働く場所ができ」たことと関連付ける。

問い2　【表２】はテレビ２台，小麦２ｔが生産されているが，【表３】はテレビ３台，小麦３ｔが生産されている。

問い3　資料５より，ザンビアは銅の輸出に依存しているモノカルチャー経済となっている。資料６より，銅の貿易価格は変動しやすいことがわかる。アフリカ諸国の多くは，未だに一次産品の輸出に頼るモノカルチャー経済となっているが，天候や国際情勢などに左右されやすく，価格の変動が大きいため，安定した収入を得ることが難しいという問題がある。

課題6

問い1　「土用」は，立秋である８月７日の前日までの 18 日間だから，８月７日の 19 日前から１日前までである。

８月７日は「辰」であり，資料１より，「丑」は「辰」の３日前だから，「土用の丑の日」は，８月７日の３日前（８月４日）と３＋12＝15（日前）である。７月は31日まであるので，31－（15－７）＝23より，８月７日の15日前は７月23日である。したがって，「土用の丑の日」は，７月23日と８月４日である。

問い２　イ．資料３より，ウナギの稚魚は，西マリアナ海嶺→北赤道海流→フィリピン沖→北上して黒潮・南下してミンダナオ海流の順に回遊する。

問い３　資料５より，1970年に約130ｔだったシラスウナギの国内漁獲量は，2020年に約20ｔまで減っている。資料３と資料４より，シラスウナギは黒潮の流れにのって日本に戻ってくることと，産卵可能の銀ウナギとなる10月以降に採捕が禁止されていることを関連付ける。

《解答例》

問い一　「じぶん」とは、他のだれとも比べられない良さをもった存在である。／「みんな」とは、それぞれにちがうものの見方や考え方をもった個人の集まりである。

問い二　(例文)

わたしの長所は友だちが多いことだ。友だちの良いところを見つけ、それぞれに尊敬することができる。

クラス内のグループが対立し、ちがうグループの人と話さなくなったことがある。さらに、グループ内はみんな同じ考えだとされ、ちがうと思ってもそれを言えない空気になった。そこで、いろいろなグループに友だちがいる私は、グループのかけ橋になろうと思った。最初は勇気がいったが、一人一人と自然に話すことを心がけた。すると、グループがちがう人と話してもよいのだという空気が広がり、グループのかべがなくなっていった。

中学校でも、その先の人生でも、たくさんの新たな出会いが待っている。人との関わりの中で、相手の良さを見つけ、それぞれの価値観を尊重し合って生活していきたい。そのような、多様性を認め合う関係の中で、おたがいにはげまし合ったり高め合ったりすることで、自分を成長させていきたいと思う。

《解答例》(第１部)

課題１　問い１．軽い　　問い２．イ．10　ウ．10.5　　問い３．エ．4.5　オ．２　カ．４

課題２　問い１．ア．４　イ．８　　問い２．ウ．16　エ．16

課題３　問い１．へん西風の影響で，図４のように日本付近の雲は西から東へ移動するので，天気は西から東へ移り変わっていく。雲と同様に大気中の排気ガスも，日本の西側の海の向こうから運ばれてくるから。

問い２．正しくはかることができていない　理由…図７では皿に薬包紙がのっていないが，図８では薬包紙がしいてあるため，薬包紙の重さの分だけ食塩の重さが10ｇよりも軽くなっているから。　　問い３．ア

課題４　問い１．①N　②S　③S　④N　　問い２．特徴の①より，同じ地層から複数の火山灰の層を見つけることで，ふん火の回数や，火山灰の層の上下の地層ができた時代が分かる。また，特徴の②より，離れた地点から同じ火山灰の層を見つけることで，地層の広がりやかたむきが分かる。　　問い３．資料のように，北へ行くほど北極星の高度が高くなり，北極星の下の方がより広く見えるようになるので，シベリアよりも南に位置する北海道では，オーロラの高度が低い部分が地平線の下にあるから。

課題５　問い１．×　　問い２．①過半数　②加工　③ウ　　問い３．ア．減少してきた　イ．高齢者でも活用する

課題６　問い１．①ウ　②九州中央自動車道　　問い２．ウ→ア→エ→イ　　問い３．方向…ア　理由…右手に漁港が見え，南を向いている太陽光パネルの向きと反対の方向に進んでいるから。　　問い４．ア．高台　イ．被害にあう危険性が低い

《解　説》

課題１

問い２　イ．Ａにつるしたかざりが棒を左にかたむけるはたらきは４(ｇ)×10(㎝)＝40だから，Ｂにつるしたかざりが棒を右にかたむけるはたらきも40になるように，かざりの重さを40÷(14－10)(㎝)＝10(ｇ)にすればよい。

ウ．てこの規則性が成り立つとき，支点の左右でおもりの重さの比は，支点からかざりをつるした位置までの距離の逆比に等しくなる。かざりの重さの比がＡ：Ｂ＝２(ｇ)：６(ｇ)＝１：３だから，支点からの距離の比はＡ：Ｂ＝３：１であり，支点からＡまでの距離は$14\times\frac{3}{3+1}=10.5$(㎝)である。

問い３　エ．４ｇと６ｇのかざりがつるされた棒について，右にかたむけるはたらきが６(ｇ)×３(㎝)＝18だから，支点から４ｇのかざりをつるした位置までの距離は18÷４(ｇ)＝4.5(㎝)である。　オ，カ．一番上の棒がつりあうことに着目すると，棒を左にかたむけるはたらきが(４＋６)(ｇ)×３(㎝)＝30だから，棒の右はしにかかる重さは30÷５(㎝)＝６(ｇ)である。また，問い２ウ解説と同様に考えると，オとカの重さの比は１：２である。したがって，オは$6\times\frac{1}{1+2}=2$(ｇ)，カは６－２＝４(ｇ)である。

課題２

問い１　１から４までだと，「１，２，３，４」$\xrightarrow{\text{1周目}}$「２，４」$\xrightarrow{\text{2周目}}$「４」となるから，ア４が残る。

１から８までだと，「１，２，３，４，５，６，７，８」$\xrightarrow{\text{1周目}}$「２，４，６，８」$\xrightarrow{\text{2周目}}$「４，８」$\xrightarrow{\text{3周目}}$「８」となるから，イ８が残る。

問い２　１から16までだと，１周目終了時から順に「２，４，６，８，10，12，14，16」$\xrightarrow{\text{2周目}}$「４，８，12，16」$\xrightarrow{\text{3周目}}$「８，16」$\xrightarrow{\text{4周目}}$「16」となるから，ウ16が残る。ひまりさんは，１回目終了時に残り８枚になったことと，

１から８までの８枚の時は最後の８が残ったことから，１回目終了時の最後のカードの16が残ると考えた。

１から30までについては，みなとさんが言う１から12までのときの考え方を適用するのはよくない。実際にみなとさんの考え方に沿ってやってみると以下のようになる。

１周目終了時，２の倍数だけが30÷２＝15(枚)残り，ここから７枚取り除くと残り８枚になる。

２周目に取り除くカードのうち最初の７枚は，「２，６，10，14，18，22，26」だから，次に取り除かれる30を最初と考えて残り８枚のカードを並べると，「①30，４，８，12，16，20，24，28」となる。みなとさんの考え方だと，この８枚の最後の数である28が最後に残ることになるが，実際はそうはならない。なぜならば，下線部①のカードのうち，実際に取り除かれる順番は，最初が30，次が４であり，１枚おきにならないからである。

１から30までについては以下のように考えるとよい。カードが何枚あろうと，１周目終了時に残るのは２の倍数，２周目終了時に残るのは４の倍数，３周目終了時に残るのは８の倍数，４周目終了時に残るのは16の倍数である。

１から30までにふくまれる16の倍数は16だけだから，残るのはエ16のカードである。

課題３

問い１　日本をふくむ中緯度地域の上空にはへん西風という西風(西から東へふく風)がふいている。この風の影響で，図４のように雲が西から東へ移動するため，天気は西から東へ移り変わっていく。日本の西側の海の向こうの交通の発達や工業の発展などで，たくさんの排気ガスが発生し，へん西風の影響で東へ運ばれてくるため，図２のように日本の各地域で酸性雨が降る。

問い２　図７と図８を比べると，図７では皿に薬包紙がのっていないが，図８では薬包紙がしいてある。このため，食塩の重さは10ｇよりも薬包紙の重さの分だけ軽くなっており，食塩の量を正しくはかることができていない。なお，上皿てんびんの針が，正面から見て左右同じはばでふれているとき，左右の重さが同じになっていると言える。

問い３　ア○…プラスチックの１㎤あたりの重さが水や食塩水よりも軽いと，プラスチックは浮き，水や食塩水よりも重いと，プラスチックはしずむ。表の１㎤あたりの重さより，方法の②で，水の１㎤あたりの重さである１ｇよりも軽いポリプロピレンとポリエチレンは水に浮き，１ｇよりも重いポリスチレンとポリ塩化ビニルは水にしずむ。方法の③で，水に食塩をとかして食塩水を濃《こ》くしていくと，１㎤あたりの重さが重くなっていき，しずんでいる２種類のプラスチックのうち，１㎤あたりの重さが小さいポリスチレンが浮く。なお，100ｇの水にとける食塩の重さは37ｇ～38ｇで，食塩水１㎤あたりの重さが1.4ｇにはならないので，食塩水を濃くしていってもポリ塩化ビニルは浮かない。

課題４

問い１　現在の地球では，方位磁針のＮ極は北を，Ｓ極は南をさすことから，図２の地球の北極側がＳ極，南極側がＮ極の巨大な磁石になっていると考えられる。チバニアンの前の時代は地磁気が現在とは逆になっていたので，図２とは極が反対になっていると考えられる。

問い２　特ちょうの①より，火山灰は火山ごとにちがいがあり，同じ火山でもふん火した時代がちがうと火山灰の特ちょうもちがうことから，ふん火が起こった回数や，火山灰の層の上下の地層ができた時代を調べることができる。また，特ちょうの②より，火山灰は遠く広いはんいに降り積もることから，広いはんいで同じ火山灰の層が見つけることで，地層の広がりやかたむきを調べることができる。なお，桜島のふん火で出た火山灰が北海道で発見されたこともあり，火山灰は非常に広いはんいに降り積もる。

問い３　北極星の高度はその地点の緯度と同じだから，資料の図５のように，北へ行くほど北極星の高度が高くなり，北極星の下の方がより広く見えるようになる。このため，シベリアではオーロラの赤色の部分だけでなく，緑色の部分も見ることができる。

課題５

問い１　「×」を選ぶ。「－」であれば「－４」，「÷」であれば「0.16…」が産業化の数値になる。

問い２①　６次産業化のよい点として，74.5％が「収入の向上」，50.3％が「農産物の生産拡大」を回答しており，ともに 50％以上であることがわかる。　②　資料１より，第１次産業の【生産】・第２次産業の【加工】・第３次産業の【販売】によって，６次産業化が成り立っていることから考える。　③　ウ．地元の人々が地元の農家がつくった農産品を買えば，その地域のお金は他の地域に流出することなく地域内で循環するため，地産地消（地元で生産した農産物を地元で消費すること）と密接に結びついているといえる。６次産業化によって，生産者と消費者との距離が近くなり，消費者が安心して農産物を購入できるようになるといったメリットもある。

問い３ ア　資料４より，農業で収入を得る人口は，400 万人→380 万人→340 万人→250 万人→170 万人と減少してきている。　イ　前の「農家の平均年齢が高くなってきたこと」に着目し，資料４で 2010 年と 2018 年の農家の平均年齢が 65 歳以上であることと結びつければ，高齢化が深刻化していると導ける。

課題６

問い一①　種田山頭火《たねださんとうか》が日向往還《ひゅうがおうかん》を旅したときに詠《よ》んだ句で、「当時の道のけわしさ」が分かる句だから、ウの「分け入っても分け入っても青い山」が適する。アは与謝蕪村《よさぶそん》の句。イは荻原井泉水《おぎわらせいせんすい》の句。エは金子兜太《かねことうた》の句。
②　資料１と資料２の海岸線と県境に着目すると、日向往還と九州中央自動車道の通っているところが、ほぼ同じだということがわかる。

問い２　ウ．西郷軍の敗走ルート（八瀬の石畳）→ア．水を運ぶために建設された施設（八勢目鑑橋《やせめがねばし》）→エ．白壁造りの町並み（馬見原《まみはら》）→イ．神々などをまつるパワースポット（幣立《へいたて》神宮）

問い３　漁港と太陽光パネルから，海沿いを北の方角に向かっていると判断し，アを選ぶ。漁港は，イでは左手側，ウでは進行方向側，エでは進行方向と反対側に位置する。

問い４ ア　資料５より，高速道路はスロープや階段の上にあり，高台になっているとわかる。　イ　資料６より，標識のある地点では，浸水の深さ予想が１ｍ～２ｍ未満であるとわかる。津波から逃れるための高台の高速道路は，2011 年の東日本大震災をきっかけに増えた。

《解答例》(第２部)

課題１　問い１．５　理由…ＢＣを底辺としたときの高さが３cmになればよく，Ａの真横に並ぶ５つの点のいずれかとＢとＣを結べば，そのようになるから。　問い２．右図

問い３．右図　理由…１辺が４cmの正方形から，直角をはさむ２辺の長さが１cmと３cmの直角三角形を４つ取り除いてできる正方形だから，面積が４×４－１×３÷２×４＝10(cm²)になる。

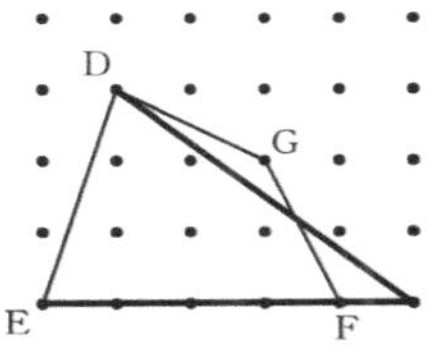

課題１問い２の図

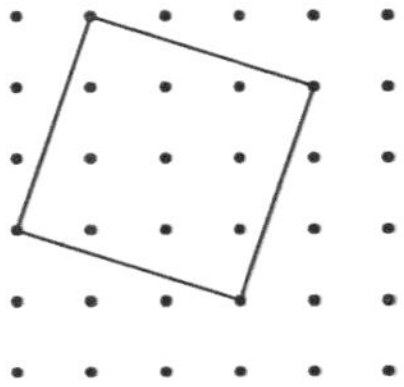

課題１問い３の図

課題２　問い１．●●○●　問い２．10，17　問い３．イ．１　ウ．４　エ．９

問い４．486　理由…３以外の残り２個の数が入る位の選び方は６通りある。３以外の数の並びは９×９＝81(通り)ある。よって，「３が２個のとき」は６×81＝486(通り)である。

課題３　問い１．石油の輸入ができなくなると，石油を燃料としてつくる紙パルプをつくることができなくなり，トイレットペーパーが不足する　問い２．選んだカード…急いで買う　理由…たかしさんが「あわてて買わない」を選ぶと，たかしさんとよしこさんの得点が30点と30点，または０点と50点になり，引き分けかたかしさんの負けにしかならない。しかし，「急いで買う」を選ぶと，たかしさんとよしこさんの得点が50点と０点，または10点と10点になり，たかしさんが負けることはなくなるから。　問い３．よしこさん…あわてて買わない　たかしさん…あわてて買わない　理由…２人の得点の合計は，30＋30＝60(点)か０＋50＝50(点)か10＋10＝20(点)になり，最も高い60点になるのは，２人とも「あわてて買わない」を選んだ場合だけだから。

課題４　問い１．沿岸漁業…Ｂ　沖合漁業…Ｃ　遠洋漁業…Ａ　養しょく業…Ｄ　問い２．多くの水産物を輸入している　問い３．ア．限りのある　イ．減らすことなくとること

課題５　問い１　表より，金属によって，あたためた後の長さがわずかに異なることが分かる。　問い２．イ

問い３．バイメタルが曲がって，突起が部品①にぶつかることで，接点がつながらなくなります。このようにして回路に電流が流れなくなると，ヒーターから熱が発生しなくなります。　問い４．内側

課題６　問い１．ウ　問い２．表２でカの川の流れる速さは33 cm/秒であり，川の流れが速い場所とは言えないから。

問い３．方法…ガラスびんに，容器の３分の２ほどの水と，角ばった直径２cmの石のうち１個を残して残りを全部入れる。びんにふたをして，50回ふるごとに１個ずつ石を取り出し，残した１回に続けて順にならべる。

結果…ふる回数が多くなるほど，石が丸くなる。

《解　説》

課題１

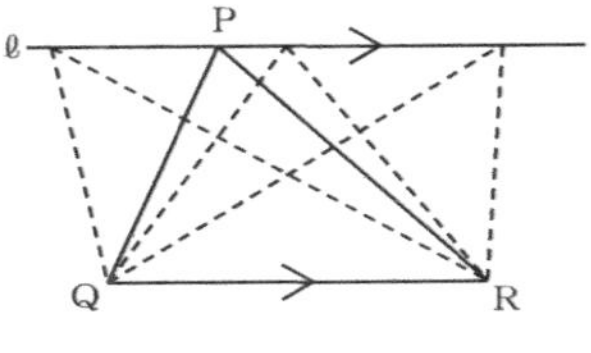

問い１　三角形の等積変形《とうせきへんけい》(面積を変えずに三角形の形を変えること)の考え方を利用すればよい。例えば右図の三角形ＰＱＲの頂点Ｐを，辺ＱＲと平行でＰを通る直線ℓ上のどこに移動しても，底辺をＱＲとしたときの高さは変化しない。したがって，三角形ＰＱＲの面積も変化しない。

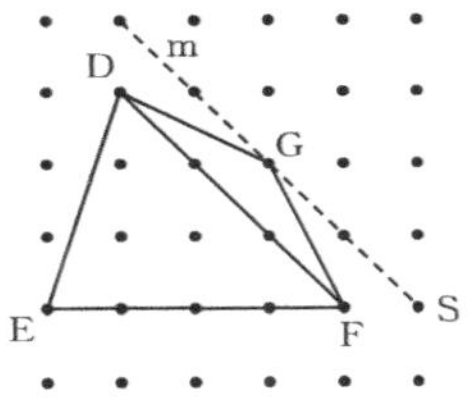

問い２　問い１の三角形の等積変形を利用する。四角形ＤＥＦＧを右図のように三角形ＤＥＦと三角形ＤＦＧに分ける。Ｇを通りＤＦに平行な直線ｍ上でＧを移動させても，三角形ＤＦＧの面積は一定である。したがって，直線ＥＤの延長線と直線ｍが交わる点，または，直線ＥＦの延長線と直線ｍが交わる点のうち，図

にかかれている●と重なる点を探すと，点Ｓがその条件に合うとわかる。

よって，三角形ＤＥＳを作図すればよい。

問い３　正方形はひし形にふくまれるから，正方形の面積はひし形の面積の公式を使って，(対角線)×(対角線)÷２で求めることができる。このため，図５の正方形の面積は，２×２÷２＝２(㎠)となる。これと同様の考え方で面積が10㎠の正方形を作るためには，対角線の長さをかけあわせたときに10×２＝20にならなければならない。しかし，２つかけ合わせて 20 になる整数は存在しない。したがって，大きい正方形から４つの合同な直角三角形を取り除いて，面積が10㎠の正方形を作ることを考える。

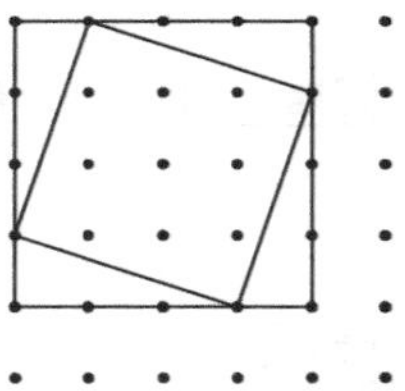

１辺の長さが整数で，面積が10㎠以上になる一番小さい正方形は，３×３＝９，４×４＝16より，１辺の長さが４㎝，面積が16㎠である。この正方形から，面積が(16－10)÷４＝$\frac{3}{2}$(㎠)の直角三角形を４つ取り除けばよい。この直角三角形の(底辺)×(高さ)の値《あたい》は$\frac{3}{2}$×２＝３＝１×３だから，右図のように，底辺と高さが１㎝と３㎝の直角三角形を４つ取り除けばよい。

課題２

問い１　スマートフォンやパソコンなどのコンピューターでは０と１だけを使う２進法でデータの処理を行っている。この問題では０を「○」，１を「●」で表している。

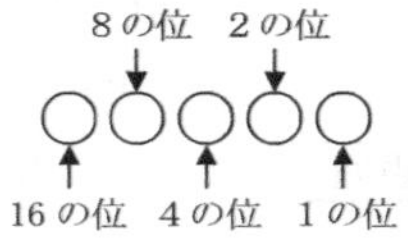

２進法では数が２になるときに位が１つくり上がるので，０から順に，０，１，10，11，100，101，110，111，1000，…となる。したがって，各位の１が表す数は，右図のようになる。これら１，２，４，８，16，…の和で13を表すと，１＋４＋８＝13となるから，１の位，４の位，８の位を●にし，２の位を○にすると，13を表す。

問い２　問い１より，●○●○は８＋２＝10を表し，●○○○●は16＋１＝17を表す。よって，先生の誕生日は10月17日である。

問い３　「３が４個のとき」は，「３３３３」のイ1通りである。

「３が３個のとき」，３以外の残り１個の数が入る場所は千の位，百の位，十の位，一の位のウ4通りある。この３以外の数は，０，１，２，４，５，６，７，８，９のエ9通りある。したがって，ウの１通りに対して，エのように９通り考えられるから，「３が３個のとき」は４×９＝36(通り)である。

問い４　３以外の残り２個の数が入る位の選び方は，千の位と百の位，千の位と十の位，千の位と一の位，百の位と十の位，百の位と一の位，十の位と一の位の６通りある。

３以外の数は，大きい方の位が９通り考えられ，その１通りに対して小さい方の位も９通りあるから，３以外の数の並びは９×９＝81(通り)ある。よって，「３が２個のとき」は６×81＝486(通り)である。

課題３

問い１　資料１より，1972～1974年の間に原油価格が大幅に引き上げられたことを読み取り，資料２の「トイレットペーパーを生産する紙パルプ産業では…石油を燃料として用いていました」と結びつける。オイルショックは，第四次中東戦争をきっかけとして，アラブの産油国が石油価格の大幅な引き上げなどを実施したために，世界経済が大きく混乱して起こった。

問い２　たかしさんは自分が負けないことを目的としているので，たかしさんの目線で負けないカードを選ぶ。

問い３　「お互いが高い得点をとれる」というのを，「２人の合計点が最も高くなる」と解釈《かいしゃく》すればよい。

課題４

問い１　まことさんの言葉に着目しよう。「沿岸漁業と養しょく業の生産量を合わせると，毎年沖合漁業とほぼ同じくらいの生産量になる」から，沿岸漁業と養しょく業はＢとＤ，沖合漁業はＣである。「2008 年と 2019 年の生産量を比べると，遠洋漁業の減っている量が一番少なく，養しょく業が２番目に少ない」から，遠洋漁業はＡ，養しょく業はＤと判断できる。よって，沿岸漁業はＢ，沖合漁業はＣ，遠洋漁業はＡ，養しょく業はＤとなる。

問い２　日本の主な水産物の３割程度が，中国・インドネシア・ベトナムから輸入されていることが読み取れる。

問い３ ア　石油・石炭などのエネルギー資源の「ほり出せる量は決まっており」から導ける。石油や石炭などの化石燃料が限りのあるエネルギー資源であるのに対し，半永久的に使えるエネルギーを再生可能エネルギーという。

イ　エネルギー資源量が減り続けているのに対し，水産資源量は増減を繰り返していることが読み取れる。「海のエコラベル」の付いた商品を選ぶことは，水産資源の枯渇を防ぐための持続可能な取組である。

課題５

問い１　金属をあたためると体積が大きくなりやすい順に並べると，アルミニウム，銅，鉄，タングステンとなる。

問い２　イ○…金属Ｂは金属Ａよりも，温度により長さや体積が変化しやすいので，バイメタル全体をあたためると，より長くなるＢが外側になるように曲がる。

問い３　通常は，接点がつながった状態になっているので，スイッチを入れると，ヒーター，部品①，部品②をふくむ回路に電流が流れて，ヒーターから熱が発生し，こたつの中の温度が上がる。こたつの中の温度が上がることで，問い２のようにバイメタルが曲がり，温度が上がりすぎるとバイメタルに付いている突起が部品①に当たって，接点がつながらなくなり，回路に電流が流れなくなって，ヒーターから熱が発生しなくなり，こたつの中の温度が下がる。

問い４　温度により長さや体積が変化しやすい金属Ｂが内側にあると，うずまき状のバイメタルは曲がりが小さくなる方向に動くので，針は反時計回りに動く。これに対し，金属Ｂが外側にあると，うずまき状のバイメタルは曲がりが大きくなる方向に動くので，針は時計回りに動く。図４では針が時計回りに動いているので，金属Ａは内側である。

課題６

問い１　ウ○…表２で，川の流れる速さが速い順に並べると，ア，エ，ウ，オ，イとなる。あゆみさんの予想では，川の流れが速いところほど，川の底がけずられて，川の深さが深くなっていると言っているので，川の深さが深い順と川の流れる速さが速い順は同じになる。したがって，３番目に深い場所はウである。

問い２　表１より，魚がつれた場所はア，エ，カとなっており，ア，エについてはあゆみさんの考えは正しいが，表２でカの川の流れる速さは 33 ㎝/秒になっており，カについては川の流れが速い場所とは言えない。

問い３　ふた付きのがんじょうなガラスびんをまわりの石や岩に見立てて，石が水に運ばれてくる間に，角ばった石の角がとれて丸くなることを調べる。どれくらい丸くなったかを調べるため，実験前の角ばった石を１個そのまま残しておく。ふる回数については変えてもよい。

《解答例》

問い一　ア．異なった種類　　イ．果物の数をたしなさい

問い二　「知ってしまう」と、深く考えることをしなくなるということ。

問い三　（例文）

　筆者は、なぜそうなのか、どんな場合にそうなるのかなどを絶えず考え、検証することが大切だと述べている。私はこの意見に賛成だ。「知る」から「分かる」にするためには、知識を得るだけにとどまらず、その仕組みを自分でよく考えることが大切だと思う。

　高い山に登った時、持っていたおかしのふくろがふくらんでいた。疑問に思って父にたずねると、「気圧は高い所に行くほど小さくなるからだよ。」と言った。兄は理解できたようだが、三年生の私にはよく分からなかった。しかし、おもしろそうだと思ったので、帰ってから兄の教科書を借りて、自分で気圧について調べてみた。すると、空気の性質についてよく理解することができ、「分かる」喜びを感じた。そしてそれ以降、苦手だった理科の学習が楽しくなっていった。

　このように、物事の理解を深めるためには、その中身を自分自身でさぐってみることが大切だと考える。

《解　説》

問い一ア　図の③は，３～５行目の「異《こと》なった種類のものを並《なら》べても，どちらかが２倍になるわけではありません。ですから，『バナナ１本とリンゴ１個《こ》』ならば１＋１は１＋１が正解《せいかい》なのです」を示した図である。　**イ**　図の④は，１～３行目の「１＋１が２になるのは，ある限定《げんてい》された条件《じょうけん》のときだけです。たとえば，リンゴとリンゴのように同じ種類のものをたした場合だけ，もしくは果物など同じカテゴリーで数えるという条件をつけた場合にのみ，２と言えるのです」の下線部を示した図である。バナナとリンゴは「果物」としてなら，１＋１＝２と数をたすことができる。

問い二　「ここに，思考の落《お》とし穴《あな》があります」の「ここ」は，「『知ってしまう』と，それ以降《いこう》は～深く考えることはしなくなります」の部分を指している。具体的には「１＋１は２だと『知っている』のですが，なぜそうなのか，どんな場合にそうでなくなるのかを『分かっている』わけではない」ということ。また，最後の段落で「私《わたし》たちが持っている知識《ちしき》・常識《じょうしき》・マニュアルは，考える力の基礎《きそ》としては重要な武器《ぶき》ですが，それを『知っている』だけでは足りません。それは，むしろ思考の盲点《もうてん》をつくり出すことにもなりかねないのです」と述べられている。「状況《じょうきょう》に応《おう》じて物事を判断《はんだん》する」力をつけるには，「知っている」だけでは足りず，「『なぜそうあるべきなのか』『どんな場合にそうなるのか』『本来どうあるべきか』を絶《た》えず考え，検証《けんしょう》し」，「分かっている」にしなければならない。しかし，「知ってしまう」と深く考えることをしなくなる。このことを「思考の落とし穴」「思考の盲点」と言っているのだ。

《解答例》

問い一　自分が楽しむことのできるものが、「自分を知る喜び」に導いてくれるものである。だから、「学ぶ」ときに大切なのは、自分の脳が喜ぶポイントを見つけることである。

問い二　(例文)

　私にとって「学ぶ」とは、終わりのないぼう険をすることだ。新しいことを知った時や、分からなかったことを理解できるようになった時に、とても楽しいと感じる。

　テーブルの上に、水が入ったコップと、空のコップがあった。どちらにも同じストローが入っていたが、太さがちがって見えた。不思議に思って調べると、光のくっ折による現象だと分かり、身近なところに科学の芽を見つけた喜びを感じた。続けて調べると、太陽光が水のつぶによってくっ折、反射することで、にじができるのだと分かった。さらに、鏡を使ってものの見え方について考察した。

　このように、何かを知ると、楽しくなってもっと知りたい、もっと深く理解したいという気持ちになる。それは、Aの文章の「次の幕が開く」ということであり、錦織選手の「楽しみが増えていく」ということだと思う。楽しいから学ぶ、学ぶからもっと楽しくなるという無限のつながりを大切にしたい。

《解　説》

著作権に関係する弊社《へいしゃ》の都合により本文を非掲載《ひけいさい》としておりますので，解説を省略させていただきます。ご不便をおかけし申し訳ございませんが，ご了承《りょうしょう》ください。

《解答例》(第1部)

課題1 問い1．イ　問い2．①高まった　②減り　問い3．①ごみの排出量　②ごみしょ理施設が不足する

課題2 問い1．「牛丼」と「しょうが焼き」はどちらも希望者数が0人のクラスがあるから。

問い2．「ハンバーグ」と「チキン南蛮」と「牛丼」の合計希望者数が同じだから。

問い3．イ，ウ，オ　問い4．牛のし育にかかる水の量が，トウモロコシ栽培にかかる水の量よりはるかに多い

課題3 問い1．１つの頭花にふくまれる種の個数は在来のタンポポより，外来のタンポポの方が多い。これに対し，種全体の重さは在来のタンポポと外来のタンポポであまり差がない。このため，種1個の重さは在来のタンポポより，外来のタンポポの方が軽いと考えられるから。　問い2．あてる風の強さ／風をあてる時間／風をあてる角度 などから1つ　問い3．在来のタンポポより，外来のタンポポの方が，より多くの種をより遠くまで飛ばし，飛んでいった種がすぐに発芽することができるので，日本の広い範囲に，より多く生息している。

課題4 問い1．メスシリンダー　問い2．1.4　問い3．冷ぞう庫で一晩冷やされた炭酸水の温度は，実験をした部屋の気温より低い。紙コップに炭酸水を入れると，紙コップのまわりの空気が冷やされて，空気中の水蒸気が水てきとなって紙コップの表面につくので，紙コップの重さが重くなった。　問い4．4月から9月に比べると10月から3月は，海水の温度が低くなっている。実験1で，炭酸水を温めると二酸化炭素が多く出ていったから，海水の温度が低いときの方が海水中の二酸化炭素の量が多くなり，海水の酸性が強くなっていくと考えられる。

課題5 問い1．右図　問い2．あ．100　い．40　う．80　え．180

問い3．鏡を2枚使う場合，光が来た方向にはね返るのは，鏡に対して垂直な平面上を進むように光をあてたときだけである。これに対し，鏡を3枚使う場合，どの角度から光をあてても，光は来た方向にはね返るから。

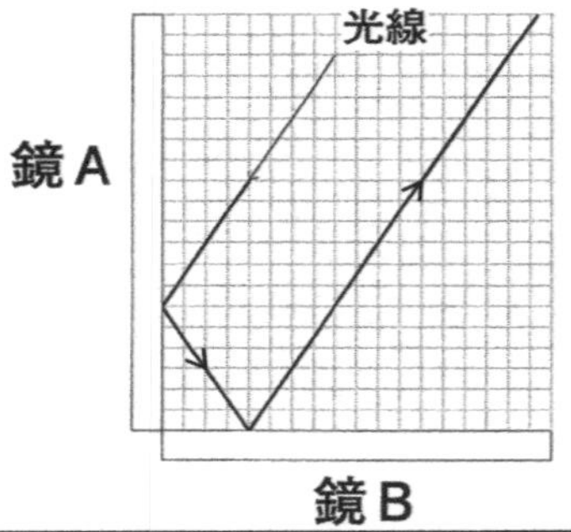

《解　説》

課題1

問い1　電気洗たく機は，「1960 年代の初めには2家庭に1台の割合(50%)をすでにこえて所有していました」とあるからイとエのどちらかであるが，エを登場時期が遅いウのカラーテレビと入れかわるように減少した白黒テレビと判断し，イを電気洗たく機と判断する。アは電気冷ぞう庫，ウはカラーテレビ，エは白黒テレビである。

問い2①　グラフ1より，高度経済成長期において，初めは 20%以下だった家庭電化製品のふきゅう率が，終わり頃には 80%以上になったことを読み取る。　**②**　洗たくでは，タライに水をくみ出し，洗たく板で洗たく物の汚れをこすり取る時間を，洗たく機の活用で短縮できるようになった。

問い3①　グラフ2より，高度経済成長期において，初めは約 500 万トンだったごみの排出量が，終わり頃には約

3000万トンとなっており，６倍近く増えたことが読み取れる。　②　資料２の「ごみが急増し始めたため，人工島である『夢の島』がごみしょ分場として利用されました」「『夢の島』では…(ごみが)そのまま野積みにされていました」から，ごみの焼却施設が不足し，夢の島が埋め立て地として利用されるようになったことを導ける。また，夢の島ではごみから発生したメタンガスが自然発火して火事となったり，ハエなどの害虫が大量発生したりといった新たな問題が発生した。

課題２

問い１　牛丼としょうが焼きに共通した条件を，資料１から探すと，解答例のような説明となる。

問い２　各献立の合計希望者数は，ハンバーグが14＋４＋８＋15＝41(人)，チキン南蛮が12＋３＋13＋13＝41(人)，牛丼が９＋30＋０＋２＝41(人)，から揚げが３＋１＋２＋３＝９(人)，しょうが焼きが０＋２＋15＋４＝21(人)である。

問い３　６年生は全員で38＋40＋38＋37＝153(人)なので，153÷２＝76.5より，票数が77人以上になれば，過半数の票を得たことになる。

ア．１回目の投票結果で過半数の票を得たものはないので，正しくない。　イ．アの解説から正しいとわかる。

ウ．１回目の投票で決まらなかったので，最下位の献立を除いて再投票をしたいが，最下位が２つあったため，どちらを除くのかを２回目の投票で決めている。よって，正しい。　エ．ウの解説より正しくないとわかる。

オ．３回目の牛丼の票数は92人で，過半数を超えているので正しい。

よって，正しいのはイ，ウ，オである。

問い４　資料５より，牛のエサとなるトウモロコシを生産するため，海外の水が多く使われていることに着目しよう。牛はこうしたトウモロコシを大量に消費しながら育つ。そのため，生産にかかる水の量は，トウモロコシ栽培よりも牛のし育の方がはるかに多くなる。

課題３

問い１　解答例は，結果１に着目したものである。調べて分かったことに着目すると，「外来のタンポポはどの種類も日本全国に分布しているが，在来のタンポポは種類によって分布している地域が限られているから。」などとしてもよい。

問い３　結果１と仮説から，在来のタンポポより，外来のタンポポの方が，１つの頭花にふくまれる種の個数が多く，種が遠くまで飛ぶことがわかる。また，結果２から，在来のタンポポより，外来のタンポポの方が，より短い日数で多くの種が発芽することがわかる。これらのことから，大量の種をより遠くまで飛ばし，すぐに発芽して成長することができる外来のタンポポが，日本の広い範囲《はんい》に，より多く生息するようになったと考えられる。

課題４

問い１　体積がどれくらいであるか調べたいときにはメスシリンダーを使う。水にとけにくい気体であれば，水を満たしたメスシリンダーに気体を集め，メスシリンダー内の減少した水の体積が，集めた気体の体積と等しくなると考えてよい。

問い２　実験１より，炭酸水から出てきた気体の重さは537.10－534.60＝2.50(ｇ)である。二酸化炭素の１㎤あたりの重さは0.00183ｇだから，1000㎤(１Ｌ)あたりの重さは0.00183×1000＝1.83(ｇ)である。したがって，2.50ｇでの体積は2.50÷1.83＝1.36…→1.4Ｌである。

問い３　空気中にふくむことのできる水蒸気の量には限度があり，空気の温度が低いほどその量は少ない。このため，冷たい炭酸水を紙コップに入れると，紙コップのまわりの空気が冷やされて，空気中にふくむことのできなくなった水蒸気が水てきに変化して，紙コップの表面につく。その後，紙コップの重さが軽くなっていくのは，二酸化炭素が出ていくとともに，紙コップの表面についた水てきが蒸発していくためである。

問い4　二酸化炭素は水に溶《と》けると酸性を示し，溶けている二酸化炭素の量が多いほど酸性が強くなる。実験１で，炭酸水を温めたことで二酸化炭素が多く出ていったこと，４月から９月に比べると10月から３月の海水温は低くなっていると考えられることから，海水の酸性の強さを考える。ミョウバンなどの固体はふつう，水の温度が高いほど，水に溶ける量が多くなるが，二酸化炭素などの気体はふつう，水の温度が高いほど，水に溶ける量が少なくなる。

課題５

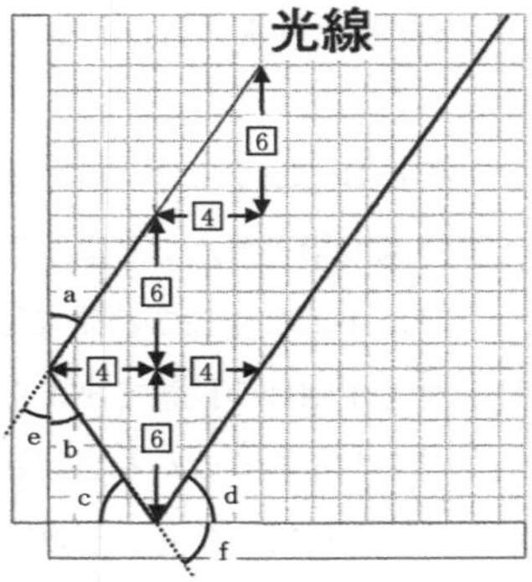

問い１　光が鏡で反射するとき，光と鏡の間の角度は，反射する前後で等しい(右図でａ＝ｂ，ｃ＝ｄになる)。ここでは，右図のように，マス目を数えることで，光と鏡の間の角度が等しくなるような光の進み方を考えることができる。

問い２　右図参照。「あ」はｂとｅを合わせた角度であり，ｂとｅはどちらもａと等しいから，ａが50°であれば，「あ」は50＋50＝100(°)になる。「い」はｃの角度であり，ｂが50°であれば，「い」は90－50＝40(°)になる。「う」は「あ」と同様に考えて，ｄとｆを合わせた角度であり，ｄとｆはどちらもｃと等しいから，ｃが40°であれば，「う」は40＋40＝80(°)である。よって，「え」は，「あ」＋「う」＝100＋80＝180(°)である。光が来た方向にはね返るとは，入ってきた光と２回反射して出ていく光が平行になるということである。

問い３　図６は，鏡Ａと鏡Ｂを水平面に対して垂直に立て，光線が水平になるようにしたときのようすである(このとき光は来た方向にはね返る)。この状態から，鏡Ａに向かう光線を下向きにすると，鏡Ｂで反射した光は下向きに進むので，光が来た方向にはね返らない。このとき，鏡Ａと鏡Ｂの下にもう１枚鏡があれば，その鏡でもう１回反射した光が上向きに進み，光が来た方向にはね返るようになる。

《解答例》（第２部）

課題１ 問い１．⑴２　⑵D→E→Ｉ　⑶ウ．Ｆ　エ．Ｉ（ウとエは順不同）　⑷３　⑸たす　⑹Q　⑺56

問い２．32　理由…店から家まで最も近い経路は56通りある。店からM地点まで最も近い経路は６通り，M地点から家までの最も近い経路は４通りあるから，M地点を通って店から家まで最も近い経路は６×４＝24(通り)ある。よって，M地点を通らずに店から家まで最も近い経路は56－24＝32(通り)ある。

課題２ 問い１．ア　　問い２．右図　　問い３．７　　問い４．$\frac{1}{2}$

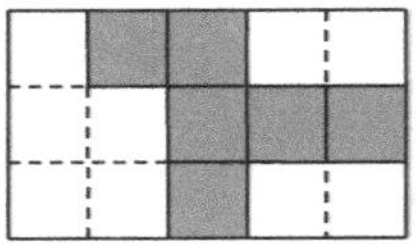

課題３ 問い１．⑴ア．49　理由…49の約数は１と７と49だから。　⑵イ．33　ウ．14

問い２．⑴２，３，５，７　⑵オ．６　カ．16　⑶10，14，15，21，35　　問い３．１

課題４ 問い１．ア．57　イ．40　ウ．37　エ．60　　問い２．オ．19　カ．18　キ．15　ク．22　　問い３．500

問い４．地点Ｃから750m進んだ地点

《解　説》

課題１

問い１　ある頂点への最も近い経路の数は，その頂点の左側の頂点までの経路の数と，その頂点の下側の頂点までの経路の数の和に等しくなるので，各頂点への経路の数は右図のようになる。

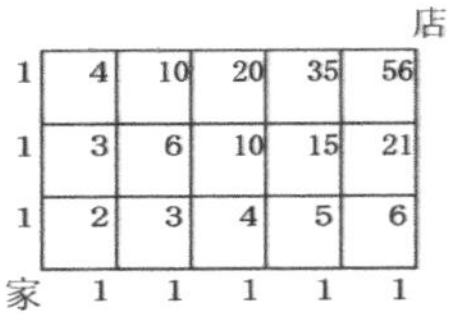

これを利用して考える。家からＥ地点までは，「家→A→E」，「家→D→E」のア２通りある。家からＪ地点までの経路は，みかさんの考えた５通りの他に，「イ家→D→E→Ｉ→Ｊ」がある。Ｊ地点までのもっとも近い経路は，Ｊの左側と下側の頂点であるウＦ地点とエＩ地点を必ず通る。家からＦ地点やＩ地点までの最も近い経路は，どちらもオ３通りだから，その２つの行き方をカ足すと，３＋３＝６(通り)になる。

図から，家から最も近い経路が５通りになる地点は，キQ地点である。

図から，家から店まで最も近い経路はク56通りとわかる。

問い２　M地点を通らずに店から家まで最も近い経路の数は，店から家まで最も近い経路の数から，M地点を通って店から家まで最も近い経路の数をひいて求めることができる。

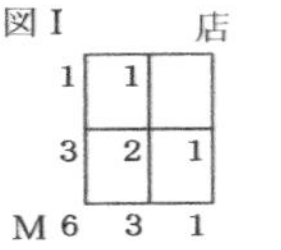

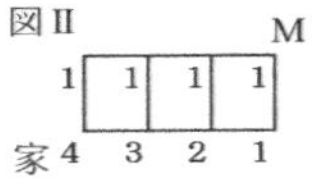

店からM地点まで，M地点から家までの最も近い経路は右図Ｉ，Ⅱより，それぞれ６通り，４通りである。よって，解答例のような理由となる。

課題２

問い１　ウの面を正面の面として組み立てると，右図のようになるから，(５)の目は(２)の目と向かい合う面となるアの面である。

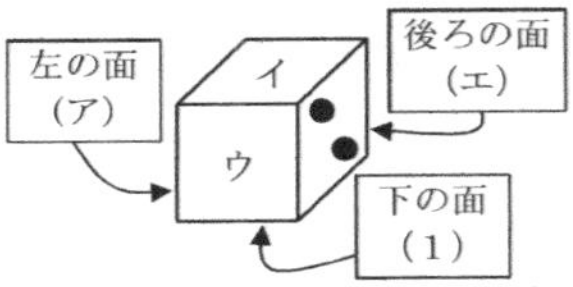

問い２　立方体の展開図は右図の①～⑪の11種類ですべてなので，覚えておくとよい。①～⑥のように，４つの面が１列に並び，その上下に１面ずつがくっついている形が基本的な形である。立方体の展開図では面を90度ずつ回転移動させることができるので，⑤の左端《ひだりはし》の面を上に回転移動させると⑦になる。⑦の一番下の面を右に回転移動させていくと，⑧と⑨ができる。⑩と⑪は覚えやすい形なので，そのまま覚えるとよい。問題の図３からできる展開図は，残りの加えられるマスも考えると⑦だけなので，解答例のようになる。

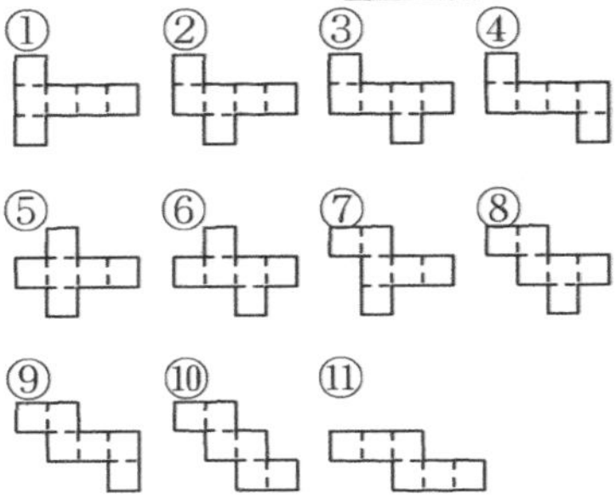

問い3　切り開いてできる展開図について，右図の太線のように外側の辺は，切り開かれた辺である。展開図を組み立てるとき，この外側の辺が２本ずつ重なる。外側の辺は全部で 14 本ある(他の形の展開図でも本数は同じ)から，14÷２＝７(回)切り開けばよいとわかる。

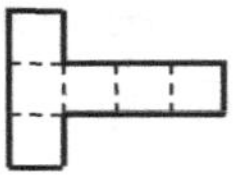

問い4　残った内側の図を組み立てると，右図Ⅰのようになるので，太線で囲まれた面があるものとして考える。図Ⅰの立体と合同な立体を，図Ⅱのように２つ重ねると，元の立方体と同じ形になる。よって，組み立てたときにできる立体の体積は，元の立方体の体積の$\frac{1}{2}$倍になる。

図Ⅰ

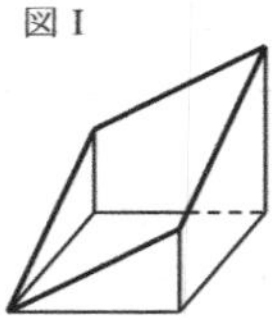

図Ⅱ

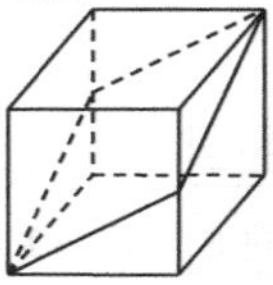

課題３

問い1(1)　49＝７×７より，49 の約数は１，７，49 とわかる。

⑵　１から 100 までの整数のうち３の倍数は 100÷３＝33 余り１よりイ33個，７の倍数は 100÷７＝14 余り２よりウ14個ある。

問い2(1)　１から 100 までに素数でない数がいくつあるのかを考えているので，２，３，５，７の倍数のうち，素数である２，３，５，７の４つの数字をひいている。

⑵　「２の倍数」と「３の倍数」で重なっているのは，２と３の最小公倍数であるオ6の倍数である。100 の中に６の倍数は 100÷６＝16 余り４よりカ16個ある。

⑶　他に２つの倍数が重なっているのは，「２の倍数」と「５の倍数」で重なっている 10 の倍数，「２の倍数」と「７の倍数」で重なっている 14 の倍数，「３の倍数」と「５の倍数」で重なっている 15 の倍数，「３の倍数」と「７の倍数」で重なっている 21 の倍数，「５の倍数」と「７の倍数」で重なっている 35 の倍数である。

問い3　素数とは，１とその数自身のみを約数に持つ数である。１の約数は１だけなので，１は素数ではない。よって，クにあてはまる数は１である。会話３の説明は以下のようになる。

１から 100 までの整数のうち，10 の倍数は 100÷10＝10(個)，14 の倍数は 100÷14＝７余り２より７個，15 の倍数は 100÷15＝６余り 10 より６個，21 の倍数は 100÷21＝４余り 16 より４個，35 の倍数は 100÷35＝２余り 30 より２個ある。よって，全部で 16＋10＋７＋６＋４＋２＝45(個)重なっているから，113 個からひくと 113－45＝68(個)になる。

今求めた 45 個の中で，２と３と７の公倍数である 42 のように，２，３，５，７のうち３つの数の公倍数は２回数えられている(４つの数の公倍数は 100 より大きくなるので考えない)。１から 100 までの整数のうち，２と３と５の公倍数は 30，60，90 であり，２と３と７の公倍数は 42，84 であり，２と５と７の公倍数は 70 なので，２回数えられている数は全部で６個ある(３と５と７の公倍数は 100 より大きくなるので考えない)。

よって，68＋６＝74(個)が１から 100 までの整数のうち，２か３か５か７の倍数となる。これを 100 からひくと 100－74＝26(個)になる。

課題４

問い1　【道路Ａ】の青信号と黄信号の時間をあわせた時間が赤信号の時間の 1.5 倍になるとき，【道路Ａ】の青信号と黄信号と赤信号の時間をあわせた時間は，赤信号の時間の 1.5＋１＝2.5(倍)になる。よって，【道路Ａ】の赤信号の時間は 100÷2.5＝イ40(秒)だから，青信号の時間は 100－３－40＝ア57(秒)である。

【道路Ａ】が青または黄信号の間は【道路Ｂ】が赤信号，【道路Ａ】が赤信号の間は【道路Ｂ】が青または黄信号である。よって，【道路Ｂ】の青信号の時間は，【道路Ａ】の赤信号の時間から黄信号の時間をひいた40－３＝ウ37(秒)で，【道路Ｂ】の赤信号の時間は，【道路Ａ】の青信号と黄信号をあわせた時間に等しく57＋３＝エ60(秒)である。

問い２　青信号と赤信号の時間をあわせた時間は40－３＝37(秒)である。広い方の交差点は，赤信号より青信号の時間の方が１秒長いから，青信号の時間の２倍は37＋１＝38(秒)である。よって，広い方の交差点の青信号の時間は38÷２＝オ19(秒)，赤信号の時間は19－１＝カ18(秒)である。問い１の解説より，反対側の交差点について，青信号の時間は18－３＝キ15(秒)，赤信号の時間は19＋３＝ク22(秒)である。

問い３　「地点Ｃ」から「地点Ｄ」まで進むのに，ちょうど60秒＝１分＝$\frac{1}{60}$時間かかったから，求める距離は，$30\times\frac{1}{60}=\frac{1}{2}$(km)，つまり，$(\frac{1}{2}\times1000)$m＝500mである。

問い４　時速60km＝秒速$\frac{60\times1000}{60\times60}$m＝秒速$\frac{50}{3}$mなので，地点Ｄまでは$500\div\frac{50}{3}=30$(秒)かかる。

【信号機②】について，問い２の解説と同様に考える。青信号の時間は赤信号の時間より６秒長いから，青信号の時間の２倍は(60－３)＋６＝63(秒)である。よって，青信号の時間は63÷２＝31.5(秒)，赤信号の時間は31.5－６＝25.5(秒)である。

よって，地点Ｄについたとき，【信号機②】は青信号なので，自動車は止まらずに45秒間進んでいる。

したがって，自動車は地点Ｃから$\frac{50}{3}\times45=750$(m)進んだ地点にいる。

《解答例》

問い一　①「理想」の構想力　　②人間にみられない能力

問い二　(例文)

私は、ビタミンの父と呼ばれる高木かねひろ医師から「生き方の理想」を学んだ。かっけの原因をつきとめ、その予防として海軍の食事にカレーを取り入れた人だ。そして、医学と看護の教育に力をつくした人だ。高木医師について書かれた本の中に、「病気をみずして病人をみよ」という理念があった。医師を目指している私は、その言葉に感動した。

病気の祖父が「毎日が病気を治すだけになってしまうのはつまらない。しゅみも楽しみたい。」と言っていたのを聞いた。この体験から、病気を治す時は、かん者の病気以外の部分も考えて、前向きに生きられるようにすることが大切なのだと考えるようになった。

私は、高木医師を人生のモデルとして、生きるための指針にしようと思っている。病気を防ぐための研究をし、かん者一人一人の気持ちに寄りそった治りょうができる医師になりたい。そのような、高木医師にちかい生き方を目指して、努力を重ねていきたい。

《解　説》

問い１　①　説明する原稿《げんこう》の（　①　）の１～３行後で、Aについて「『こうありたい、こうあってほしい』という理想像を心の中につくりあげるもの」と説明している。これと同じような意味の言葉が、文章の２行目にある「『理想』の構想力」である。　　②　図の上の方に「＜人間の能力＞」「＜他の動物の能力＞」とある。Cは、すべて「＜人間の能力＞」にはふくまれない「＜他の動物の能力＞」である。

★都城泉ヶ丘高等学校附属中学校　2019 平成31年度　作文

《解答例》

問い一　よい点…少しの動作で大きな結果が得られ、用事がすんだり思い通りになったりすること。

そうでない点…ものごとが変化していく過程に自ら影響を及ぼすことができない場合が多いこと。

問い二　(例文)

資料②から、自分で木を切り、まきを割ったからこそ、それを使って焼いた物がおいしく味わえたという喜びが読み取れた。自分の手で作るのは楽しいという例だと思う。

私の家には、自動調理機能があるオーブンと、ダッチオーブンがある。仕事から帰ってきた母が急いで夕食を作る時、自動調理機能は大活やくしている。できた料理もとてもおいしく、家電技術の発達はすごいと思う。一方、休日には、父がダッチオーブンで手間ひまのかかる料理を作る。私も手伝うが、いっしょに作る中で、一つ一つの作業に意味があることを学ぶ。どうすればおいしくなるかを考えて工夫するのが楽しい。と中でやり方を変えるなど、応用がきくのもおもしろい。

この体験から、自動化は時間のよゆうを、不便さは心のよゆうを生むと考えた。それらを時と場合に応じて使い分けると、豊かな毎日になると思う。私は、便利な快適さと不便な楽しさを両方味わえる未来を作りたい。

《解　説》

問い1　文章の４行目に「そんなことが『便利』の魅力《みりょく》です」とある。ここよりも前の部分に「便利」のよい点が、ここよりも後の部分に「便利」のよくない点が書かれている。

★宮崎西高等学校附属中学校
★都城泉ヶ丘高等学校附属中学校

2019 平成31年度　適性検査Ⅰ

《解答例》(第１部)

課題１　問い１．イ，カ　　問い２．記号…Ｂ　理由…交通量が最も多く，進行方向の手前に信号があり，出やすいから。　　問い３．増加が予想される，一人暮らしの高れい者向けの食事や生活用品の宅配

課題２　問い１．ア　　問い２．昆布が採れないのに／昆布が多く消費されているの　　問い３．①北海道で採れた昆布が運ばれた　②昆布を多く食べる習慣　　問い４．Ⓐ富山　Ⓑ沖縄(琉球)　Ⓧ薬の材料　Ⓨ昆布

課題３　問い１．ア．Ｂ　イ．Ａ　ウ．Ｃ　　問い２．花びらができるところはがくに，おしべができるところはめしべになり，がくとめしべだけの花になる。　　問い３．めしべやおしべのもとになるＣがはたらかなくなって，その部分にがくや花びらのもとになるＡがはたらくようになると，おしべができるところにＡとＢがはたらくようになって，花びらになる。

課題４　問い１．エ　　問い２．水の温度が大きく下がったことでコップのまわりの空気が冷やされて，空気中の水蒸気が水てきに変わり，コップの外側についたから。　　問い３．(ア)少ない　(イ)はやい　(ウ)短い

課題５　問い１．(ア)４　(イ)10　　問い２．エ　　問い３．９

《解　説》

課題１

問い１　イとカが誤り。市立図書館や消防署は国や地方公共団体が経営する公企業で，「①利益を増やすことを目的」とせず，「②製品(商品)を消費者に販売」しない。

問い２　店長さんが「少しでも多くのお客さんに来店してもらうため」と言っていることから，１日の車の交通量が3000台の道路に面しているＡ・Ｂ・Ｃのどれかであるが，上下の方向に車が走る道路のあるＡ・Ｂのどちらかとなる。さらに，店長さんが駐車場から車が出やすい大事なポイントとして「信号が赤に変わって交通量が少なくなったとき」と言っていることから，進行方向の手前に信号があるＢと判断できる。

問い３　［　　　］後に「高齢者の見守り活動にもつながる」とあることに着目し，資料２でコンビニエンスストアの商品配達用車両の前にいる女性が，食品を運ぶための保冷バッグや生活用品であるトイレットペーパーを持っていること，資料３で一人暮らしの高齢者の数がこれまで増えていて，今後も増える見通しであることに関連付けて考えよう。

課題２

問い１　しょうこさんが見つけた新聞記事に「古代人のモニュメント―台地に絵を描く　南国宮崎の古墳景観」とあり，「西都原古墳群」の写真があることから，古墳時代のアを選ぶ。イは奈良時代，ウは平安時代，エは縄文時代についての記述である。

問い２　資料１から富山では昆布が採れないことを読み取り，資料２で富山市の昆布の消費量が全国１位であることや，会話の中でおばさんが「(富山では，みんな)昆布を出汁や料理の材料に，はば広く使っている」と言ってい

ることに関連付けて考える。

問い３　資料１から国内で採れる昆布のほとんどが北海道産であることを読み取り，資料４で北海道を出発した北前船が富山に寄港したことに関連付けて考える。なお，北前船で昆布を運んだ北海道から京都・大阪までの道すじを「昆布ロード」という。

問い４　資料５の「鹿児島(琉球藩)は，支配していた沖縄(琉球)から昆布を中国に売り」から，鹿児島(薩摩藩)から中国へ運ばれた貿易品Ⓨが「昆布」で，その経由地となるⒷが「沖縄(琉球)」と判断できる。資料６の「(富山の)薬の材料の多くは，中国から鹿児島(薩摩藩)を経由して輸入された」から，中国から鹿児島(薩摩藩)へ運ばれた貿易品Ⓧが「薬の材料」で，鹿児島(薩摩藩)から先に運ばれた場所Ⓐが「富山」と判断できる。

課題３

問い１　がくはＡだけ，めしべはＣだけのはたらきでできることに着目すると，イにはＡ，ウにはＣが入ることが分かる。よって，アにはＢが入る。

問い２　図Ⅰ参照。Ｂの遺伝子がはたらかないと，ＡとＣの遺伝子だけがはたらくことになるので，花びらとおしべはできず，花びらができるところはがく，おしべができるところはめしべになる。

問い３　花びらはＡとＢの２つのはたらきでできる(Ｃは必要ない)。よって，Ｃがはたらかなくなって，Ｃがはたらいていたところにもａがはたらくようになると，おしべができるところにも花びらができるようになる(図Ⅱ)。このとき，めしべができるところはがくになる。

図Ⅰ

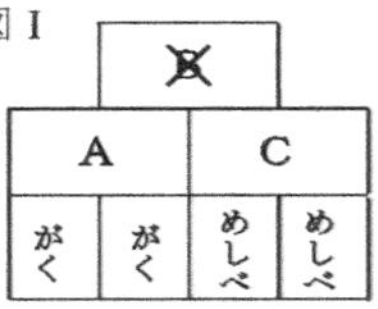

図Ⅱ

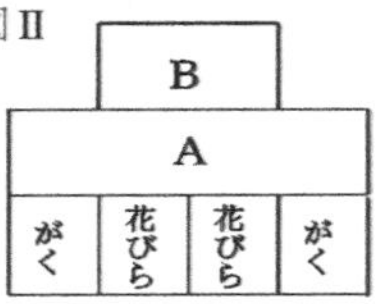

課題４

問い１　鉄とプラスチックについて，熱の伝わりやすさのちがいを比べるために実験をするのだから，鉄の板とプラスチックの板で条件(ここでは厚さや面積)を同じにする必要がある。よって，素材以外の条件が同じイとウが必要で，厚さが異なるエは必要ではない。この実験では，「携帯《けいたい》用使い捨てカイロ」の上に「同じ量の雪」を乗せた「板」を置き，鉄の板とプラスチックの板で雪のとける時間を比べて熱の伝わりやすさを調べようとしている。この実験のように，調べたい条件を１つだけ変えて結果を比べる実験を対照《たいしょう》実験という。

問い２　尿素《にょうそ》に水を加えてかき混ぜると，22℃だった温度が１分後には５℃まで下がっている。尿素は水に溶けるときにまわりの熱をうばう性質があるので，このように大きく温度が下がる。水の温度が下がると，熱をよく伝える鉄製のコップのまわりの空気が冷やされて，空気中の水蒸気が水てきに変わり，コップの外側についたので白くくもったと考えられる。

問い３　水は通常０℃でこおるが，食塩，尿素，塩化カルシウムを溶かした水が－10℃以下の冷凍庫《れいとうこ》の中でもこおらなかったことから，これらの物質は，水をこおりにくくするはたらきがあると考えられる。このため，水に溶かしたときに温度が上昇した塩化カルシウム以外でも雪を溶かすことができる。ただし，図５からも分かるように，塩化カルシウムと食塩では，雪の溶かし方の特ちょうがちがう。図５で，塩化カルシウムは雪を溶かす効果がはやく現れているが，３時間後には雪を溶かす効果はなくなっていて，６時間で雪を溶かす量が食塩より少ないことが分かる。

課題５

問い１　図２で，おもりがペダルを反時計回りに回転させるはたらきと，おもりがギアを時計回りに回転させるはたらきに着目する。回転させるはたらきは〔おもりの重さ(g)×支点からの距離(cm)〕で表すことができ(ここでは，おもりの重さを数で考える)，回転させるはたらきが等しければ，水平につり合う。ペダルに同じ大きさの力を加えたときについて比べるので，ペダル側のおもりの数は実験１と同じ４個にする。４個のおもりがペダルを反時計回りに回転させるはたらきは４×16＝64 だから，ギアＢにつるすおもりを 64÷6.4＝10(個)にすればよい。つまり，ペダルに加えた力は，ギアＡには８÷４＝２(倍)に，ギアＢには 10÷４＝2.5(倍)になって伝わるということである。

問い２　結果２で，後輪側のおもりの数を同じにして，後輪に同じ大きさの力を伝えるのに必要なペダル側のおもりの数を比べる。ペダル側のおもりの数が少ないギアのときほど，小さい力で自転車をこぐことができると考えられる。ギア３の後輪側のおもりの数を他と同じ６個にするには，ペダル側のおもりの数を $20\times\frac{6}{5}=24$(個)にすればよく，ギア１のときにペダル側のおもりの数が最も少ないことがわかる。これと問い１解説を合わせると，最も小さい力で自転車をこぐことができるギアの組み合わせはギアＢとギア１のときである。

問い３　結果２の，ギアＡとギア２の組み合わせでペダル側のおもりの数が 20 個のとき，後輪側のおもりの数が６個でつり合ったことを基準として考える。問い１解説より，ギアＡをギアＢにすると，力の伝わり方は$\frac{2.5}{2}$倍になる。また，ペダル側のおもりの数を基準の$\frac{24}{20}$倍にしているから，後輪側のおもりの数が$6\times\frac{2.5}{2}\times\frac{24}{20}=9$(個)になったときにつり合う。

《解答例》（第２部）

課題１ 問い１．ア．15　イ．1　　問い２．（ウ）750　説明…視力が２倍，３倍，...になると全体の幅は$\frac{1}{2}$倍，$\frac{1}{3}$倍，...となっているから，視力と全体の幅は反比例の関係にあり，積が一定になるとわかる。積は0.1×75＝7.5になるから，視力0.01のランドルト環の全体の幅は，7.5÷0.01＝750(mm)　　問い３．1.4

課題２ 問い１．（ア）2　（イ）12.56　　問い２．20

問い３．右図　　問４．31.99

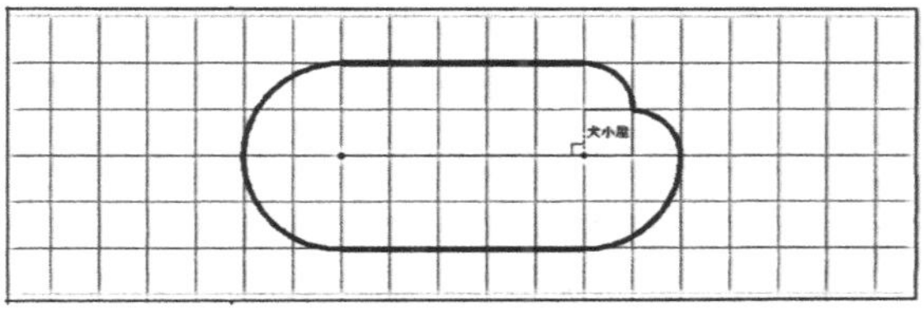

課題３ 問い１．ア．5　イ．4　ウ．1

問い２．表２，表３では５冊ずつに区切ったそれぞれの区切りの中の具体的な冊数はわからないが，表１ではそれがはっきりわかる。したがって，表２と表３が同じでも，６年２組の貸出冊数の合計が６年１組と異なる場合があり，その場合は平均貸出冊数が同じにならない。　　※問い３．②

問い４．ゆい…51　ひろき…22　まみ…13　はるき…９

課題４ 問い１．（ア）20　（イ）6　　問い２．（ウ）6　（エ）10　（オ）よこ　（カ）16　※問い３．45

※の理由やさとしさんの考えは解説を参照してください。

《解　説》

課題１

問い１　ランドルト環はすべて同じ形で大きさが異なる図形に見えるので，全体の幅に対する切れ目の幅の割合が一定であると予想できる。実際に計算してみると，表の視力0.1の欄《らん》では15÷75＝0.2，視力0.2の欄では7.5÷37.5＝0.2，視力0.3の欄では５÷25＝0.2と，すべて0.2になることがわかる。

よって，ア＝３÷0.2＝15，イ＝５×0.2＝１である。

問い３　会話３から，視力検査をする距離《きょり》が２倍，３倍，…になると，視力も２倍，３倍になっているので，視力検査をする距離と視力は比例の関係にあるとわかる。よって，距離が５ｍから70ｍまで70÷５＝14(倍)になると，視力も0.1から14倍となり，0.1×14＝1.4になる。

課題２

問い１　犬は半径$_{ア}$<u>２</u>ｍの円の内部を動けるので，動ける範囲は，２×２×3.14＝$_{イ}$<u>12.56</u>(㎡)

問い２　犬が動ける範囲は，右図のように２つの半円と長方形をあわせた形になる。２つの半円の面積の合計が問い１で求めた円の面積と等しいから，動ける範囲で増えた部分の面積は，縦４ｍ，横５ｍの長方形の面積と等しく，４×５＝20(㎡)

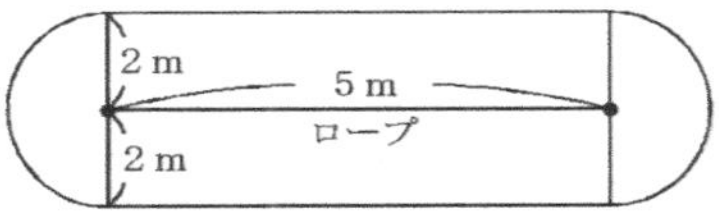

問い３　リードが犬小屋の左上の角，または右下の角にひっかかって，半径１ｍで中心角90度のおうぎ形が２つできる。

問い４　右図の色つき部分のおうぎ形をあわせると，円の$\frac{3}{4}$のおうぎ形になるから，面積の合計は，

$2\times2\times3.14\times\frac{3}{4}=3\times3.14$(㎡)

斜線《しゃせん》部分の面積の合計は，

$1\times1\times3.14\times\frac{1}{4}\times2=\frac{1}{2}\times3.14$(㎡)

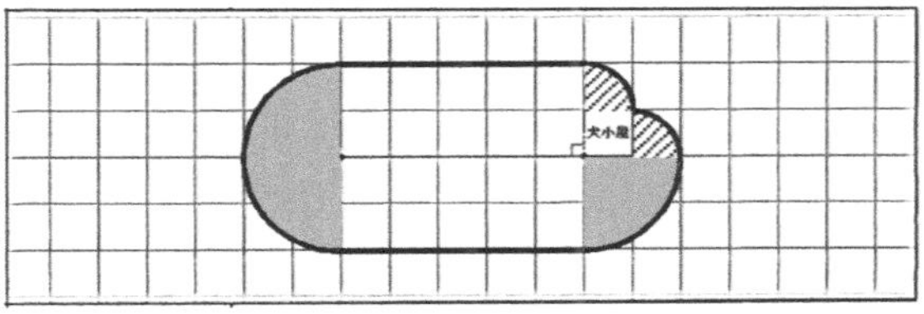

その他の部分の面積の合計は，$4\times5+1\times1=21$(㎡)

よって，動ける範囲の面積は，$3\times3.14+\frac{1}{2}\times3.14+21=(3+\frac{1}{2})\times3.14+21=\frac{7}{2}\times3.14+21=31.99$(㎡)

課題３

問い１　貸出冊数が 15 冊以上 20 冊未満なのは①，⑦，⑭，㉒，㉙の$_{\text{ア}}\underline{5}$人，25 冊以上 30 冊未満なのは⑨，⑮，⑰，㉔の$_{\text{イ}}\underline{4}$人，35 冊以上 40 冊未満なのは㉘の$_{\text{ウ}}\underline{1}$人である。

問い２　例えば，表２でも表３でも０冊以上５冊未満は２人となっていて，６年１組は表１の③の２冊，㉓の４冊がそれにふくまれるとわかる。しかし，６年２組がもし０冊と１冊の２人で，他の冊数がすべて６年１組と同じならば，合計冊数は６年２組の方が$(2+4)-(0+1)=5$(冊)少なくなる。

問い３　４人の得点を高い順にア，イ，ウ，エとすると，２人ずつの和と差のうち最も大きいのがア＋イ，２番目に大きいのがア＋ウだから，ア＋イ＝73，ア＋ウ＝64 である。表４より，アが奇数の場合，イが偶数，ウが奇数となり，アが偶数の場合，イが奇数，ウが偶数となる。したがって，イとウは「②一方が奇数でもう一方が偶数」である。

問い４　問い３の解説と同じく，４人の得点を高い順にア，イ，ウ，エとする。

２人ずつの和と差のうち，和は右表Ⅰの６通り，差は右表Ⅱの６通りある(表Ⅰのア＋エとイ＋ウのどちらが大きいかは，まだわからない)。

表Ⅰ

和	順番
ア＋イ＝73	①
ア＋ウ＝64	②
ア＋エ	
イ＋ウ	
イ＋エ	⑤
ウ＋エ	⑥

※「順番」は表Ⅰ内での順番を表す。

表Ⅱ

差
アーイ
アーウ
アーエ
イーウ
イーエ
ウーエ

まず，２人ずつの和と差のうち３番目に大きい数である 60 がどれにあたるかを考える。問い３より，イ＋ウは必ず奇数になるとわかるから，イ＋ウは 60 ではない。表Ⅱで最も大きい数はアーエだが，アーエよりもア＋エの方が大きい。したがって，60 になるのはア＋エとわかる。

次に，２人ずつの和と差のうち４番目に大きい数である 42 がどれにあたるかを考える。60 のときと同じく，イ＋ウは 42 にならないので，アーエ＝42 とわかる。

整理すると，ア＋イ＝73，ア＋ウ＝64，<u>ア＋エ＝60，アーエ＝42</u> である。下線部の２つの式より，アの２倍は 60＋42＝102 だから，ア＝102÷２＝51 であり，イ＝73－51＝22，ウ＝64－51＝13，エ＝60－51＝９である。

課題４

問い１　体積を計算しなくても，高さだけに注目すればよい。水そうの高さは 30 ㎝だから，メダカは$30\times\frac{2}{3}=$$_{\text{ア}}\underline{20}$(㎝)まで，ザリガニは$30\times\frac{1}{5}=$$_{\text{イ}}\underline{6}$(㎝)まで水を入れればよい。

問い２　５分間で水面の高さが 30 ㎝上がったのだから，１分間で$30\div5=$$_{\text{ウ}}\underline{6}$(㎝)ずつ水面は高くなる。

満杯になった水の量を$\frac{2}{3}$にするためには，図３の長方形の面に見える水の面積を長方形の面積の$\frac{2}{3}$にすればよいので，水が入っていない部分の面積を$1-\frac{2}{3}=\frac{1}{3}$にすればよい。長方形の面積の$\frac{1}{3}$は，$30\times40\times\frac{1}{3}=400$(㎠)だから，右図Ⅰの a の長さは，$400\times2\div40=20$(㎝)である。よって，高さの目盛りが$30-20=$$_{\text{エ}}\underline{10}$(㎝)のところまで水を流せばよい。

図Ⅰ

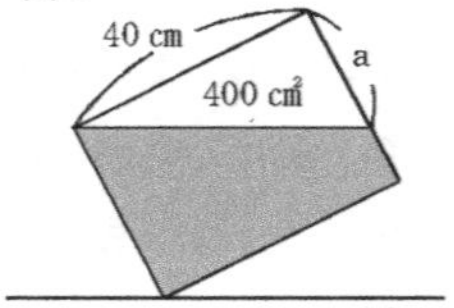

満杯になった水の量を$\frac{1}{5}$にするためには，右図Ⅱのように水の部分の面積が$30\times40\times\frac{1}{5}=240$(cm²)になればよい。bの長さは$240\times2\div30=16$(cm)だから，オよこの目盛りがカ16 cmのところまで水を流せばよい。

問い３　図３と同じ方向から見たとき，流しすぎてしまった水の部分は，右図Ⅲのように$(16-4)\times30\div2=180$(cm²)ある。これは長方形の面積の$\frac{180}{30\times40}=\frac{3}{20}$にあたる。水そうを満杯にするのに５分かかるのだから，流しすぎてしまったのと同じ量の水を入れるのにかかる時間は，$5\times\frac{3}{20}=\frac{3}{4}$(分)，つまり，$\frac{3}{4}\times60=45$(秒)である。

図Ⅱ

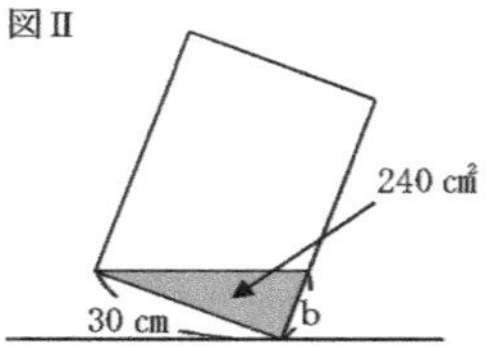

図Ⅲ

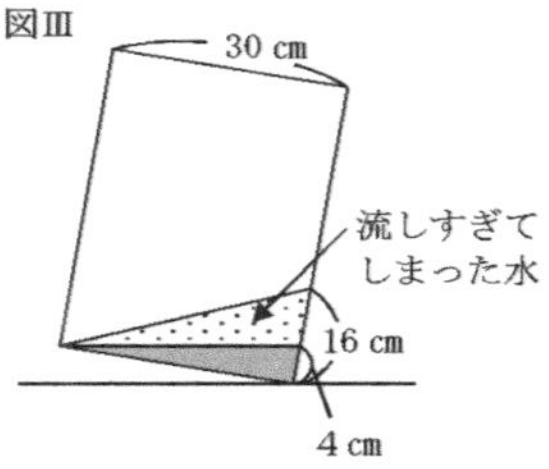

■ ご使用にあたってのお願い・ご注意

（1）問題文等の非掲載

著作権上の都合により，問題文や図表などの一部を掲載できない場合があります。

誠に申し訳ございませんが，ご了承くださいますようお願いいたします。

（2）過去問における時事性

過去問題集は，学習指導要領の改訂や社会状況の変化，新たな発見などにより，現在とは異なる表記や解説になっている場合があります。過去問の特性上，出題当時のままで出版していますので，あらかじめご了承ください。

（3）配点

学校等から配点が公表されている場合は，記載しています。公表されていない場合は，記載していません。

独自の予想配点は，出題者の意図と異なる場合があり，お客様が学習するうえで誤った判断をしてしまう恐れがあるため記載していません。

（4）無断複製等の禁止

購入された個人のお客様が，ご家庭でご自身またはご家族の学習のためにコピーをすることは可能ですが，それ以外の目的でコピー，スキャン，転載（ブログ，ＳＮＳなどでの公開を含みます）などをすることは法律により禁止されています。学校や学習塾などで，児童生徒のためにコピーをして使用することも法律により禁止されています。

ご不明な点や，違法な疑いのある行為を確認された場合は，弊社までご連絡ください。

（5）けがに注意

この問題集は針を外して使用します。針を外すときは，けがをしないように注意してください。また，表紙カバーや問題用紙の端で手指を傷つけないように十分注意してください。

（6）正誤

制作には万全を期しておりますが，万が一誤りなどがございましたら，弊社までご連絡ください。

なお，誤りが判明した場合は，弊社ウェブサイトの「ご購入者様のページ」に掲載しておりますので，そちらもご確認ください。

■ お問い合わせ

解答例，解説，印刷，製本など，問題集発行におけるすべての責任は弊社にあります。

ご不明な点がございましたら，弊社ウェブサイトの「お問い合わせ」フォームよりご連絡ください。迅速に対応いたしますが，営業日の都合で回答に数日を要する場合があります。

ご入力いただいたメールアドレス宛に自動返信メールをお送りしています。自動返信メールが届かない場合は，「よくある質問」の「メールの問い合わせに対し返信がありません。」の項目をご確認ください。

また弊社営業日（平日）は，午前９時から午後５時まで，電話でのお問い合わせも受け付けています。

2025 春

株式会社教英出版
〒422-8054　静岡県静岡市駿河区南安倍３丁目 12-28
TEL　054-288-2131　　FAX　054-288-2133
URL　https://kyoei-syuppan.net/
MAIL siteform@kyoei-syuppan.net

教英出版　2025年春受験用　中学入試問題集

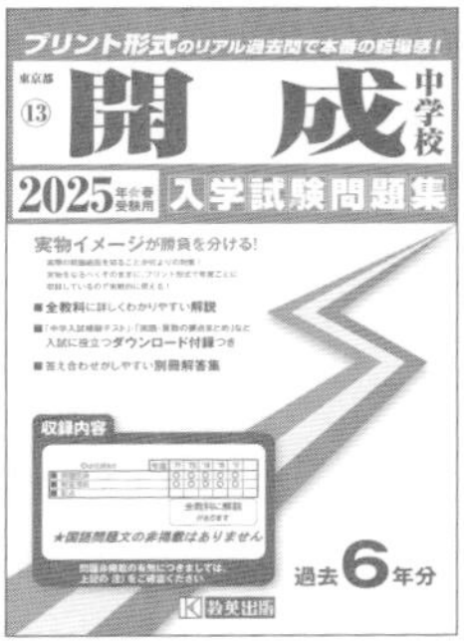

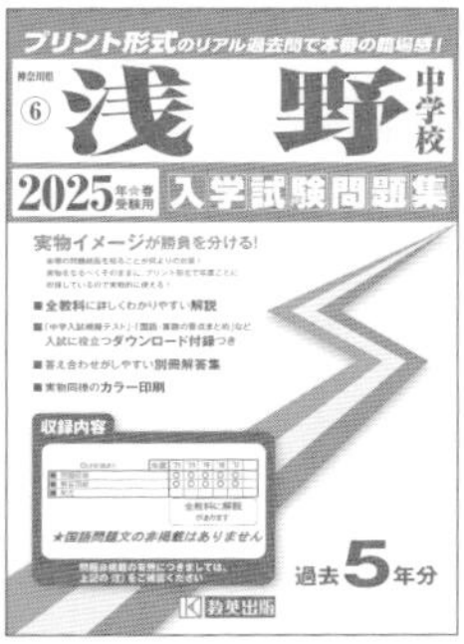

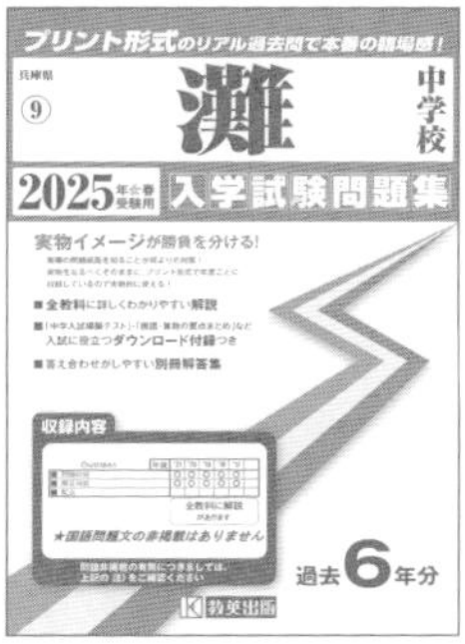

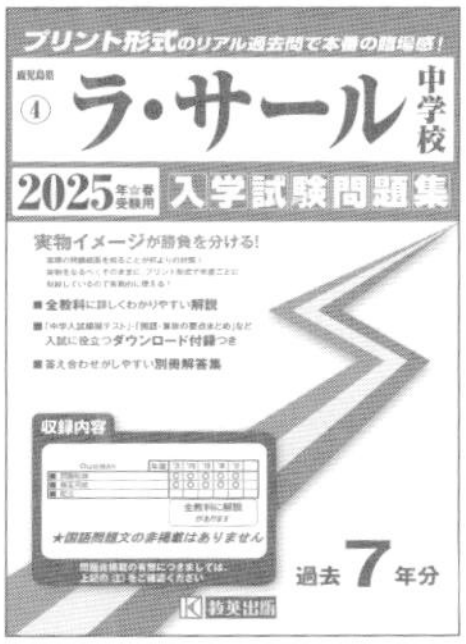

学校別問題集

☆はカラー問題対応

北海道

①[市立]札幌開成中等教育学校
②藤女子中学校
③北嶺中学校
④北星学園女子中学校
⑤札幌大谷中学校
⑥札幌光星中学校
⑦立命館慶祥中学校
⑧函館ラ・サール中学校

青森県

①[県立]三本木高等学校附属中学校

岩手県

①[県立]一関第一高等学校附属中学校

宮城県

①[県立]宮城県古川黎明中学校
②[県立]宮城県仙台二華中学校
③[市立]仙台青陵中等教育学校
④東北学院中学校
⑤仙台白百合学園中学校
⑥聖ウルスラ学院英智中学校
⑦宮城学院中学校
⑧秀光中学校
⑨古川学園中学校

秋田県

①[県立]
- 大館国際情報学院中学校
- 秋田南高等学校中等部
- 横手清陵学院中学校

山形県

①[県立]
- 東桜学館中学校
- 致道館中学校

福島県

①[県立]
- 会津学鳳中学校
- ふたば未来学園中学校

茨城県

①[県立]
- 日立第一高等学校附属中学校
- 太田第一高等学校附属中学校
- 水戸第一高等学校附属中学校
- 鉾田第一高等学校附属中学校
- 鹿島高等学校附属中学校
- 土浦第一高等学校附属中学校
- 竜ヶ崎第一高等学校附属中学校
- 下館第一高等学校附属中学校
- 下妻第一高等学校附属中学校
- 水海道第一高等学校附属中学校
- 勝田中等教育学校
- 並木中等教育学校
- 古河中等教育学校

栃木県

①[県立]
- 宇都宮東高等学校附属中学校
- 佐野高等学校附属中学校
- 矢板東高等学校附属中学校

群馬県

①
- [県立]中央中等教育学校
- [市立]四ツ葉学園中等教育学校
- [市立]太田中学校

埼玉県

①[県立]伊奈学園中学校
②[市立]浦和中学校
③[市立]大宮国際中等教育学校
④[市立]川口市立高等学校附属中学校

千葉県

①[県立]
- 千葉中学校
- 東葛飾中学校

②[市立]稲毛国際中等教育学校

東京都

①[国立]筑波大学附属駒場中学校
②[都立]白鷗高等学校附属中学校
③[都立]桜修館中等教育学校
④[都立]小石川中等教育学校
⑤[都立]両国高等学校附属中学校
⑥[都立]立川国際中等教育学校
⑦[都立]武蔵高等学校附属中学校
⑧[都立]大泉高等学校附属中学校
⑨[都立]富士高等学校附属中学校
⑩[都立]三鷹中等教育学校
⑪[都立]南多摩中等教育学校
⑫[区立]九段中等教育学校
⑬開成中学校
⑭麻布中学校
⑮桜蔭中学校
⑯女子学院中学校
☆⑰豊島岡女子学園中学校
⑱東京都市大学等々力中学校
⑲世田谷学園中学校
☆⑳広尾学園中学校（第2回）
☆㉑広尾学園中学校（医進・サイエンス回）
㉒渋谷教育学園渋谷中学校（第1回）
㉓渋谷教育学園渋谷中学校（第2回）
㉔東京農業大学第一高等学校中等部（2月1日 午後）
㉕東京農業大学第一高等学校中等部（2月2日 午後）

神奈川県

①[県立]相模原中等教育学校
　　　　平塚中等教育学校
②[市立]南高等学校附属中学校
③[市立]横浜サイエンスフロンティア高等学校附属中学校
④[市立]川崎高等学校附属中学校
✿⑤聖光学院中学校
✿⑥浅野中学校
⑦洗足学園中学校
⑧法政大学第二中学校
⑨逗子開成中学校（1次）
⑩逗子開成中学校（2・3次）
⑪神奈川大学附属中学校（第1回）
⑫神奈川大学附属中学校（第2・3回）
⑬栄光学園中学校
⑭フェリス女学院中学校

新潟県

①[県立]村上中等教育学校
　　　　柏崎翔洋中等教育学校
　　　　燕中等教育学校
　　　　津南中等教育学校
　　　　直江津中等教育学校
　　　　佐渡中等教育学校
②[市立]高志中等教育学校
③新潟第一中学校
④新潟明訓中学校

石川県

①[県立]金沢錦丘中学校
②星稜中学校

福井県

①[県立]高志中学校

山梨県

①山梨英和中学校
②山梨学院中学校
③駿台甲府中学校

長野県

①[県立]屋代高等学校附属中学校
　　　　諏訪清陵高等学校附属中学校
②[市立]長野中学校

岐阜県

①岐阜東中学校
②鶯谷中学校
③岐阜聖徳学園大学附属中学校

静岡県

①[国立]静岡大学教育学部附属中学校
　　　　（静岡・島田・浜松）
②[県立]清水南高等学校中等部
　[県立]浜松西高等学校中等部
　[市立]沼津高等学校中等部
③不二聖心女子学院中学校
④日本大学三島中学校
⑤加藤学園暁秀中学校
⑥星陵中学校
⑦東海大学付属静岡翔洋高等学校中等部
⑧静岡サレジオ中学校
⑨静岡英和女学院中学校
⑩静岡雙葉中学校
⑪静岡聖光学院中学校
⑫静岡学園中学校
⑬静岡大成中学校
⑭城南静岡中学校
⑮静岡北中学校
⑯常葉大学附属常葉中学校
　常葉大学附属橘中学校
　常葉大学附属菊川中学校
⑰藤枝明誠中学校
⑱浜松開誠館中学校
⑲静岡県西遠女子学園中学校
⑳浜松日体中学校
㉑浜松学芸中学校

愛知県

①[国立]愛知教育大学附属名古屋中学校
②愛知淑徳中学校
③名古屋経済大学市邨中学校
　名古屋経済大学高蔵中学校
④金城学院中学校
⑤椙山女学園中学校
⑥東海中学校
⑦南山中学校男子部
⑧南山中学校女子部
⑨聖霊中学校
⑩滝中学校
⑪名古屋中学校
⑫大成中学校
⑬愛知中学校
⑭星城中学校
⑮名古屋葵大学中学校
　（名古屋女子大学中学校）
⑯愛知工業大学名電中学校
⑰海陽中等教育学校（特別給費生）
⑱海陽中等教育学校（Ⅰ・Ⅱ）
⑲中部大学春日丘中学校
新刊⑳名古屋国際中学校

三重県

①[国立]三重大学教育学部附属中学校
②暁中学校
③海星中学校
④四日市メリノール学院中学校
⑤高田中学校
⑥セントヨゼフ女子学園中学校
⑦三重中学校
⑧皇學館中学校
⑨鈴鹿中等教育学校
⑩津田学園中学校

滋賀県

①[国立]滋賀大学教育学部附属中学校
②[県立]河瀬中学校
　　　　守山中学校
　　　　水口東中学校

京都府

①[国立]京都教育大学附属桃山中学校
②[府立]洛北高等学校附属中学校
③[府立]園部高等学校附属中学校
④[府立]福知山高等学校附属中学校
⑤[府立]南陽高等学校附属中学校
⑥[市立]西京高等学校附属中学校
⑦同志社中学校
⑧洛星中学校
⑨洛南高等学校附属中学校
⑩立命館中学校
⑪同志社国際中学校
⑫同志社女子中学校（前期日程）
⑬同志社女子中学校（後期日程）

大阪府

①[国立]大阪教育大学附属天王寺中学校
②[国立]大阪教育大学附属平野中学校
③[国立]大阪教育大学附属池田中学校

④[府立]富田林中学校
⑤[府立]咲くやこの花中学校
⑥[府立]水都国際中学校
⑦清風中学校
⑧高槻中学校（A日程）
⑨高槻中学校（B日程）
⑩明星中学校
⑪大阪女学院中学校
⑫大谷中学校
⑬四天王寺中学校
⑭帝塚山学院中学校
⑮大阪国際中学校
⑯大阪桐蔭中学校
⑰開明中学校
⑱関西大学第一中学校
⑲近畿大学附属中学校
⑳金蘭千里中学校
㉑金光八尾中学校
㉒清風南海中学校
㉓帝塚山学院泉ヶ丘中学校
㉔同志社香里中学校
㉕初芝立命館中学校
㉖関西大学中等部
㉗大阪星光学院中学校

兵庫県

①[国立]神戸大学附属中等教育学校
②[県立]兵庫県立大学附属中学校
③雲雀丘学園中学校
④関西学院中学部
⑤神戸女学院中学部
⑥甲陽学院中学校
⑦甲南中学校
⑧甲南女子中学校
⑨灘中学校
⑩親和中学校
⑪神戸海星女子学院中学校
⑫滝川中学校
⑬啓明学院中学校
⑭三田学園中学校
⑮淳心学院中学校
⑯仁川学院中学校
⑰六甲学院中学校
⑱須磨学園中学校（第1回入試）
⑲須磨学園中学校（第2回入試）
⑳須磨学園中学校（第3回入試）
㉑白陵中学校
㉒夙川中学校

奈良県

①[国立]奈良女子大学附属中等教育学校
②[国立]奈良教育大学附属中学校
③[県立] 国際中学校
青翔中学校
④[市立]一条高等学校附属中学校
⑤帝塚山中学校
⑥東大寺学園中学校
⑦奈良学園中学校
⑧西大和学園中学校

和歌山県

①[県立] 古佐田丘中学校
向陽中学校
桐蔭中学校
日高高等学校附属中学校
田辺中学校
②智辯学園和歌山中学校
③近畿大学附属和歌山中学校
④開智中学校

岡山県

①[県立]岡山操山中学校
②[県立]倉敷天城中学校
③[県立]岡山大安寺中等教育学校
④[県立]津山中学校
⑤岡山中学校
⑥清心中学校
⑦岡山白陵中学校
⑧金光学園中学校
⑨就実中学校
⑩岡山理科大学附属中学校
⑪山陽学園中学校

広島県

①[国立]広島大学附属中学校
②[国立]広島大学附属福山中学校
③[県立]広島中学校
④[県立]三次中学校
⑤[県立]広島叡智学園中学校
⑥[市立]広島中等教育学校
⑦[市立]福山中学校
⑧広島学院中学校
⑨広島女学院中学校
⑩修道中学校
⑪崇徳中学校
⑫比治山女子中学校
⑬福山暁の星女子中学校
⑭安田女子中学校
⑮広島なぎさ中学校
⑯広島城北中学校
⑰近畿大学附属広島中学校福山校
⑱盈進中学校
⑲如水館中学校
⑳ノートルダム清心中学校
㉑銀河学院中学校
㉒近畿大学附属広島中学校東広島校
㉓AICJ中学校
㉔広島国際学院中学校
㉕広島修道大学ひろしま協創中学校

山口県

①[県立] 下関中等教育学校
高森みどり中学校
②野田学園中学校

徳島県

①[県立] 富岡東中学校
川島中学校
城ノ内中等教育学校
②徳島文理中学校

香川県

①大手前丸亀中学校
②香川誠陵中学校

愛媛県

①[県立] 今治東中等教育学校
松山西中等教育学校
②愛光中学校
③済美平成中等教育学校
④新田青雲中等教育学校

高知県

①[県立] 安芸中学校
高知国際中学校
中村中学校

福岡県

①［国立］福岡教育大学附属中学校（福岡・小倉・久留米）
②［県立］
- 育徳館中学校
- 門司学園中学校
- 宗像中学校
- 嘉穂高等学校附属中学校
- 輝翔館中等教育学校

③西南学院中学校
④上智福岡中学校
⑤福岡女学院中学校
⑥福岡雙葉中学校
⑦照曜館中学校
⑧筑紫女学園中学校
⑨敬愛中学校
⑩久留米大学附設中学校
⑪飯塚日新館中学校
⑫明治学園中学校
⑬小倉日新館中学校
⑭久留米信愛中学校
⑮中村学園女子中学校
⑯福岡大学附属大濠中学校
⑰筑陽学園中学校
⑱九州国際大学付属中学校
⑲博多女子中学校
⑳東福岡自彊館中学校
㉑八女学院中学校

佐賀県

①［県立］
- 香楠中学校
- 致遠館中学校
- 唐津東中学校
- 武雄青陵中学校

②弘学館中学校
③東明館中学校
④佐賀清和中学校
⑤成穎中学校
⑥早稲田佐賀中学校

長崎県

①［県立］
- 長崎東中学校
- 佐世保北中学校
- 諫早高等学校附属中学校

②青雲中学校
③長崎南山中学校
④長崎日本大学中学校
⑤海星中学校

熊本県

①［県立］
- 玉名高等学校附属中学校
- 宇土中学校
- 八代中学校

②真和中学校
③九州学院中学校
④ルーテル学院中学校
⑤熊本信愛女学院中学校
⑥熊本マリスト学園中学校
⑦熊本学園大学付属中学校

大分県

①［県立］大分豊府中学校
②岩田中学校

宮崎県

①［県立］五ヶ瀬中等教育学校
②［県立］
- 宮崎西高等学校附属中学校
- 都城泉ヶ丘高等学校附属中学校

③宮崎日本大学中学校
④日向学院中学校
⑤宮崎第一中学校

鹿児島県

①［県立］楠隼中学校
②［市立］鹿児島玉龍中学校
③鹿児島修学館中学校
④ラ・サール中学校
⑤志學館中等部

沖縄県

①［県立］
- 与勝緑が丘中学校
- 開邦中学校
- 球陽中学校
- 名護高等学校附属桜中学校

もっと過去問シリーズ

北海道

北嶺中学校
7年分（算数・理科・社会）

静岡県

静岡大学教育学部附属中学校
（静岡・島田・浜松）
10年分（算数）

愛知県

愛知淑徳中学校
7年分（算数・理科・社会）
東海中学校
7年分（算数・理科・社会）
南山中学校男子部
7年分（算数・理科・社会）
南山中学校女子部
7年分（算数・理科・社会）
滝中学校
7年分（算数・理科・社会）
名古屋中学校
7年分（算数・理科・社会）

岡山県

岡山白陵中学校
7年分（算数・理科）

広島県

広島大学附属中学校
7年分（算数・理科・社会）
広島大学附属福山中学校
7年分（算数・理科・社会）
広島学院中学校
7年分（算数・理科・社会）
広島女学院中学校
7年分（算数・理科・社会）
修道中学校
7年分（算数・理科・社会）
ノートルダム清心中学校
7年分（算数・理科・社会）

愛媛県

愛光中学校
7年分（算数・理科・社会）

福岡県

福岡教育大学附属中学校
（福岡・小倉・久留米）
7年分（算数・理科・社会）
西南学院中学校
7年分（算数・理科・社会）
久留米大学附設中学校
7年分（算数・理科・社会）
福岡大学附属大濠中学校
7年分（算数・理科・社会）

佐賀県

早稲田佐賀中学校
7年分（算数・理科・社会）

長崎県

青雲中学校
7年分（算数・理科・社会）

鹿児島県

ラ・サール中学校
7年分（算数・理科・社会）

※もっと過去問シリーズは
国語の収録はありません。

教英出版
〒422-8054
静岡県静岡市駿河区南安倍3丁目12－28
TEL 054-288-2131
FAX 054-288-2133
詳しくは教英出版で検索
教英出版　検索
URL https://kyoei-syuppan.net/

令和六年度

宮崎県立五ヶ瀬中等教育学校
宮崎県立宮崎西高等学校附属中学校
宮崎県立都城泉ヶ丘高等学校附属中学校

「作文」

午前十時十分～午前十時五十分（四十分）

（注意）

一 指示があるまで、表紙（この用紙）以外のところを見てはいけません。
二 検査用紙は、表紙一枚《まい》、課題用紙三枚、作文用紙一枚の計五枚です。
三 「始めなさい」の指示があったら、まず受検番号と氏名を、作文用紙の決められた欄《らん》に書いてください。
四 声を出して読んではいけません。
五 印刷がはっきりしなかったり、課題用紙や作文用紙が足りなかったりした場合は、だまって手をあげてください。
六 課題の内容などについての質問には答えられません。
七 「やめなさい」の指示があったら、すぐに筆記用具を置き、表紙（この用紙）を上にして机《つくえ》の上に置いてください。

課題用紙①

【資料A】、【資料B】を読んで、後の問いに答えてください。
※がついている言葉は、後に説明があります。

【資料A】

「自分の頭で考える」際には、「腑《ふ》に落ちる」という感覚が一つの※バロメーターになります。本当に自分でよく考えて納得《なっとく》できたとき、私《わたし》たちは「腑に落ちる」という感覚を抱《いだ》きます。この感覚は大変重要です。

ところが、「腑に落ちる」ことも、また少々軽視《けいし》されているところがあります。たとえば、何か分からないテーマや事柄《ことがら》があったとして、それについて誰《だれ》かが説明していたら、その説明を聞いただけで、もう分かったつもりになっている、といったことはないでしょうか。

とくに最近は安直に「答え」をほしがる傾向《けいこう》があり、それに応じてきれいに整えられた「答え」や、一見「答え」のように見える情報が、※ネット空間などにはあふれています。ランキング情報やベストセラー情報などは、その最たる例です。あるいは情報がコンパクトにまとめられたテレビ番組もたくさんあります。多くの人が、まるでコンビニへ買い物にでも行くかのように「答え」の情報に群がり、分かった気になっています。

誰かの話をちょっと聞いただけで「分かった」と思うのは安易な解決法です。立派《りっぱ》そうな人の本を読んで「なるほど、その通りだな」と思い、翌日《よくじつ》に反対の意見を持つ人の本を読んで「もっともだな」と思ったのでは、意味がありません。自分の頭で考えて、本当に「そうだ、その通りだ」と腹《はら》の底から思えるかどうか（腹落ちするかどうか）が大切なのです。

私自身は、人の話を聞いてすぐに「分かった」と思うことはほとんどありません。心の底から「分かった」と思えない間は、「そういう考え方もあるのだな」という状態で保留扱《あつか》いにしておきます。否定《ひてい》もしません。結論《けつろん》を急いで「分かった」と思おうとするのは間違《まちが》いのもとです。「腑に落ちる」まで自分の頭で考え抜《ぬ》いているかどうか、私たちはもう少し慎重《しんちょう》になったほうがいいと思います。

（出口《でぐち》　治明《はるあき》『人生を面白《おもしろ》くする本物の教養』による）

※　バロメーター　……　物事をすい測したり判断したりする基準や目安。
※　ネット空間　……　不特定多数の人が利用するインターネット上の空間。

【資料B】

お詫び
著作権上の都合により、文章は掲載しておりません。
ご不便をおかけし、誠に申し訳ございません。
教英出版

（行宗《ゆきむね》　蒼一《そういち》『勉強っていやいやするもの？』による）

※　服従　………　他人の意思に対して、すなおにそのまましたがうこと。

※　卑下　………　いやしめ見下すこと。

※　感性　………　外界の刺激《しげき》に対して、なんらかの印象を感じ取る、その人の心の働き。感受性。

※　革新的　……　これまでの制度、習慣、方法などを変えて、新しくしようとするさま。

課題用紙③

問い一　【資料A】に、「結論を急いで『分かった』と思おうとするのは間違いのもとです」とありますが、筆者がどのような考えからこう述べているのか説明してください。

問い二　【資料B】に、「ピカソ＝天才画家という世間の評価に屈しているんじゃないか」とありますが、「世間の評価に屈する」とはどういうことなのか説明してください。

問い三　【資料A】、【資料B】に共通している筆者の考えに対するあなたの考えを、次の（条件）にしたがって書いてください。

（条件）

① はじめに、【資料A】、【資料B】に共通している筆者の考えをまとめて書いてください。

② 次に、①で書いた筆者の考えをふまえたうえで、あなたが大切にしたい考え方について、自分の体験や具体例を示しながら書いてください。

③ 三百字以上、四百字以内で書いてください。

受検番号	
氏　　名	

令和６年度

宮崎県立五ヶ瀬中等教育学校
宮崎県立宮崎西高等学校附属中学校
宮崎県立都城泉ヶ丘高等学校附属中学校

適性検査Ⅰ

１１:１０～１２:００（５０分）

（注　意）

1　指示があるまで，この表紙以外のところを見てはいけません。
2　検査用紙は，表紙をのぞいて１２ページで，課題は全部で６題です。
3　解答用紙は３枚《まい》です。もう１枚は，計算やメモに使ってかまいません。
4　「始めなさい」の指示があったら，まず検査用紙と３枚の解答用紙に受検番号と氏名を書いてください。
5　検査用紙のページ数がまちがっていたり，解答用紙の枚数が足りなかったり，また，文字や図がはっきりしなかったりする場合は，だまって手をあげてください。
6　課題の内容や答えなどについての質問には，答えられません。
7　「やめなさい」の指示があったら，すぐに筆記用具を置き，解答用紙を３枚ともうら返して机《つくえ》の上に置いてください。

課題1

かなこさんは，同じ大きさの黒と白の立方体を使って，写真のような飾《かざ》りを作ることにしました。飾りは，黒と白の立方体がすべて交互《こうご》に組み合わさっており，大きな立方体の形をしています。

かなこさんは，実際に，図1と図2の飾りを作り，ひろしさんと話をしています。

写真
（立方体を組み合わせて作った飾り）

図1

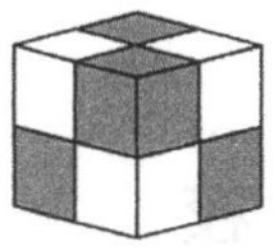

図2

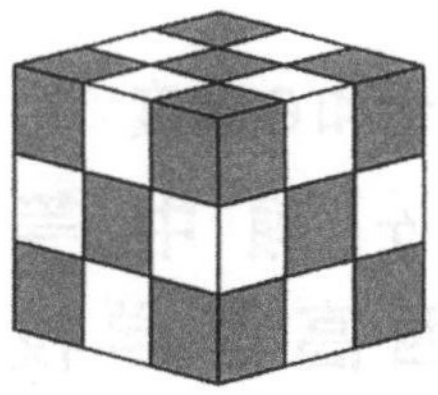

※どちらの飾りにも表面や中身にすき間はなく，黒と白の立方体がぴったりとくっついています。

会話1

> ひろし：　とてもきれいな飾りができたね。図1の飾りには，黒の立方体が（　ア　）個，白の立方体が（　イ　）個使われているね。
> かなこ：　そうだよ。図2の飾りは，全部で（　ウ　）個の立方体を組み合わせて作ったんだ。黒と白の立方体の数は同じかなと思ったけれど，（　エ　）の立方体のほうが，（　オ　）個多かったよ。

問い1　会話1の（　ア　），（　イ　），（　ウ　），（　オ　）にあてはまる数を答えてください。また，（　エ　）にあてはまる色を答えてください。

次に，ひろしさんは，形やデザインを変えた飾りを作りたいと考え，２種類の飾りを作ることにしました。1つは，図1と同じ飾りで直線をひいたもの（図3），もう1つは，外から中が見えるとう明な立方体を組み合わせた飾り（図5）です。

図3

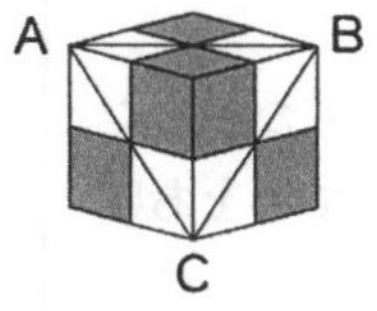

※図1と同じ飾りで，３つの頂点《ちょうてん》をA，B，Cとして，それぞれ直線をひいたものです。

図4（立方体をDEからFの方向に切った場合）

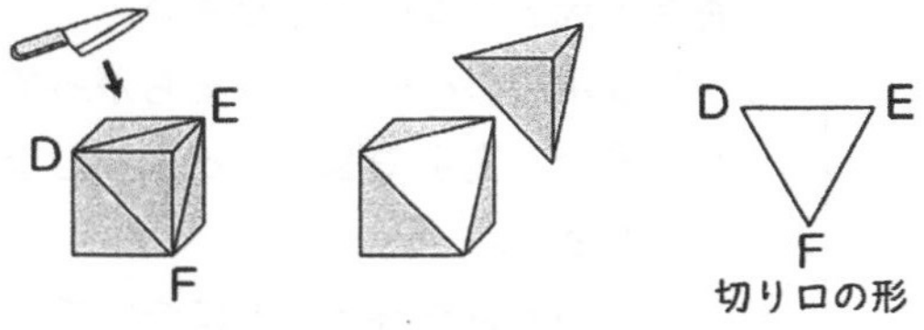

※DEとは，頂点Dと頂点Eを結ぶ直線のことです。

図５

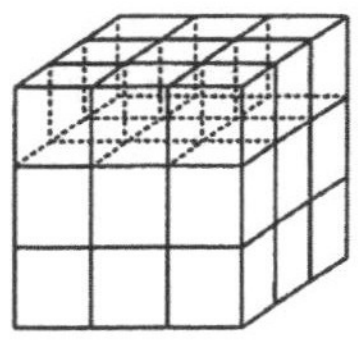

※同じ大きさの小さい立方体を，たて，横，高さにそれぞれ３個ずつ組み合わせたもので，すべての小さい立方体の中に，色のついたボールを入れることができます。

図６（ボールを入れた飾りを３つの方向から見た図）

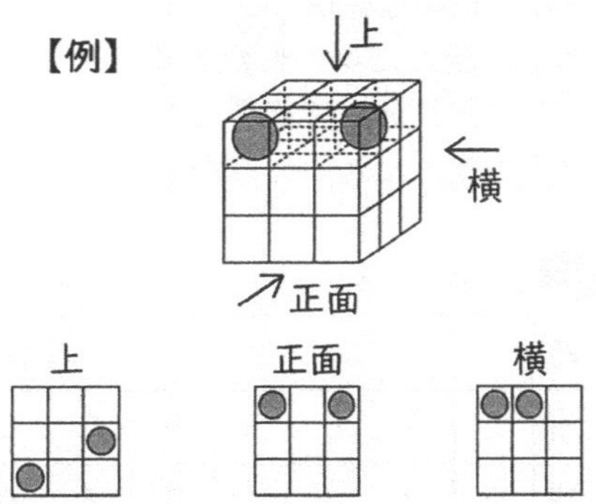

※【例】は，飾りの上から数えて１段目にボールを２個入れた図を表しています。

２人は，ひろしさんが作った飾りについて，話をしています。

会話２

かなこ：　２種類の飾りを作ったんだね。図３は，どうやって形を変えるの。
ひろし：　図４のように，直線に沿《そ》って切ってみようと思うんだ。
かなこ：　切り口はどのようになるだろう。さっそく切ってみようよ。
ひろし：　すごい。①黒と白の模様《もよう》ができたよ。
かなこ：　図５の飾りにも，同じ大きさのボールを，いくつか入れてみたんだね。
ひろし：　②上，正面，横の３つの方向から見ると，見え方がちがうよ。
かなこ：　私もひろしさんみたいに，オリジナルの飾りを作ってみよう。

問い２　会話２の下線部①について，図３を図４と同じようにＡＢからＣの方向に切ると，切り口はどのようになりますか。次のア～エの中から１つ選び，記号で答えてください。
ただし，黒と白の立方体は，表面と同じ色が立方体の中までついているものとします。

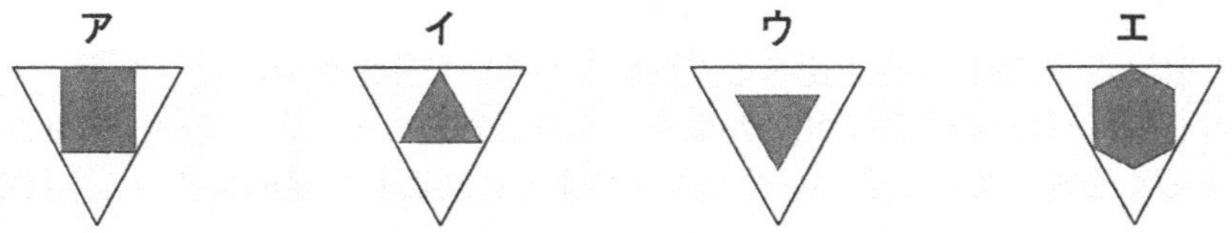

問い３　会話２の下線部②について，ひろしさんがボールを入れた飾りを，図６のように，上，正面，横から見た図で表すと，下のようになりました。飾りの上から数えて１段目から３段目に入っているボールの数を，それぞれ答えてください。

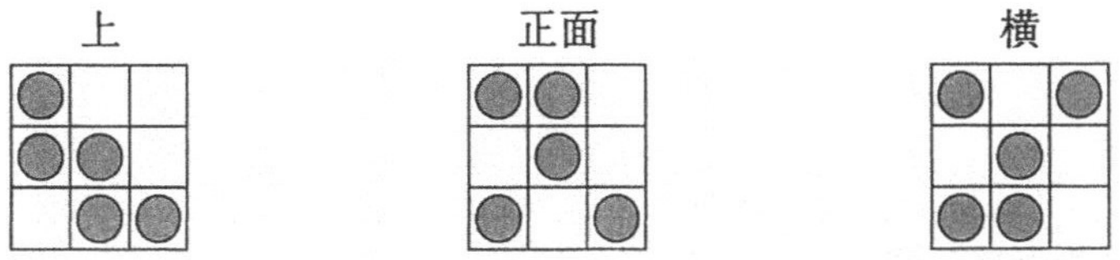

課題2

6年1組の図書係のさとしさんとひかりさんは，学級全員に読書に関するアンケートをとり，夏休みに読んだ本の冊数《さっすう》をまとめることにしました。資料は，学級を15人ずつの班《はん》（A班とB班）に分けて整理したものです。2人は，資料をもとに，A班とB班のどちらの班が，本をよく読んだといえるか，考えています。

資料

1組	読んだ本の冊数															合計	平均値《へいきんち》
A班	2	3	5	5	5	5	5	7	8	8	9	9	10	10	11	102	6.8
B班	3	3	4	4	5	5	6	6	6	6	6	8	11	13	16	102	6.8

※資料は読んだ冊数が少ない方から順に並《なら》んでいます。また，資料の中の数を値《あたい》といいます。

会話1

さとし：　図書係では，夏休みに本をよく読んだ班に賞状をおくることにしたよ。
ひかり：　いい考えだね。資料にまとめてみると，A班もB班も合計と平均値が同じ値になったね。
さとし：　そうなんだ。合計どうしを比べたり，平均値どうしを比べたりする方法では，どちらの班が本をよく読んだといえるか，判断できないね。
ひかり：　それなら，別の方法で比べてみようよ。
さとし：　そうだね。別の方法を考えて，どちらの班が本をよく読んだといえるか，判断してみよう。

問い1　会話1の下線部について，あなたならどのような方法を考えますか。資料をもとに，次の【条件】にしたがって，あなたの考えを答えてください。

【条件】
解答は，解答用紙にある 方法 → 説明 の順に記入してください。
(1) 方法 には，A班とB班を比べる方法を1つ書いてください。
(2) 説明 には，(1)の方法で比べた場合，A班とB班のどちらの班が，本をよく読んだといえるかを書いてください。また，そのように判断した理由も書いてください。

ア　A駅→1のルート
イ　A駅→2のルート
ウ　A駅→3のルート
エ　B駅→①のルート
オ　B駅→②のルート
カ　B駅→③のルート

略地図

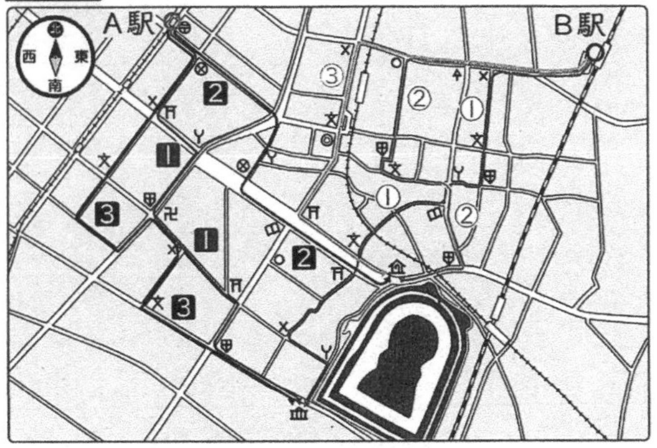

たまきさんは，大阪を訪《おとず》れた際のできごとについて資料3，4，5を見つけ，その資料をもとに友達と話しました。

会話2

たまき：　大阪では右のようなマークが貼《は》ってある※「ハラール認証《にんしょう》店」とよばれるお店を見つけたよ。
かいと：　なぜこのようなお店があるのだろう。
もとき：　資料3から　A　ということがわかるね。
あゆみ：　本当だ。資料4，5から　B　ためではないかな。

HALAL CERTIFIED COMPANY
JHA
NPO JAPAN HALAL ASSOCIATION
JHAS1002:2019

※ハラール認証店：イスラム教徒の人々のための「ハラールフード」を提供《ていきょう》しているお店。

資料3　マレーシア・インドネシアの訪日《ほうにち》観光客数の推移《すいい》

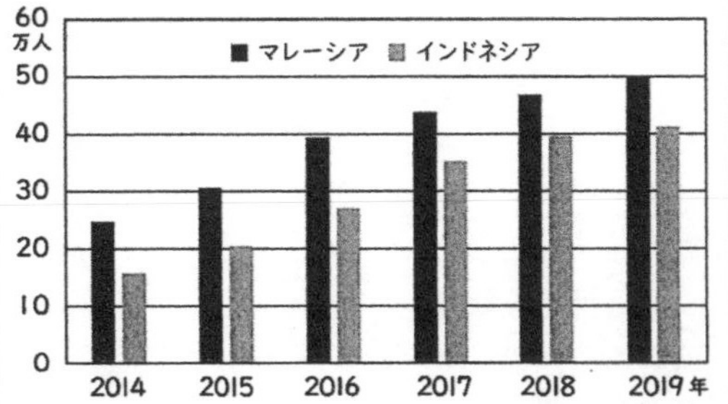

（「日本政府観光局資料」より作成）

資料4　マレーシア・インドネシアの宗教《しゅうきょう》人口の割合

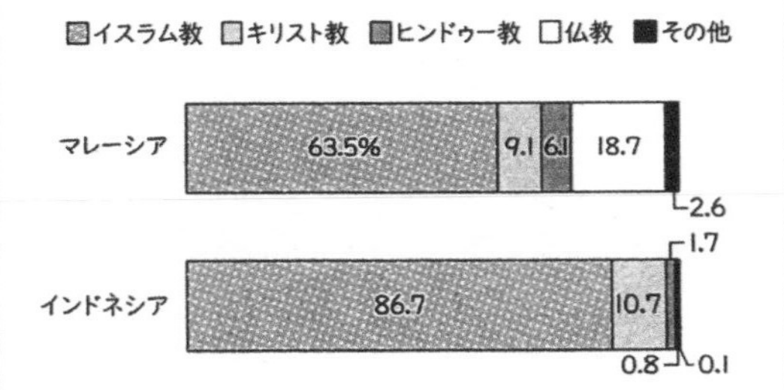

（「ジェトロ資料」他より作成）

資料5　イスラム教徒の食事について

豚《ぶた》やアルコール（料理酒，みりんなどを含《ふく》む），宗教上の適切な処理《しょり》が施《ほどこ》されていない肉を食べてはならない。食材だけでなく，料理をする場所や工程などにも細心の注意を払《はら》う。

問い3　会話2の　A　にあてはまる内容を，資料3をもとに答えてください。また，　B　にあてはまる内容については，資料4，5を関連づけて，「**食事**」という語句を使って答えてください。

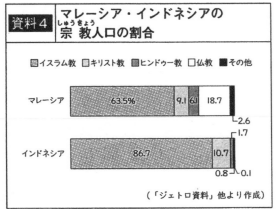

課題6

たまきさんは，夏休みに家族旅行で京都と大阪に行きました。京都は平安京という都が置かれてから栄えたことを知り，平安時代の人々の生活について先生と話をしました。

会話1

先　生：　資料1 は，平安時代，ある地域《ちいき》に住んでいる人たちの※「戸籍《こせき》」をグラフで表したものです。何か気づいたことがありますか。
たまき：　女性の割合《わりあい》が非常に高いです。
先　生：　そうですね。しかし，この戸籍は本当の情報ではありません。その理由は，資料2 を見れば分かると思います。どうでしょうか。
たまき：　なるほど。［　　　］ために，戸籍には女性として申告していたのですね。

※「戸籍」：朝廷《ちょうてい》がどこにだれが住んでいるかを把握《はあく》し，税や兵士を集めるための記録で，それぞれの地域から申告されたもの。

資料1　ある地域の戸籍をもとに作成したグラフ

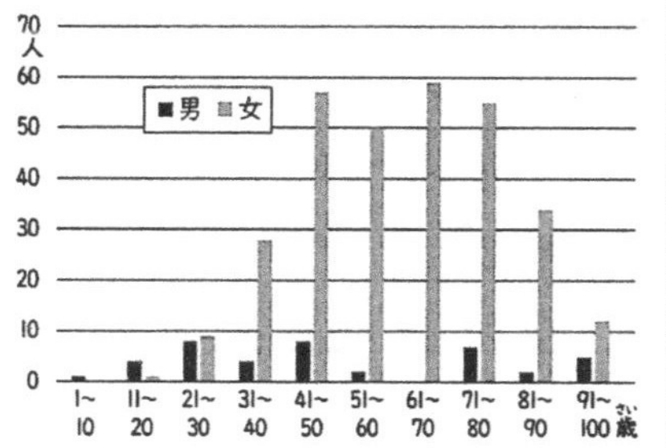

(「平安遺文《いぶん》」より作成)

資料2　律令制《りつりょうせい》で定められた「税」

対象	種別	税の名	内容	負担の範囲《はんい》
6歳以上の男女	品物	租《そ》	口分田《くぶんでん》の面積に応じて(稲の収穫《しゅうかく》の約3%)	口分田は，戸籍にもとづきあたえられる
※成人男性		調	特産物(絹・糸・布製品)	都まで運んで納《おさ》める(食料は自分で負担)
		庸《よう》	麻布《あさぬの》(労役《ろうえき》の代わり)	
	労役	雑徭《ぞうよう》	年60日以内	池・堤《つつみ》などの土木工事
成人男性3～4人に1人	兵役	軍団	年36日以内	食料・武具は自分で負担(調・庸などを免除《めんじょ》)
		衛士《えじ》	都で1年間	
		防人《さきもり》	九州北部で3年間	

※成人男性：21歳～60歳までを表している。

問い1　会話1 の［　　　］にあてはまる内容を，資料2 をもとに答えてください。

問い2　たまきさんは，大阪に行った際に，ある古墳《こふん》を見学しました。次の 説明 を読んで，たまきさんが通った 略地図 のルートとして適切なものを，後のア～カから1つ選び，記号で答えてください。

説明

○　たまきさんが駅をおりてしばらく歩くと交番があり，道を聞くと「まず南に行って，病院のところで西に行くと消防署《しょうぼうしょ》があるので，そこで聞きなさい。」といわれた。
○　次に消防署まで行くと「南に行くと図書館がある。そこから西に向かって行くと右手に神社があり，そのまま行くと交番があるのでそこで聞きなさい。」といわれた。
○　次に交番では，「南東に行くと消防署があるから，そこを南西に曲がれば博物館がある。」といわれ，そのとおりに行くと博物館があり，すぐそばの古墳を見学した。

6年2組の図書係のかずきさんとさちこさんは，1組と同じようにアンケートをとり，夏休みに読んだ本の冊数を調べました。2人は，調べた結果を 図書だより にまとめています。

図書だより（一部）

「読書に関するアンケート」の結果を報告します。

アンケート結果

○調査人数　学級全員30人
（A班16人，B班14人）
○学級全員が読んだ本の冊数　189冊

グラフ（アンケート結果より）

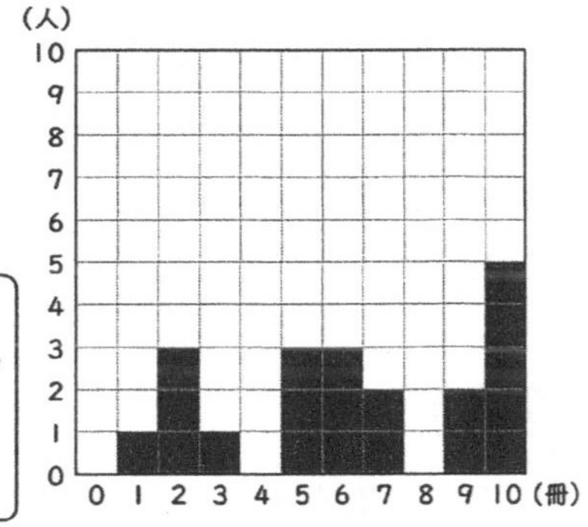

会話2

かずき：　アンケート結果をもとに，グラフを作ってみたよ。
さちこ：　読んだ本が0冊という人はいなかったね。①4冊と8冊のところを書き加えれば，グラフができあがるね。
かずき：　となりの3組の結果も気になるね。2組の全体の平均値より高いのかな。
さちこ：　結果が楽しみだね。アンケートを整理しながら，②平均値について，どのようなことがいえるか，考えてみたよ。

問い2　会話2 の下線部①について，4冊と8冊のところを書き加えて，解答用紙にあるグラフを完成させてください。

問い3　会話2 の下線部②について，さちこさんは，学級の平均値について，ア～エの考えをもちました。それぞれの考えが正しいかどうかを判断し，正しい場合は○，正しくない場合は×を解答用紙に記入してください。

ア　6年3組が30人のとき，学級全体の平均値と読んだ冊数が同じになる人が，必ず1人はいる。
イ　6年3組が30人のとき，それぞれが読んだ冊数と学級全体の平均値が，すべて同じになる場合がある。
ウ　6年2組の全体の平均値は，A班とB班の平均値の和を2で割った値になる。
エ　どの学級でも，学級全体の平均値より高い人と低い人の人数は，同じになる。

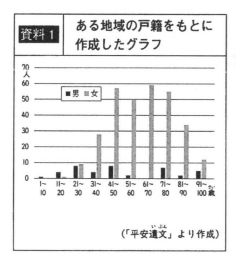

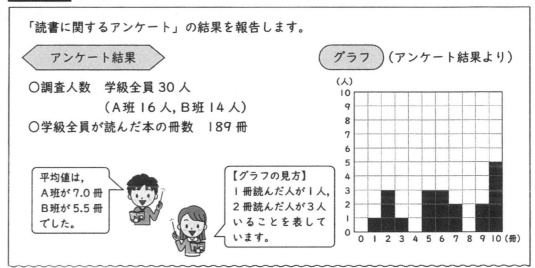

課題３

たけるさんは，体育の時間にグラウンドを走ったときに，心臓《しんぞう》がドキドキしてみゃくはくが速くなっているのを感じました。そこで，走るとみゃくはくがどう変化するか調べてみることにしました。走る前，走っている間，走った後のみゃくはくは，次の 表１ のような結果になりました。たけるさんは，結果について先生と会話をしました。次の 会話１，会話２ は，そのときの様子です。

表１

	走る前	走っている間	走り終えた直後	走った後１０分後	走った後２０分後	走った後３０分後	走った後４０分後
１分間のみゃくはく数（回）	７２	１２０	１１５	９５	８０	７２	７２

会話１

先　生：　走る前，走っている間，走った後のみゃくはくの変化で，どんなことに気づきましたか。
たける：　運動するとみゃくはく数が急に増えます。運動した後，時間がたつにつれてしだいに少なくなってきて，３０分たつと，運動する前と同じみゃくはく数にもどっています。
先　生：　よく気がついたね。みゃくはくは，どの内臓のどのはたらきと関係があるかな。
たける：　心臓のはく動がみゃくはくとして表れます。
先　生：　では，運動しているとき，心臓のはく動が多くなるのは何のためだろう。血液のはたらきを思い出して，説明してごらん。

問い１　運動しているとき，心臓のはく動が多くなるのは何のためか，血液のはたらきと結び付けて，説明してください。

会話２

先　生：　植物も動物と同じ生き物ですね。植物は，私《わたし》たちと同じように呼吸《こきゅう》をしていると思いますか。
たける：　いいえ，思いません。植物は，光が当たっているとき，二酸化炭素を取り入れて，酸素を出しています。呼吸とは逆です。
先　生：　「光が当たっているとき」といいましたね。では，光が少ししか当たらないときや，光がまったく当たらないときはどうだろう。
たける：　調べてみます。

問い２　しんごさんは，日清戦争のことについて先生に聞いたところ，資料３，４ をもらいました。しんごさんが考えたこと の A と B にあてはまる内容を，資料３，４ をもとに答えてください。

資料３　日清戦争について

戦った国	清（今の中国）
戦争の起こった年	１８９４年
戦争の結果	日本が勝利
日本の戦死者	約１万４千人
日本が使った戦争の費用（当時の価値《かち》）	約２億３千万円
講和《こうわ》条約の名前	下関条約
条約の内容（主なもの）	・清が日本に賠償金《ばいしょうきん》を支払《しはら》う。（当時の価値で約３億１千万円） ・清が日本に遼東半島《りょうとうはんとう》，台湾《たいわん》，澎湖諸島《ほうこしょとう》をゆずる。

資料４　日露《にちろ》戦争について

戦った国	ロシア
戦争の起こった年	１９０４年
戦争の結果	日本が勝利
日本の戦死者	約８万４千人
日本が使った戦争の費用（当時の価値）	約１８億３千万円
講和条約の名前	ポーツマス条約
条約の内容（主なもの）	・賠償金はなし。 ・ロシアが日本に樺太《からふと》の南半分をゆずる。

条約の内容に国民が不満をもった。

しんごさんが考えたこと

どちらの戦争も日本が勝ったけど，日露戦争は日清戦争と比べて A にもかかわらず，ポーツマス条約の内容が下関条約と比べて B など，利益が少なかったことから，国民は不満をもったのではないかな。

会話３

たかし：　私は，下関市からすぐに行ける福岡県について調べました。
ひとみ：　地図を見ると，北九州と福岡に空港があるよ。

問い３　たかしさんは，福岡県の空港についてまとめた 資料５ から，ある疑問をもち，資料６ から，その疑問に対する答えを予想しました。 A と B にあてはまる内容を，資料５，６ をもとに答えてください。

資料５　福岡空港と北九州空港の比較《ひかく》

	福岡空港	北九州空港
①　１日の乗降《じょうこう》客数	58,542人	3,610人
②　国内線の就航《しゅうこう》路線	２７路線	１路線
③　国際線の就航路線	１８路線	１路線
④　営業時間（法律《ほうりつ》上ではなく実際の時間）	７時～２２時	２４時間営業

※①は２０１７年、②・③は２０２３年１０月現在　（「日本と世界の統計データ」他より作成）

資料６　空港の立地場所

たかしさんの疑問

福岡空港は北九州空港に比べて乗降客数や就航路線が多いのに，なぜ A のだろうか。

疑問に対する予想

人が多く住んでいるところに立地しており， B に配慮《はいりょ》しているからではないか。

課題５

ひとみさんのグループでは，自分が興味のある都道府県について調べ学習を行い，考えたことなどをグループで話し合いました。

会話１

ひとみ：　私《わたし》は広島県について調べました。広島県には，中国地方の都市の中で一番人口の多い広島市があります。
たかし：　広島市では２０２３年，Ｇ７サミットが開催《かいさい》されていたね。Ｇ７の国は日本，アメリカ，カナダ，イギリス，フランス，イタリア，ドイツだね。
しんご：　Ｇ７の国はすべて※国際連合に加盟《かめい》しているよ。国際連合はどのような組織なのかな。

※国際連合：１９４５年に世界の平和と安全を守るために設立された組織。加盟している国は，１９３か国（２０２３年現在）である。

問い１　ひとみさんは，しんごさんの疑問《ぎもん》に対して，資料１，２を見つけました。資料１，２から**読み取ることができない**内容を，下のア～エから１つ選び，記号で答えてください。

資料１　国際連合における※分担金《ぶんたんきん》の割合（2020年）

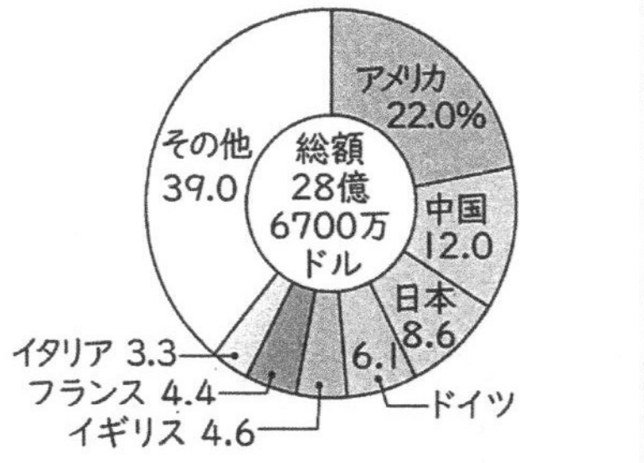

※分担金：加盟国が国際連合の活動のために出しているお金。

資料２　国際連合「安全保障《あんぜんほしょう》理事会」について

【目 的】
世界の平和と安全の維持《いじ》
【構 成】
○　常任理事国５か国
（中国，ロシア，フランス，イギリス，アメリカ）
・　国際連合が発足してから変更《へんこう》はない。
○　非常任理事国１０か国
・　非常任理事国は任期が２年で，全加盟国の投票によって選ばれ，毎年半数が改選される。
【理事会の取り決め】
○　安全保障理事会の決議において，常任理事国の１か国でも反対した場合，成立しない。

ア　日本は加盟国の中で３番目に多く分担金を負担している。
イ　Ｇ７の国の中で常任理事国に入っている国は，３か国である。
ウ　分担金の割合《わりあい》上位７か国の中に，すべての常任理事国が入っている。
エ　安全保障理事会の決議において，１４か国が賛成しても，フランスが反対すれば成立しない。

会話２

しんご：　私は山口県を調べました。一番西には，下関《しものせき》市があります。
ひとみ：　壇ノ浦《だんのうら》の戦いで有名なところだよね。
たかし：　そういえばこの前，社会科の授業で「下関」という名前のついた条約が出てきたよね。
しんご：　明治時代に起きた日清《にっしん》戦争の後で結ばれた条約だったはずだよ。その戦争のことなど，先生に聞いてみよう。

2024(R6) 宮崎県立中高一貫校
教英出版
20-(11)
【適Ｉ　8-(7)】

たけるさんは，植木鉢《うえきばち》に植えた植物を使って，酸素と二酸化炭素の出入りを調べる実験を行いました。実験の目的と実験の方法は，次のとおりです。ただし，空気は，袋《ふくろ》から出入りしないものとします。

実験の目的

植物が二酸化炭素を吸収《きゅうしゅう》して，酸素を出すはたらきは，光の強さによって変わるかを調べる。

実験の方法

①　図Ａ～Ｃのように，葉の枚数《まいすう》や大きさがほぼ同じ植物を用意し，ポリエチレンの袋で包んで，袋の中にストローで息を吹《ふ》き込《こ》みました。
②　気体検知管を使って，袋の中の空気の酸素と二酸化炭素の割合《わりあい》を調べました。
③　１時間後に②と同じ操作《そうさ》を行いました。
④　調べた結果を表２にまとめました。

図

Ａ　日の当たる場所に置いたとき　Ｂ　日かげに置いたとき　Ｃ　光が当たらないようにしたとき

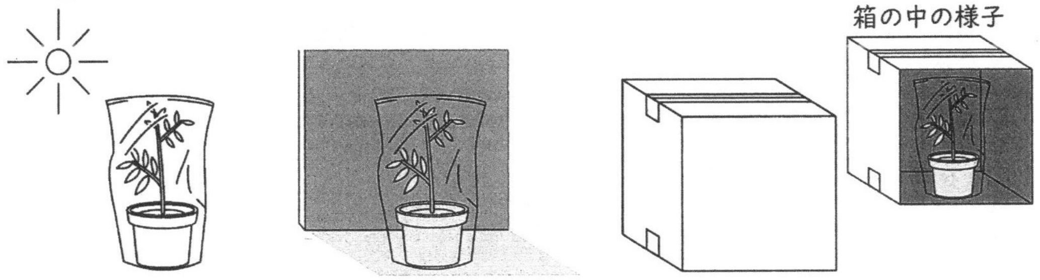

表２

	Ａ　日の当たる場所に置いたとき		Ｂ　日かげに置いたとき		Ｃ　光が当たらないようにしたとき	
時刻《じこく》	酸素	二酸化炭素	酸素	二酸化炭素	酸素	二酸化炭素
１３時 実験開始	約１８％	約４％	約１８％	約４％	約１８％	約４％
１４時	約２０％	約２％	約１９％	約３％	約１７％	約５％

問い２　植物を日の当たる場所に置いたときと日かげに置いたときの結果から，どのようなことがいえますか。実験の目的をふまえて答えてください。

問い３　表２から，植物は呼吸をしているといえますか。その理由も答えてください。

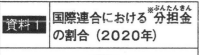

課題４

かおるさんは，図書館で借りた本の中に，「私《わたし》に支点をあたえよ。そうすれば地球も動かしてみせる。」という歴史上の人物の言葉を見つけて，てこに興味をもちました。次の 会話１，会話２ は，かおるさんとしげるさんの会話の様子です。

会話１

かおる：　てこってすごいんだね。「支点さえあれば地球でも動かすことができる。」と本に書いてあったよ。
しげる：　地球を動かす実験なんてここではできないから，単純《たんじゅん》な実験用のてこを使って，てこの実験をしてみよう。
かおる：　てこがつりあっているとき，どんなきまりがあるのかな。
しげる：　おもりの重さと支点からのきょりをかけ算したときの答えが，支点の右と左で同じときにつりあうようになっているよ。

かおるさんとしげるさんは，図１ のような実験用てこを使って，力の大きさをおもりの重さで表し，どんなときにつりあうか調べてみました。資料 を参考にあとの問いに答えてください。

図１

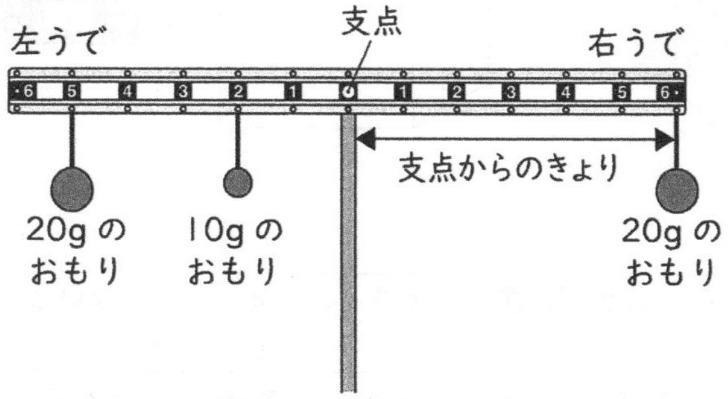

資料

てこのうでをかたむけるはたらきは，「おもりの重さ×支点からのきょり」で表すことができる。このはたらきが左右で等しいとき，てこは水平につりあう。

図１ の場合は，
左うで　１０×２＋２０×５＝１２０
右うで　２０×６＝１２０

問い１　左うでのめもり３に３０ｇのおもりをつるし，さらに左うでのめもり６に２０ｇのおもりをつるして，てこが水平につりあうのは，右うでのめもり３とめもり５に１０ｇのおもりをそれぞれ何個ずつつるしたときでしょうか。つるすおもりの数が少なくてすむ場合について答えてください。ただし，めもり３とめもり５の片方だけにおもりをつるしてもよいものとします。

会話２

しげる：　この実験用てこの片方《かたほう》につるすおもりを，ばねにしてみたらどうなるかな。
かおる：　おもしろそうだね。ここに３本のばねがあるよ。まずは，それぞれのばねののび方を調べてみよう。

かおるさんとしげるさんは，図２ のようにＡ，Ｂ，Ｃの３本のばねにいろいろな重さのおもりをつり下げ，ばねの長さをはかりました。

図３ は，３本のばねにつり下げたおもりの重さと，ばねの長さの関係をグラフに表したものです。

図２

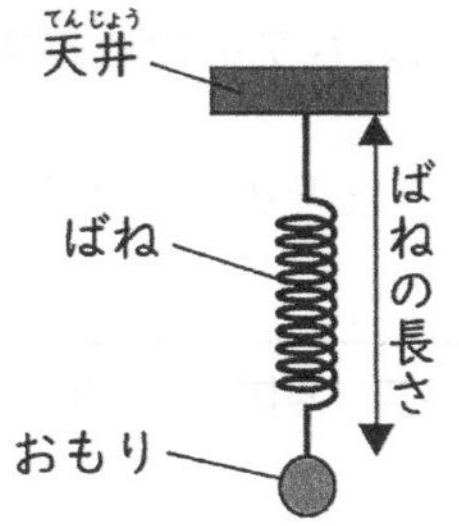

図３

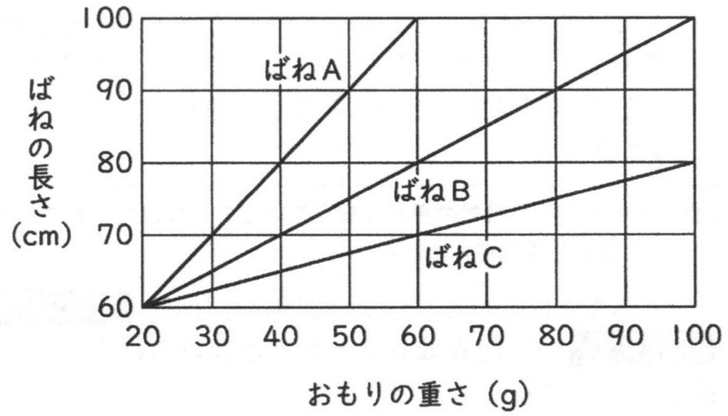

問い２　何もつるさないときのばねＡの長さは何 cm になるか，答えてください。

かおるさんとしげるさんは，図４ のように，実験用てことゆかまでの高さを７５cm にして，右うでのめもり３のところに１００ｇのおもりをつるし，左うでのめもり６のところにゆかに固定したばねを取り付けました。

図４

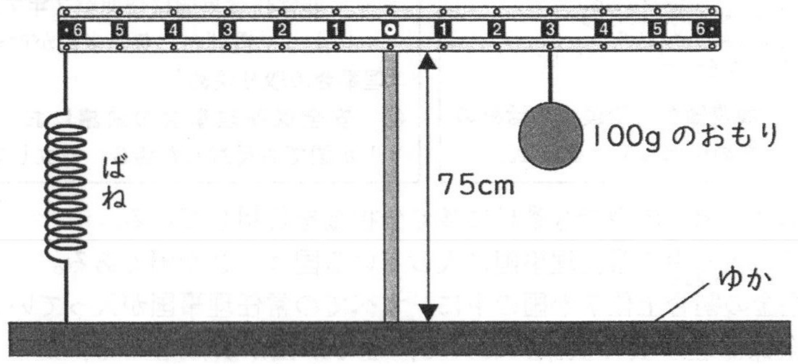

問い３　３本のばねのうちの１本が，ちょうどてことゆかまでの高さと同じ７５cm の長さになったときに，てこは水平につりあいました。Ａ，Ｂ，Ｃのうち，どのばねを使ったのでしょうか。また，そう考えた理由を説明してください。ただし，ばねの重さは考えないものとします。

作文用紙

受検番号

氏名

問い一

問い二

問い三

○題や氏名を入れずに一行目から書いてください。

100

200

300

400

※一

※二

※三

※計

（注意）※印のところは記入しないこと

（配点非公表）

受検番号		氏　　名	

【1枚《まい》目】

令和６年度
宮崎県立五ヶ瀬中等教育学校
宮崎県立宮崎西高等学校附属中学校
宮崎県立都城泉ヶ丘高等学校附属中学校
適性検査Ⅰ　解答用紙

（注意）※印のところは記入しないこと

※計	

（配点非公表）

20-(15)
【解答用紙4-(2)】

課題１

問い1	ア	個	イ	個	ウ	個
問い1	エ		オ	個		
問い2						
問い3	1段目	個	2段目	個	3段目	個

※　課題1

課題２

問い1	方法
	説明

※　課題2

問い2

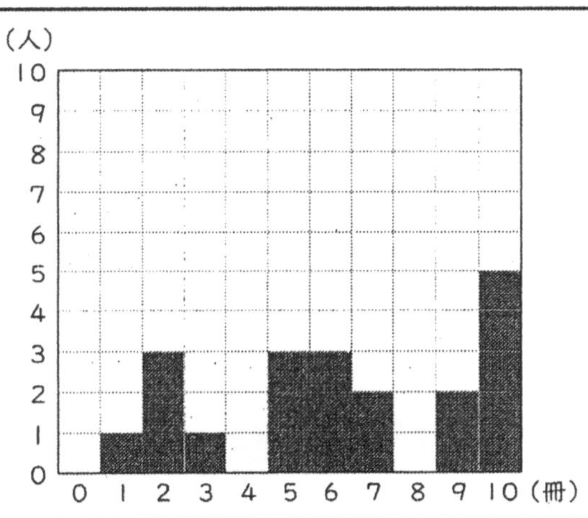

問い3	ア		イ		ウ		エ	

受検番号		氏　　名	

【2枚《まい》目】

令和６年度
宮崎県立五ヶ瀬中等教育学校
宮崎県立宮崎西高等学校附属中学校
宮崎県立都城泉ヶ丘高等学校附属中学校
適性検査Ⅰ　解答用紙

（注意）　※印のところは記入しないこと

※計	

課題３

問い１	
問い２	
問い３	

※　課題３

課題４

問い１		
問い２	cm	
問い３	ばね	
	理由	

※　課題４

【解答用紙4-(3)】 20-(17)

受検番号		氏　　名	

【3枚《まい》目】

令和6年度

宮崎県立五ヶ瀬中等教育学校
宮崎県立宮崎西高等学校附属中学校
宮崎県立都城泉ヶ丘高等学校附属中学校

適性検査Ⅰ　解答用紙

（注意）※印のところは記入しないこと

※計	

課題5

問い1		
問い2	A	
	B	
問い3	A	
	B	

※　課題5

20-(19)
【解答用紙4-(4)】

課題6

問い1		
問い2		
問い3	A	
	B	

※　課題6

令和五年度

宮崎県立五ヶ瀬中等教育学校
宮崎県立宮崎西高等学校附属中学校
宮崎県立都城泉ヶ丘高等学校附属中学校

「作文」

午前九時三十分～午前十時十分（四十分）

（注意）

一　指示があるまで、表紙（この用紙）以外のところを見てはいけません。
二　検査用紙は、表紙一枚《まい》、課題用紙二枚、作文用紙一枚の計四枚です。
三　「始めなさい」の指示があったら、まず受検番号と氏名を、作文用紙の決められた欄《らん》に書いてください。
四　声に出して読んではいけません。
五　印刷がはっきりしなかったり、課題用紙や作文用紙が足りなかったりした場合は、だまって手をあげてください。
六　課題の内容などについての質問には答えられません。
七　「やめなさい」の指示があったら、すぐにえんぴつを置き、表紙（この用紙）を上にして机《つくえ》の上に置いてください。

課題用紙①

【資料A】、**【資料B】**を読んで、後の問いに答えてください。
※がついている言葉は、後に説明があります。

【資料A】

この物語は、南アメリカの先住民に伝わるお話です

森が燃えていました

森の生きものたちは
われ先にと
逃《に》げて
いきました

でもクリキンディという名の
※ハチドリだけは
いったりきたり
くちばしで水のしずくを一滴《いってき》ずつ運んでは
火の上に落としていきます
・・

動物たちがそれを見て
「そんなことをして
いったい何《なん》になるんだ」
といって笑います

クリキンディは
こう答えました
「私《わたし》は、私にできることをしているだけ」

（辻《つじ》　信一《しんいち》『ハチドリのひとしずく』光文社による）

※　ハチドリ　……　ハチドリ科の鳥で、小さい鳥として知られている。

【資料B】

この本の絵を描《えが》いてくれたのは、ぼくの長年の友人であるカナダの先住民族ハイダのマイケルです。彼《かれ》との打ち合わせの中でこんなやりとりがありました。ぼくの最初の英《えい》訳《やく》の中に「普《ふ》段《だん》大《おお》威《い》張《ば》りの大きな動物たちが……ハチドリをバカにして……」という表現があり、彼はそれにひっかかったのです。「これではハチドリが正義で、ほかの動物たちが悪だ、という話になってしまう」と、彼は感じたというのです。先住民に伝わる元々の話にそんな善《ぜん》悪《あく》の区別などなかったのではないか、という彼の意見にぼくは心を開かれる思いがしました。

またマイケルはこうも言いました。「怒《いか》りや憎《にく》しみに身をまかせたり、他人を批《ひ》判《はん》したりしている暇《ひま》があったら、自分のできることを淡《たん》々《たん》とやっていこうよ。クリキンディはそう言っているような気がするんだ」。

ぼくたち人間は、すべての生きものの中で最大の力をもつようになりました。残念ながらその力はしばしば、人間同士傷《きず》つけ合ったり、自然環《かん》境《きょう》を壊《こわ》したりすることに使われてきました。でも幸いなことに人間は、小さな地球人として、そのことを自覚することができます。そしてその気になれば、力を合わせて水のしずくをたくさん集め、燃えている森の火を消すだけの力をもっています。

（辻　信一『ハチドリのひとしずく』光文社による）

問い一　**【資料A】**に、「私は、私にできることをしているだけ」とありますが、ここでの「私にできること」とはどのようなことでしょうか。書いてください。

問い二　あなたは、世界的な問題や身の回りの問題などに対して、どのように関わっていこうと考えますか。次の（条件）にしたがって、あなたの考えを書いてください。

（条件）

① はじめに、あなたが問題だと考えることを書いてください。

② 次に、**【資料A】**と**【資料B】**の内容をふまえて、①で書いた問題に対して、あなたは今後どのように関わっていこうと考えるか、具体例や体験を入れて書いてください。

③ 三百字以上、四百字以内で書いてください。

受検番号	
氏　　名	

令和５年度

宮崎県立五ヶ瀬中等教育学校
宮崎県立宮崎西高等学校附属中学校
宮崎県立都城泉ヶ丘高等学校附属中学校

適性検査Ⅰ

【第１部】

10:30～11:20（50分）

（注　意）

1　指示があるまで，この表紙以外のところを見てはいけません。
2　検査用紙は，表紙をのぞいて１２ページで，課題は全部で６題です。
3　解答用紙は３枚《まい》です。もう１枚は，計算やメモに使ってかまいません。
4　「始めなさい」の指示があったら，まず検査用紙と３枚の解答用紙に受検番号と氏名を書いてください。
5　検査用紙のページ数がまちがっていたり，解答用紙の枚数が足りなかったり，また，文字や図がはっきりしなかったりする場合は，だまって手をあげてください。
6　課題の内容や答えなどについての質問には，答えられません。
7　「やめなさい」の指示があったら，すぐえんぴつを置き，解答用紙を３枚ともうら返して机《つくえ》の上に置いてください。

課題１

よしこさんとゆきえさんは，マラソン大会に向けて走る練習をしました。２人は同じ位置から同時にスタートして，同じコースを走りました。記録係のたけしさんは，よしこさんの走った時間と道のりを **グラフ１** と **グラフ２** に表しました。

グラフ１（よしこさんの記録）
スタートからの時間と走った道のりの関係を表した折れ線グラフ

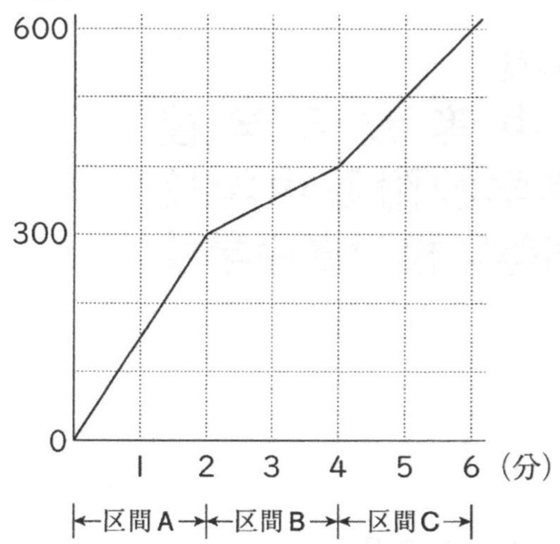

グラフ２（よしこさんの記録）
スタートしてから走った道のりを２分ごとに計測したグラフ

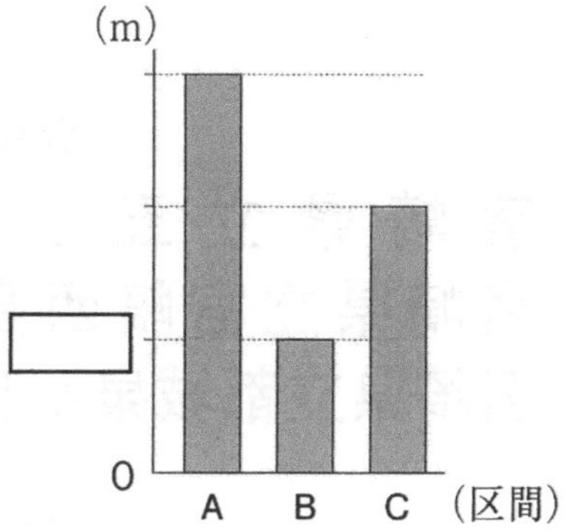

区間A	スタートから２分まで
区間B	２分から４分まで
区間C	４分から６分まで

※走った道のりを棒《ぼう》の高さで表しています。また，それぞれの区間内において，走った速さは変わりません。

よしこさんとたけしさんは，２つのグラフを見ながら話をしています。

会話１

よしこ：　６分間で６００ｍを走ったよ。**グラフ１** を見ると，２分ごとに線のかたむきが変わっているね。
たけし：　なぜ，線のかたむきが変わるのか，分かるかな。
よしこ：　それぞれの区間で走った道のりがちがうからだね。
たけし：　そうだよ。それぞれの区間で計測した時間は同じだから，**グラフ２** から速さを比べることもできるね。
よしこ：　区間Aの速さは，区間Cの速さの（　ア　）倍になることが分かるね。

問い１　**グラフ２** の［　　　］にあてはまる数を答えてください。

問い２　**会話１** の（　ア　）にあてはまる数を答えてください。

たけしさんは，ゆきえさんの走った時間と道のりを グラフ３ に表しました。

グラフ３（ゆきえさんの記録）
スタートしてから走った道のりを２分ごとに
計測したグラフ

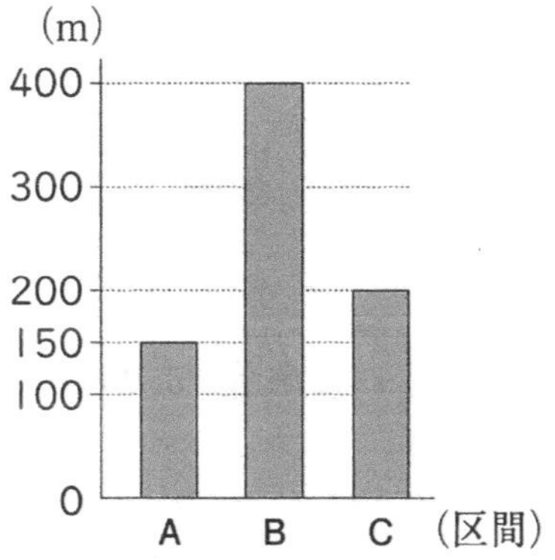

区間A	スタートから２分まで
区間B	２分から４分まで
区間C	４分から６分まで

※走った道のりを棒の高さで表しています。また，それぞれの区間内において，走った速さは変わりません。

ゆきえさんとたけしさんは，グラフを見ながら話をしています。

会話２

たけし：　グラフ３ から，６分間で（　イ　）ｍを走ったことが分かるね。
ゆきえ：　途《と》中でよしこさんに追いつくことができたよ。
たけし：　スタートしてから何分後に追いついたか，分かるかな。
ゆきえ：　私がよしこさんに追いついたのは，スタートしてから（　ウ　）分後だね。
たけし：　もっと速く走れるように，練習をがんばろうね。

問い３　会話２ の（　イ　），（　ウ　）にあてはまる数を答えてください。

課題２

ひろきさんの小学校では，修学旅行の自主研修で施設《しせつ》を見学します。ひろきさんは，同じ班《はん》のはなこさんと施設を見学するコースを考えています。**修学旅行のしおり** には，駅からの地図と見学できる施設，コースを決めるときのルールがのっています。

修学旅行のしおり（一部）

【駅からの地図】	【コースを決めるときのルール】
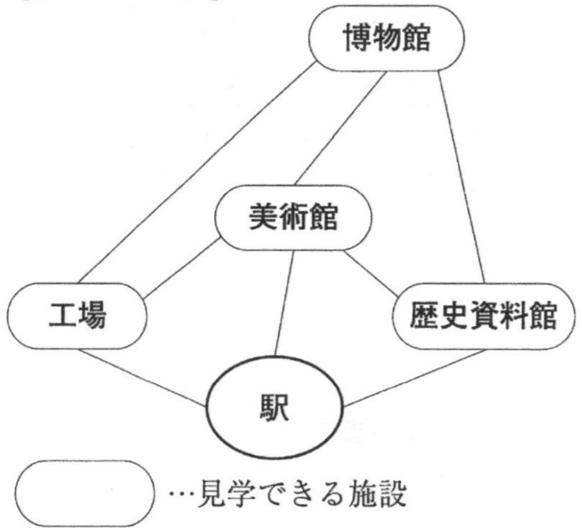	①　出発地点は駅です。最後にもどってくる地点も駅です。 ②　同じ道は，１回しか通りません。 ③　１つの施設につき，見学する回数は１回だけです。 ④　通った施設は，必ず見学します。

ひろきさんとはなこさんは，コースについて話をしています。

会話１

ひろき：　私《わたし》は，**工場**と**美術館**を見学したいな。
はなこ：　**工場**と**美術館**の２か所だけを見学するコースは，「**駅→工場→美術館→駅**」と「**駅→美術館→工場→駅**」の２通りあるね。
ひろき：　２か所だけ見学するコースは，他にもあるから，全部で（　ア　）通りのコースが考えられるね。
はなこ：　私は，**博物館**を見学したいな。
ひろき：　**博物館**を入れて，３か所だけ見学するコースは，全部で（　イ　）通りあるね。

問い１　**会話１** の（　ア　），（　イ　）にあてはまる数を答えてください。

問い３　まことさんは，現在の日本の製鉄所における技術に関して興味をもったので，資料を集め，その資料をもとにまとめました。次の **まことさんのまとめ②** の内容のもとになった資料として，適切なものを下の**ア**～**エ**から**２つ**選び，記号で答えてください。

まことさんのまとめ②

鉄をつくる際に発生するガスを回収《しゅう》して，そのガスを発電などにほぼ１００％利用している。このように，日本は省エネルギー技術の普及《ふきゅう》率が高く，省エネルギーに役立っている。

そのため，鉄をつくるのに消費するエネルギーが他国と比べて少ないので，地球温暖《だん》化の原因といわれる二酸化炭素の排《はい》出量も，鉄をつくる際には少なくなるだろう。

ア

【 日本の鉄鋼《こう》製品のおもな輸出先 2020年 】

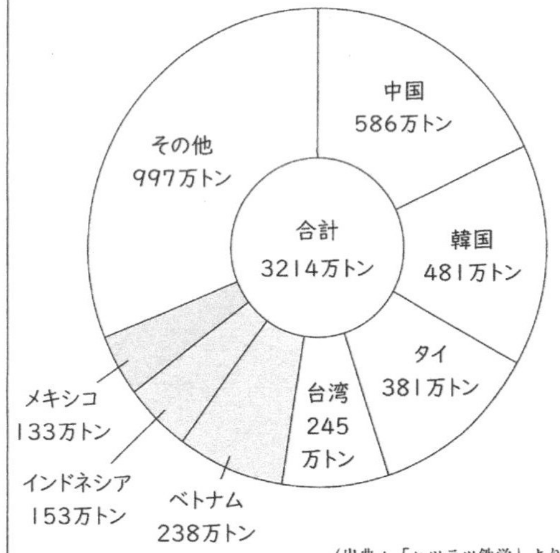

（出典：「ハツラツ鉄学」より作成）

イ

【 省エネルギー技術の普及余地の比較（GJ/t 粗《そ》鋼）2017年 】

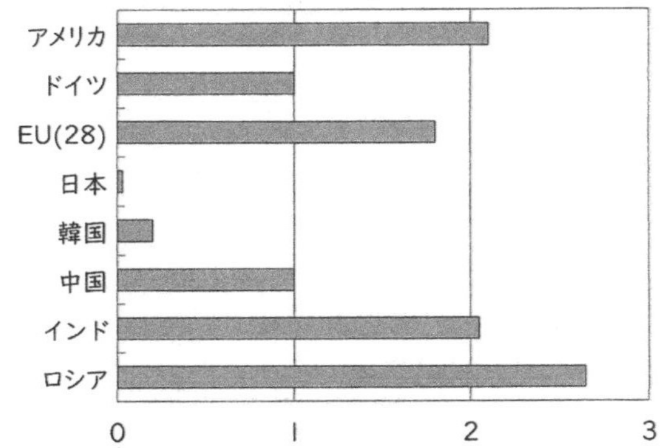

※普及余地…広くいきわたることができる余りの部分
※GJ/t 粗鋼…鉄を1トン製造するエネルギー消費量の単位
※EU(28)…ヨーロッパ連合に加盟している28か国

（出典：「日本鉄鋼連盟資料」他より作成）

ウ

【 鉄を1t製造するのに消費するエネルギー量の比較（日本を100とした場合）2015年 】

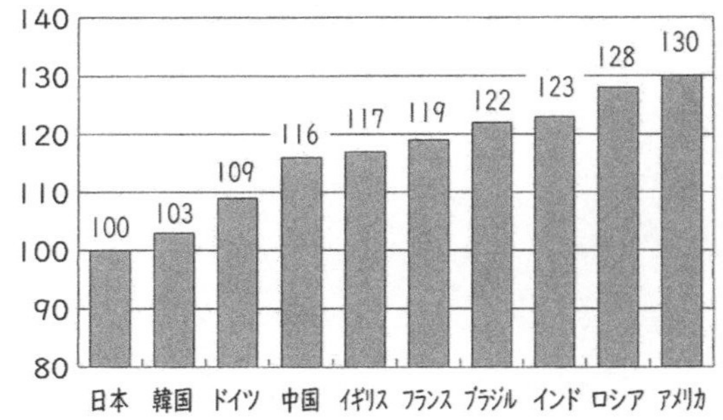

（出典：「地球環《かん》境産業技術研究機構」より作成）

エ

【 水の再利用（用水処《しょ》理の設備）】

製鉄所で使った水を再利用する設備で，90％以上の水を再利用している。

（出典：「日本製鉄ホームページ」より作成）

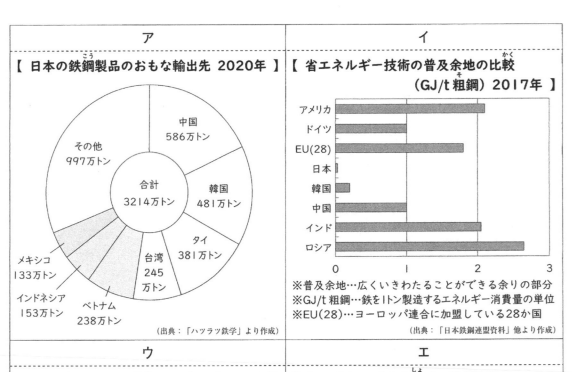

課題６

　まことさんは，授業で日本の製鉄所のことを調べることになり，資料を集めてまとめました。

資料１　日本のおもな製鉄所の分布

★：1926年までにつくられたおもな製鉄所
□：★の製鉄所がつくられたころのおもな石炭の産地
●：1955年以降につくられたおもな製鉄所

（出典：「日本国勢図会 2020/21」他より作成）

資料２　鉄のつくられ方

　鉄鉱石とコークス（石炭をむし焼きにしたもの），石灰《かい》石を高炉《こうろ》に入れ，高温で熱してとけた鉄がつくられます。

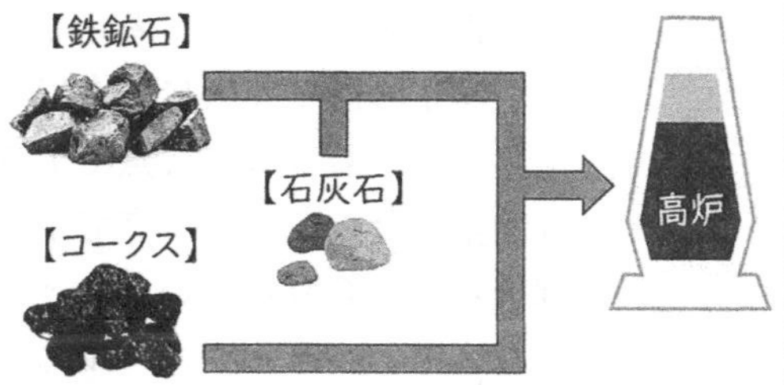

資料３　日本の石炭の生産量と輸入量の推《すい》移

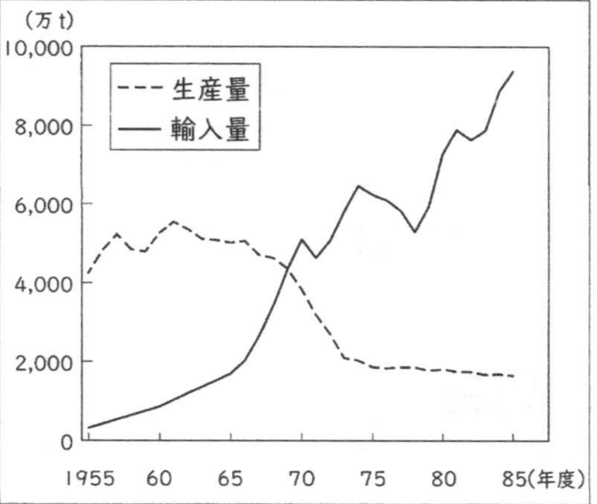

（出典：2006年「数字で見る日本の100年」より作成）

問い１　資料１ の★の場所に，製鉄所がつくられた理由について，資料１ と 資料２ から読み取ることができる，最も適切なものを，次のア～エから１つ選び，記号で答えてください。

ア　原料となる石炭がとれるところに近いから。
イ　大きな川に近いから。
ウ　人口の多い大都市に近いから。
エ　原料となる鉄鉱石がとれるところに近いから。

問い２　まことさんは，１９５５年以降《こう》につくられた 資料１ の●の製鉄所がどのような場所につくられたのか，資料３ をもとに考え，まとめました。次の まことさんのまとめ① の［ア］，［イ］にあてはまる内容を 資料１ と 資料３ を関連づけて，答えてください。

まことさんのまとめ①

　１９５５年以降につくられた製鉄所は，資料３ から，［ア］ので，資料１ から，［イ］ことが分かります。

　班で話し合った結果，すべての施設を見学することになりました。ひろきさんは，自主研修にかかる時間について，図 のような計画を立てました。

図（ひろきさんが立てた計画）

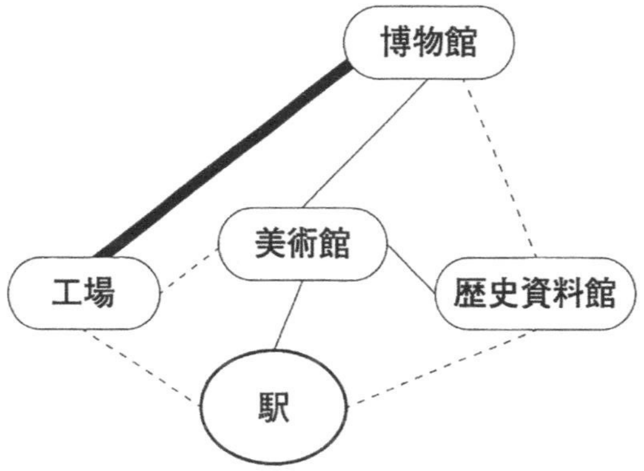

・自主研修の時間は，午前９時～正午
・正午までには駅にもどってくる。
・１つの施設の見学時間は３０分
・施設の間の移動時間
　━━━━　２０分
　――――　１５分
　- - - - -　１０分

会話２

はなこ：　すべての施設を見学することになったけど，時間が足りるかな。
ひろき：　１つの施設の見学時間は３０分だから，移動時間の合計が（　ウ　）分より多くかかってしまうと，正午に間に合わなくなるね。
はなこ：　そうだね。時間に気をつけて，コースを考えてみようよ。
ひろき：　すべての施設を見学しても，正午までにもどってくることができるコースは，［　　　］があるね。

問い２　会話２ の（　ウ　）にあてはまる数を答えてください。

問い３　会話２ の［　　　］にあてはまるコースを１つ答えてください。

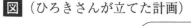

課題３

ちとせさんとかずおさんは，ものの燃え方について調べるため，**図１**のようにふたをした集気びんの中で，ろうそくを燃やす前と燃やして火が消えた後の集気びんの気体の体積の変化を調べました。**表**は，そのときの結果です。また，**会話**は，そのときの様子です。

図１

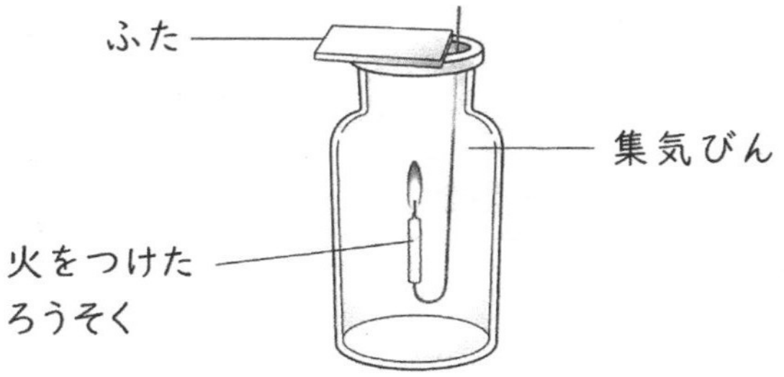

表

	ちっ素の体積	酸素の体積	二酸化炭素の体積
燃やす前	約７８％	約２１％	約０.０４％
火が消えた後	約７８％	約１７％	約３％

会話

ちとせ：　ろうそくの火が消えたのは，酸素と二酸化炭素のどちらの気体が原因なのかな。
かずお：　<u>私は，二酸化炭素の体積が増えたから，ろうそくの火が消えたと思うよ。</u>
ちとせ：　私は，二酸化炭素の体積の変化は関係なく，酸素の体積が減ったからだと思うよ。

問い１　かずおさんは，下線部のように予想をしました。次の条件①～③の集気びんを準備し，火のついたろうそくを入れたとします。かずおさんの予想が正しい場合，それぞれどのような結果になると考えられますか。下の**ア**，**イ**の中からそれぞれ１つずつ選び，記号で答えてください。

条件	ちっ素の体積	酸素の体積	二酸化炭素の体積
①	７９％	２１％	０％
②	７５％	２１％	４％
③	７１％	２１％	８％

ア　ろうそくの火は，すぐに消えた。
イ　ろうそくは，しばらく燃えた。

会話２

先　生：　何かを決めるのって，そんなに簡単《かんたん》なことではないですよね。ここで，みなさんの知らないルールを教えましょう。**資料３**の「ボルダルール」を，決める際の参考にしてみてください。
ゆうが：　「都井岬」について考えてみると，第１希望の計１４人に３点で４２点，第２希望の計５人に２点で１０点，第３希望の計１７人に１点で１７点，全部合わせて６９点ということですね。
こはる：　なるほど，ボルダルールのやり方で計算してみると，点数が一番高い候補地は［　①　］で，点数は［　②　］点ということになるんだ！
ゆうが：　でも，複雑な計算が必要で，時間と手間がかかるね。

資料３　ボルダルールの説明

３つの候補があった場合に，第１希望には３点，第２希望には２点，第３希望には１点をあたえる。
それぞれ候補を選んだ人数分の点数をつけ，その点数の合計が一番高い候補に決定する。

問い２　**会話２**の［　①　］にあてはまる候補地と［　②　］にあてはまる点数を答えてください。

会話３

ちひろ：　多数決の決め方と，ボルダルールの決め方とで，結果が変わってしまったね。
こはる：　「物事の決め方」について，どう考えればいいんだろう？
ゆうが：　これまでのみんなの会話もふまえると，［　　　］ということなんじゃないかな。

問い３　**会話３**の［　　　］にあてはまる内容として適切なものを，次の**ア**～**オ**から**２つ**選び，記号で答えてください。

ア　決め方で結果が変わるので，話し合いで物事を決めることはできない
イ　どんな決め方が良いのか，しっかりと話し合って選ぶことが大切だ
ウ　ボルダルールは良くない決め方だが，多数決は良い決め方である
エ　多数意見の方が正しいので，少数意見を尊重する必要はない
オ　どの決め方にも長所と短所があり，完璧《かんぺき》な決め方というものはない

課題５

こはるさんの学校では，修学旅行の行き先について，**資料１** の３つの候補地《こうほち》の中から各クラスで話し合って選んだ結果を参考にすることになっています。こはるさんのクラスで希望をとると，**資料２** のようになりました。

資料１　修学旅行の候補地

高《たか》千《ち》穂《ほ》峡《きょう》

えびの高原

都《と》井《い》岬《みさき》

（出典：宮崎県観光協会）

資料２　こはるさんのクラス（３６人）の希望

※クラス全員が，候補地のうち第３希望までを選ぶ

第１希望	第２希望	第３希望	人数
高千穂峡	えびの高原	都井岬	７人
高千穂峡	都井岬	えびの高原	３人
えびの高原	高千穂峡	都井岬	１０人
えびの高原	都井岬	高千穂峡	２人
都井岬	高千穂峡	えびの高原	６人
都井岬	えびの高原	高千穂峡	８人

会話１

こはる：　**資料２** を見ると，第１希望を「都井岬」にしている人が合計１４人で最も多いから，これになりそうだね。

ゆうが：　ちょっと待ってよ。本当にその決め方でいいのかな。

ちひろ：　たしかに，［　　　］ということを考えると，別の候補地の方がいいような気もするね。

問い１　**会話１** の［　　　］にあてはまる内容として最も適切なものを，次の**ア**～**エ**から１つ選び，記号で答えてください。

ア　第１希望を「高千穂峡」にしている人が最も少ない
イ　第２希望を「えびの高原」にしている人が最も少ない
ウ　第３希望を「都井岬」にしている人が最も多い
エ　「高千穂峡」よりも「都井岬」の方が人気がある

調べた結果，ちとせさんの予想が正しいことが分かりました。さらにものの燃え方を調べるために，かずおさんとちとせさんは，次のような **実験** を行いました。

実験

①　平らにしたねん土に，短いろうそくと長いろうそくを２本立てて，火をつけた。
②　**図２** のように底のないびんをかぶせ，ふたをした。
③　２本のろうそくの火が消える様子を観察した。

図２

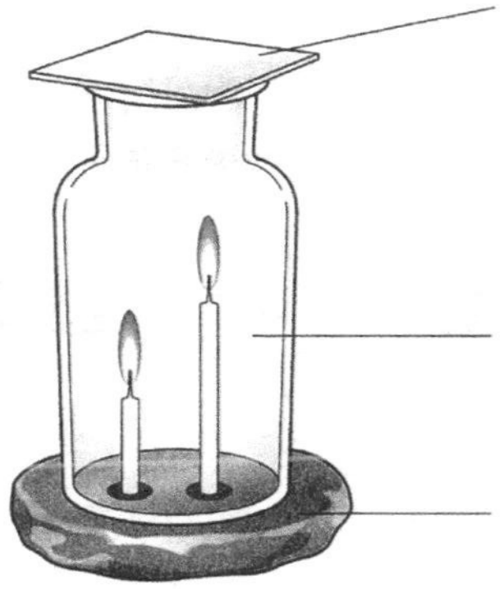

問い２　かずおさんとちとせさんは，**実験** の結果とその理由について，次のようにまとめました。［①］にあてはまる言葉を，下の**ア**～**ウ**の中から１つ選び，記号で答えてください。また，［②］，［③］にあてはまる言葉をそれぞれ入れて，文を完成させてください。

> 結果　ろうそくの火は，［　　①　　］。
>
> 理由　ろうそくが燃えて発生した二酸化炭素は，［　　②　　］，集気びんの中の酸素は，［　　③　　］から。

ア　短いろうそくが，先に消えた
イ　長いろうそくが，先に消えた
ウ　どちらも同時に消えた

課題４

しげおさんは，ばねに興味をもち，先生に質問をしました。次の **会話** は，そのときの様子です。

会話

しげお：　ばねは輪ゴムと似ていますね。
先　生：　どうしてそう思ったのですか。
しげお：　輪ゴムのように引っ張るとのびて長くなるからです。
先　生：　ばねを引く力とばねの長さには関係がありそうだよ。
しげお：　どんな関係があるのか興味があるので，実験して調べてみようと思います。
先　生：　それはいいですね。いっしょにやりましょう。

しげおさんと先生は，**図１** のような装置《そうち》で **実験１** を行い，結果を **表** にまとめました。

実験１

① 図のような装置を組み立て，５cm のばねをつるす。
② ばねにおもりをつるし，ばねの長さをはかる。
③ おもりの重さを変えて，同じように調べる。

図１

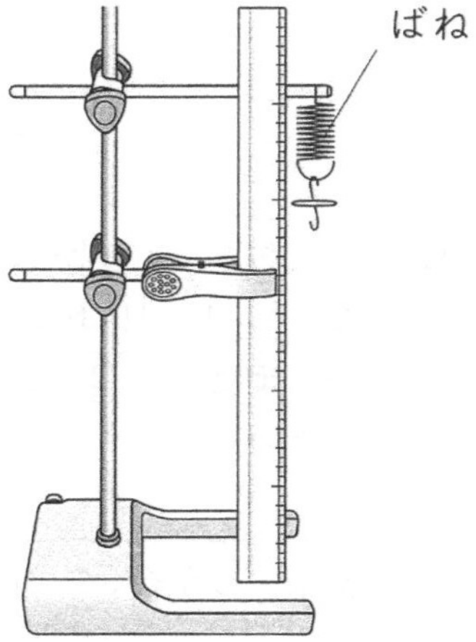

表

おもりの重さ（g）	ばねの長さ（cm）
１０	５.５
２０	６.０
３０	６.５
４０	７.０
７０	８.５
８０	９.０
１７０	１３.５

問い１　ばねに５０gのおもりをつるしたときのばねの長さを答えてください。

問い２　ばねを６cm のばすためには，何gのおもりをつるせばよいか答えてください。

しげおさんは，**図２** のように，おもりをばねで持ち上げる **実験２** とその **結果** を見つけました。ただし，ばねは **実験１** と同じのび方をするばねを使い，ばねの重さは考えなくてよいものとします。

実験２

① **図２** のように，重さが４０gのおもりをゆかに置いて，ばねの一方をおもりにつけ，もう一方を手で持った。
② ばねがのびていない状態のとき，ばねを持った手の高さをＡとし，この状態からばねをゆっくりと４cm 引きあげた。

結果

ばねを持った手が，Ａから２cm 高くなったとき，おもりがゆかからはなれた。

図２

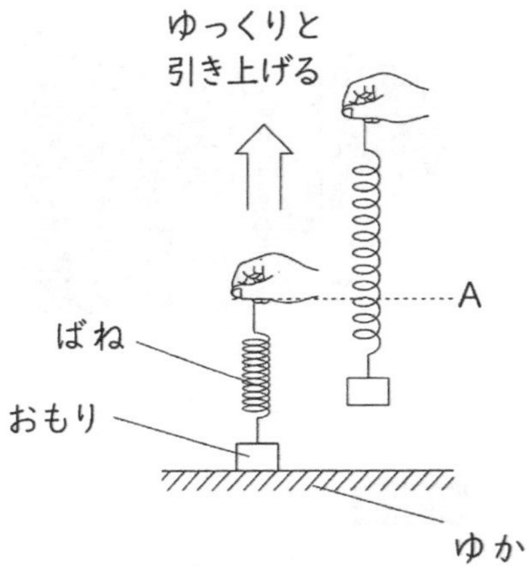

問い３　**実験２** について，Ａからの高さを横じくに，ばねののびを縦じくに表したグラフを次の**ア**～**エ**から１つ選び，記号で答えてください。
ただし，おもりがゆかからはなれているときの手がばねを引く力の大きさは一定であったものとします。

ア

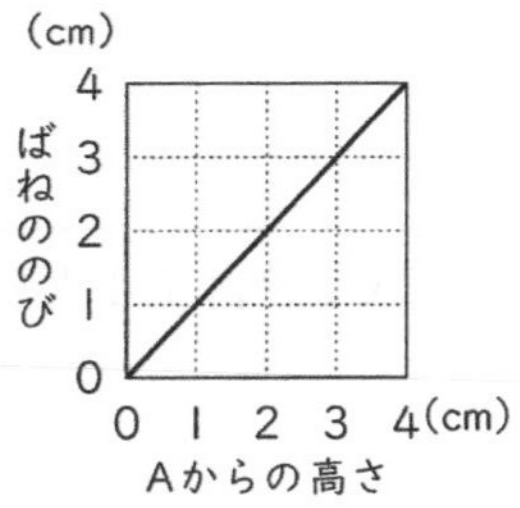

イ

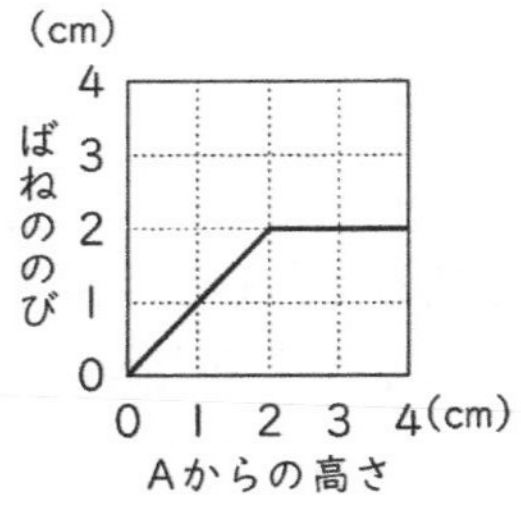

ウ

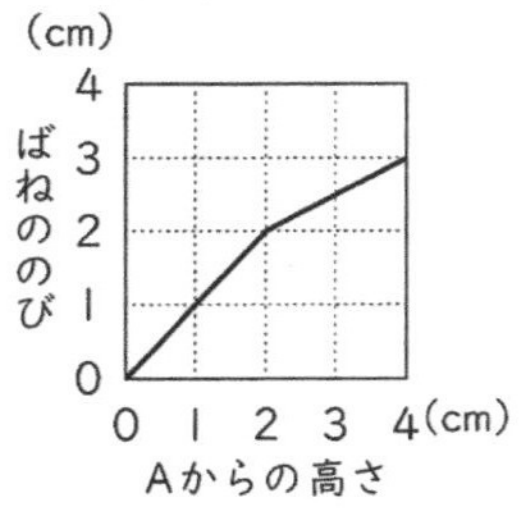

エ

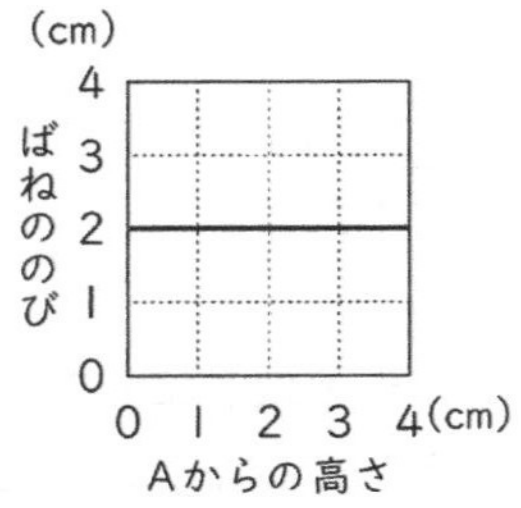

受検番号	
氏　　名	

令和５年度

宮崎県立五ヶ瀬中等教育学校
宮崎県立宮崎西高等学校附属中学校
宮崎県立都城泉ヶ丘高等学校附属中学校

適性検査Ｉ

【第２部】

１１:４０～１２:３０（５０分）

（注　　意）

1　指示があるまで，この表紙以外のところを見てはいけません。
2　検査用紙は，表紙をのぞいて１２ページで，課題は全部で６題です。
3　解答用紙は３枚《まい》です。もう１枚は，計算やメモに使ってかまいません。
4　「始めなさい」の指示があったら，まず検査用紙と３枚の解答用紙に受検番号と氏名を書いてください。
5　検査用紙のページ数がまちがっていたり，解答用紙の枚数が足りなかったり，また，文字や図がはっきりしなかったりする場合は，だまって手をあげてください。
6　課題の内容や答えなどについての質問には，答えられません。
7　「やめなさい」の指示があったら，すぐえんぴつを置き，解答用紙を３枚ともうら返して机《つくえ》の上に置いてください。

課題 1

ゆりなさんの班《はん》は，体験学習で学んだことをタブレット端末《たんまつ》を使って発表することにしました。ゆりなさんは，タブレット端末で **図1** のようなスライド（発表資料）を作り，教室のテレビを使って発表しようと考えました。ゆりなさんは，同じ班のさとしさんと話をしています。

図1（タブレット端末の画面）

※設定は，４：３と１６：９の２種類があり，[　　　]の長方形の横の長さと縦《たて》の長さの比を表しています。

図2（テレビ画面に映ったスライド）

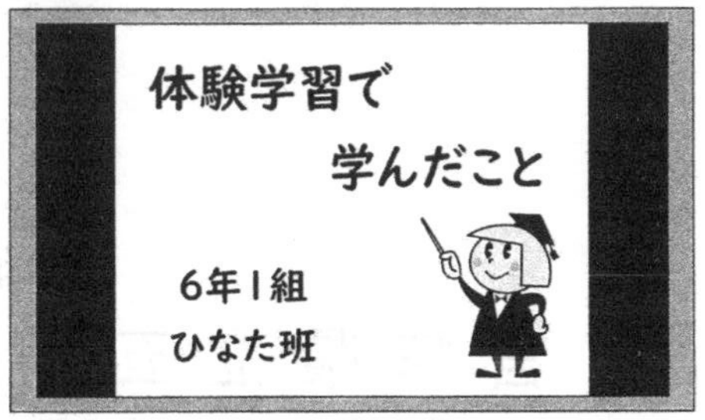

表（テレビ画面の大きさ）

画面の大きさ	対角線の長さ
３０型	約　７６．２cm
４０型	約１０１．６cm
５０型	約１２７．０cm
６０型	約１５２．４cm

図3（テレビ画面の対角線）

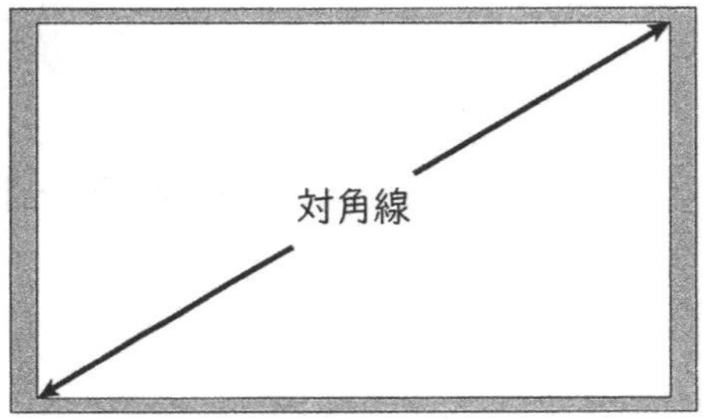

会話1

ゆりな：　タブレットで作ったスライドを教室のテレビに映し出してみたけれど，**図2** のように，画面いっぱいに映らないよ。どうしてだろう。

さとし：　設定が４：３になっているからだよ。教室のテレビ画面の横の長さと縦の長さの比は１６：９だよ。テレビ画面とスライドの比が同じになると，画面いっぱいに映るよ。

ゆりな：　そうなんだね。映し出す画面の大きさを調べておくことが大切だね。

さとし：　**表** を見てごらん。テレビ画面の大きさは，３０型，４０型，５０型といろいろな大きさがあって，**図3** のように対角線の長さによって決まっているんだよ。

ゆりな：　私《わたし》のタブレットは，対角線の長さが約２５．９cm だから，[　　　]型になるね。

さとし：　設定を１６：９にして，スライドをもうひとつ作ってみよう。

問い１　**会話1** の[　　　]にあてはまる数を答えてください。ただし，四捨五入で，$\frac{1}{10}$ の位までのがい数で答えてください。

学級の代表に選ばれたゆりなさんの班は，**図４**のような体育館のスクリーンを使って発表することになりました。ゆりなさんとさとしさんは，タブレット端末で作ったスライドの大きさについて話をしています。

図４（スクリーンの横の長さと縦の長さ）

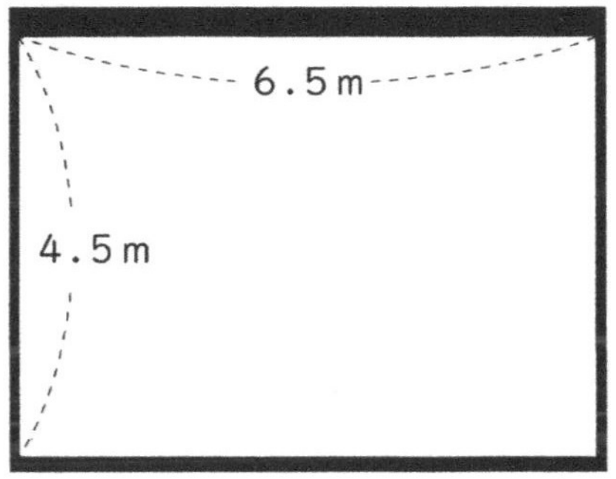

会話２

さとし：　教室での発表はうまくいったね。作ったスライドとテレビ画面の横の長さと縦の長さの比がぴったり同じだったからね。

ゆりな：　体育館のスクリーンの大きさをきちんと調べておかないとね。

さとし：　スクリーンの大きさは，横の長さが６.５ｍ，縦の長さが４.５ｍだよ。その大きさをできるだけ広く使って映し出せるといいね。そのとき，映し出されたスライドが，スクリーンからはみ出さないように気をつけようね。

ゆりな：　そうだね。設定が４：３のスライドと，設定が１６：９のスライドのどちらを使ったほうが，できるだけ大きな面積で映し出せるか，考えてみようよ。

問い２　**会話２**の下線部について，ゆりなさんの班は，どちらのスライドを使ったほうがよいですか。解答用紙のどちらかに○をつけてください。また，その理由を言葉や式，数字を使って説明してください。

課題２

あいかさんは，算数の授業で５つの合同な正方形の辺をつなげて図形を作りました。図１は，そのうちの５種類の図形を示しています。図１の図形について，先生と話をしています。

図１（あいかさんが作った図形）

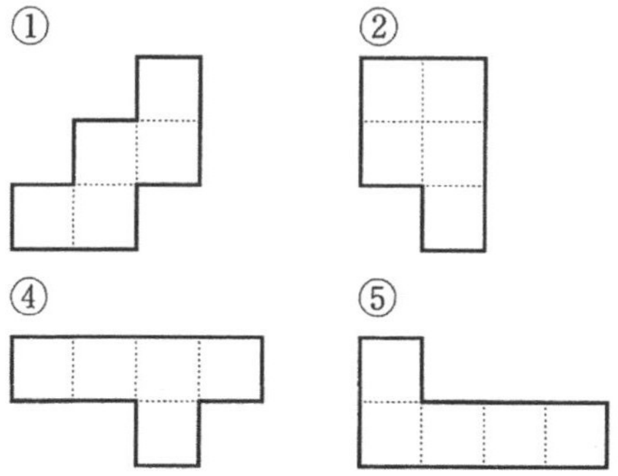

図２（①～⑤をすきまなく並べた図）

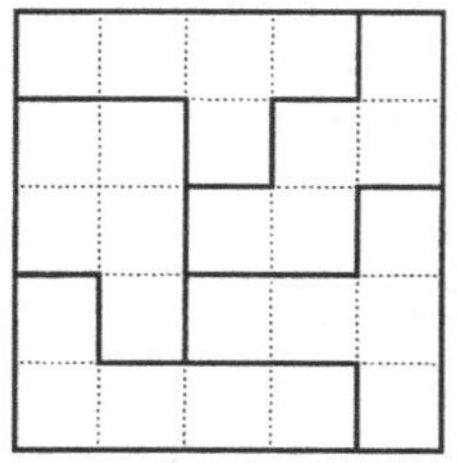

図３（大きさのちがう長方形Ａと長方形Ｂ）

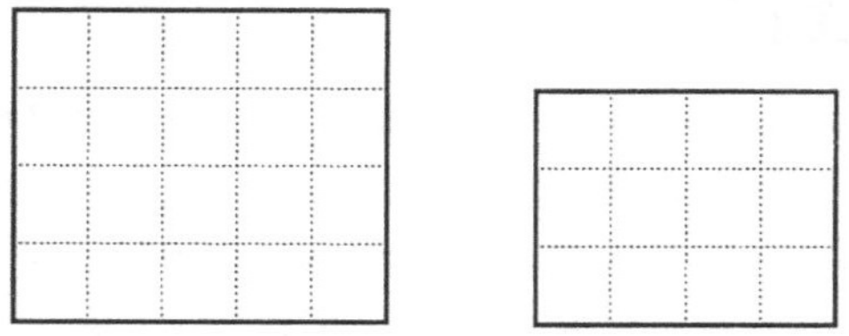

Ａ　　　　Ｂ

会話１

先　生：　図１の５種類の図形を重ならないように，すきまなく並べていくと，図２のような正方形ができますよ。
あいか：　おもしろいですね。同じようにして，長方形を作ることはできますか。
先　生：　５種類のうちのいくつかを使えば，作ることができますよ。たとえば，図３に大きさのちがう２つの長方形があります。両方とも作ることができるでしょうか。
あいか：　図１のような図形を並べていくので，できあがる長方形のマス目の合計は必ず□の倍数になります。だから，Ａの長方形は作ることができますが，Ｂの長方形は作ることができません。
先　生：　その通りです。それでは，Ａの長方形を作ってみましょう。

問い１　会話１の□にあてはまる数を答えてください。

問い２　会話１の下線部について，図１の②，③，④，⑤の４つの図形を１つずつ使って，Ａの長方形を作ってください。ただし，図形を回転させたり，裏《うら》返したりしてもよいこととします。また，どの図形を並べたかがわかるように外側の線は太くなぞってください。

将軍と16人の執権　～なぜ，鎌倉幕府は衰退《すいたい》したのか？～

【フビライ・ハン】

私は，モンゴル帝《てい》国の第５代皇帝です。1274年と1281年に日本を攻《せ》めました。
残念ながら日本への攻撃《こうげき》は，２回とも失敗に終わりました。

私は，８代執権です。防衛はできましたが，新たに領地を奪《うば》うことはできませんでした。そのため，御家人の不満が高まったので，私の次の執権が，資料４を出したようですが，御家人の不満はなくなりませんでした。

【北条時宗】

資料４　恩《おん》賞がもらえなかった御家人を救うために出された徳政令（1297年）

領地の質入れや売買は，御家人の生活が苦しくなるもとなので，今後は禁止する。
…御家人以外や一般《ぱん》人が御家人から買った土地については，売買後の年数に関わりなく，返さなければならない。

（部分要約）

御家人は，幕府から資料４を出されても，幕府への不満がなくならなかったのはなぜかな？

資料５　当時の御家人の土地の相続の仕方

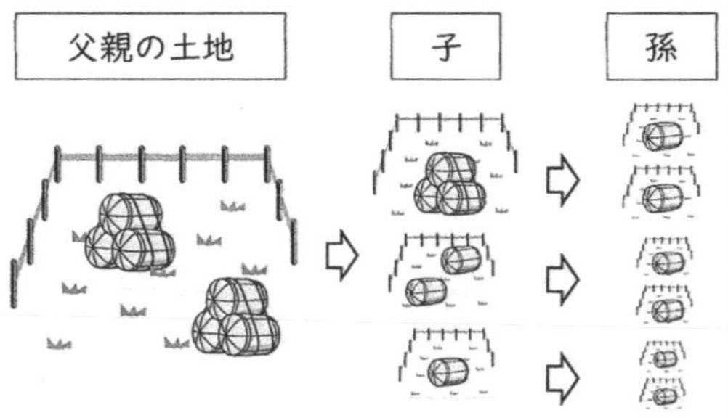

資料６　鎌倉時代における守護の数の推移《すい》

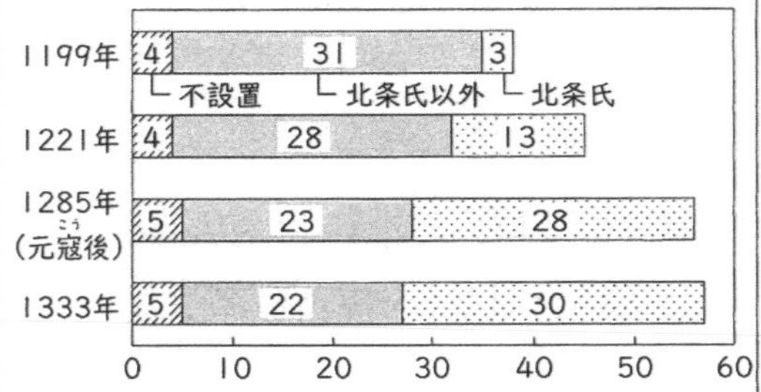

（出典：「鎌倉幕府守護制度の研究」東京大学出版会）

考えたこと

恩賞をもらえなかった御家人は，資料５から，相続する土地を［ウ］ので，［エ］だろう。一方で，資料６から，守護の数については，［オ］ので，北条氏は［カ］だろう。
そのため，御家人の不満はなくならず，幕府は衰退したのではないだろうか。

問い２　考えたことの［ウ］，［エ］にあてはまる内容を，資料５をもとに，［オ］，［カ］にあてはまる内容を，資料６をもとに，それぞれ答えてください。

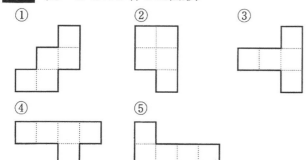

課題６

えいこさんは，鎌倉《かまくら》時代について学習し，次のようにレポートにまとめました。

将《しょう》軍と16人の執権《しっけん》　～執権政治のなぞに迫《せま》る～

資料１　北条《ほうじょう》氏の系《けい》図

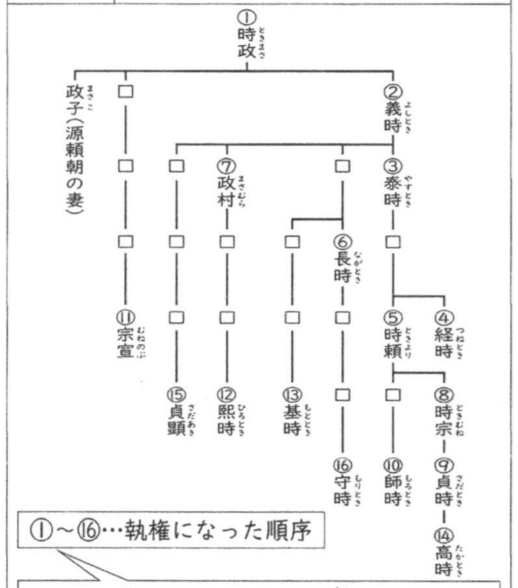

執権は御《ご》家人の代表で，幕《ばく》府の会議を開き，将軍を助けて政治を行いました。

資料２　将軍になった期間の年齢《れい》

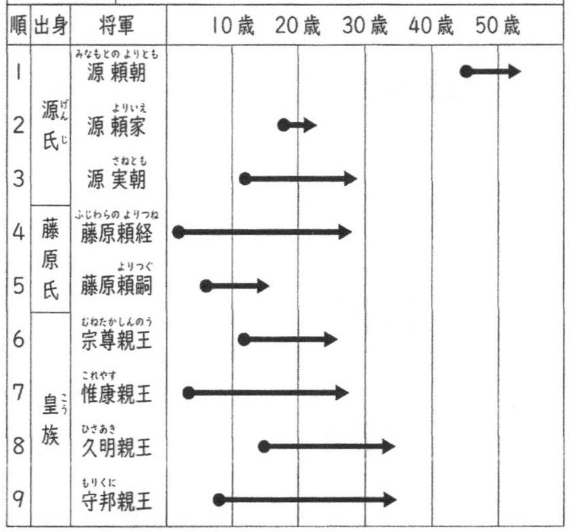

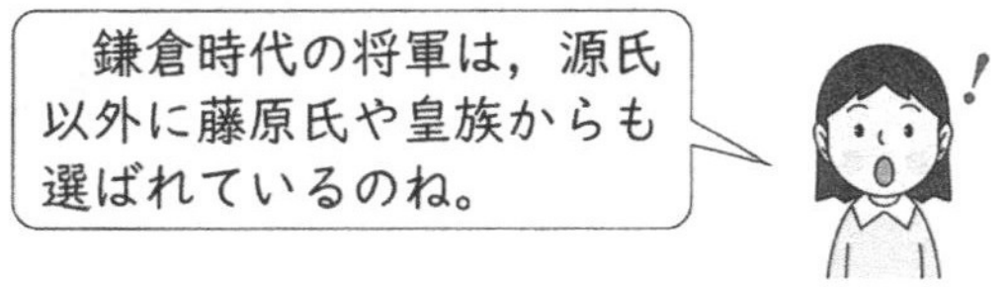

資料３　将軍が追放されたおもなできごと

○　４代将軍藤原頼経は，形式的な将軍にすぎなかったが，４代執権経時に反執権勢力の中心であると疑《うたが》われ，京都に追放された。

○　６代将軍宗尊親王は，８代執権時宗に逆らおうとした疑いで，京都に追放された。

（出典：「日本史辞典」）

分かったこと

資料１ から，北条氏は，鎌倉時代に１６人が執権となり，幕府の政治を進めるようになった。

資料２ から源頼朝は，将軍に４０歳《さい》台半ばでなっているが，２代将軍以降《こう》は，［　ア　］ことが分かる。また，将軍が追放されているのは，**資料３** から，北条氏に対して［　イ　］ときに見られる。

このように，北条氏は，鎌倉時代に大きな力をもっていたことが分かる。

問い１　**分かったこと** の［　ア　］にあてはまる内容について **資料２** をもとに，［　イ　］にあてはまる内容について **資料３** をもとに，それぞれ答えてください。

図形に興味をもったあいかさんは，同じ大きさの立方体をいくつか作り，それをつなげて新しい立体を作ろうと考えました。あいかさんは，ゆうじさんと話をしています。

会話２

あいか：　立方体の面どうしをはり合わせて，新しい立体を作ったよ。
ゆうじ：　どんな立体を作ったのかな。
あいか：　**図４** のように，真正面，真上，真横の３つの方向から見ても同じ形に見える立体だよ。
ゆうじ：　すごいね。立方体を（　ア　）個使って作ったんだね。
あいか：　そうだよ。この新しい立体のすべての面に色をぬってみたよ。色をぬることができた面は，全部で（　イ　）面あったよ。

図４（真正面，真上，真横から見た図）

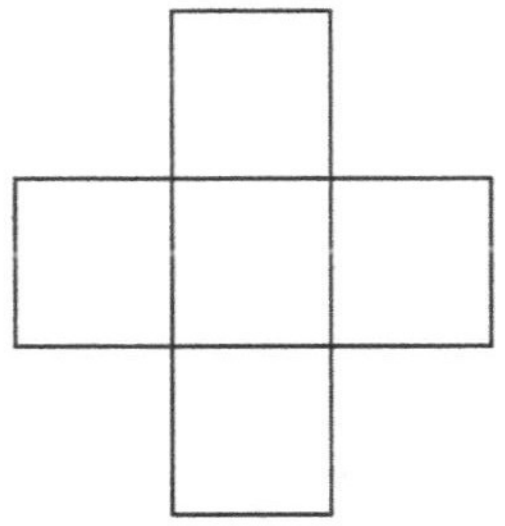

問い３　**会話２** の（　ア　），（　イ　）にあてはまる数を答えてください。

課題３

はるこさんとだいきさんは，先生と天気について話をしています。次の **会話** は，そのときの様子です。

会話

はるこ：　「今日は大気の状態が不安定になる。」という天気予報だったので，かさを持ってきました。

先　生：　「大気の状態が不安定」というのは，※上しょう気流が発生しやすい状態のことです。

だいき：　上しょう気流が起こると，雲ができると聞いたことがあります。

先　生：　そのとおりです。地面近くの空気が上空に移動し，上空で空気が冷やされると小さな水てきや氷のつぶができます。それが雲の正体です。つまり，「大気の状態が不安定」だと，上しょう気流によって雲ができ，雨が降《ふ》りやすくなるというわけです。

はるこ：　上空にできた小さな水てきや氷のつぶが結びついて，地面に落ちてきたものが雨なんですね。

※　上しょう気流…地上から上空へ向かう空気の流れ

はるこさんとだいきさんは，４年生のとき，水には３つのすがたがあることを学習したことを思い出しました。**図１** は，やかんに入れた水がふっとうしている様子です。

図１

問い１　**図１** をもとに，上空で雲ができるときに起こる変化と同じ変化によって起こる現象を次のア～エから１つ選び，記号で答えてください。

ア　「水」がふっとうし，「あわ」が出る。
イ　「あわ」が「見えない部分」になる。
ウ　「見えない部分」が「湯気」になる。
エ　「湯気」が見えなくなる。

会話２

あつこ：　**資料２** は，赤道に対して平行に引かれた緯線と，赤道や緯線に対して直角に引かれた経線が特色で，航海図に使われたようだよ。

たくや：　日本からハワイに行くには，どの方角に船を進めていくといいのかな。

先　生：　おもしろい質問ですね。東京とハワイを直線で結ぶと，その直線と東京を通る経線との角度は，北に対しておよそ［　　］度になります。

あつこ：　船の進む方角をほぼ［　　］度にして移動するとハワイに着くのですね。

問い１　**会話２** の［　　］にあてはまる数字を，次のア～エから１つ選び，記号で答えてください。ただし，［　　］には同じ数字が入ります。

ア　４５　　イ　７５　　ウ　１０５　　エ　１３５

会話３

たくや：　**資料３** の地図は，中心からの距離と方位が正しく，航空図に使われるようだけれど，ほかの要素は正しくないのかな。

ひでき：　サンパウロのある大陸の大きさを **資料２** と比べるととても大きいね。

あつこ：　**資料２** で，グリーンランドはオーストラリアよりも大きく見えるけれど，実際は３分の１の大きさらしいよ。面積が正しい地図はあるのかな。

ひでき：　私の持ってきた **資料４** が面積の正しい地図だよ。でも，地図の上のほうは，陸地の形のゆがみが大きいね。ところで，この前，東京からサンパウロにおじさんが飛行機で行ったときに，**資料４** のように，ヒューストンを経由したから，遠回りしたように感じたと言っていたよ。もしかしたら，地図によって，見え方が変わるのかな。

あつこ：　ひできさん，それは遠回りではないよ。なぜなら，**資料３** の地図は，［　A　］という特色があり，おじさんの通った経路は，［　B　］からだよ。

問い２　**会話３** の［　A　］，［　B　］にあてはまる内容を，**資料３** をもとに答えてください。

資料４　面積が正しい地図

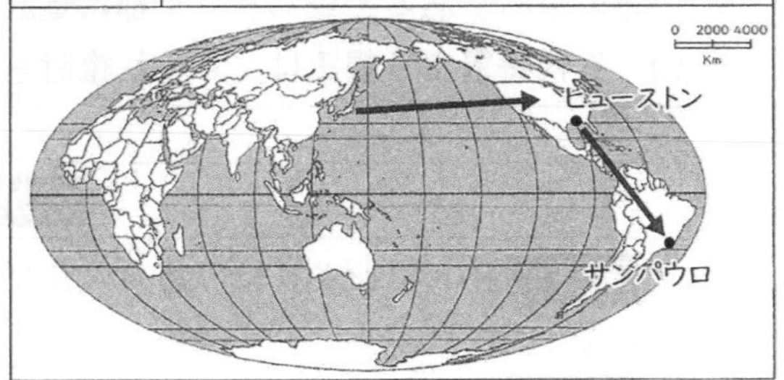

問い３　あつこさんたちが，**資料１** のオーサグラフ世界地図の特色について考えた内容として適切なものを，次のア～エから**２つ**選び，記号で答えてください。

ア　**資料２** と比べてみると，**資料１** は，地図のはしに近い陸地の形のゆがみが大きい。
イ　**資料３** と比べてみると，**資料１** は，東京からデリーへの方位のゆがみが小さい。
ウ　**資料４** と比べてみると，**資料１** は，赤道からはなれるほど実際の面積よりも大きい。
エ　**資料３** と **資料１** で，東京からデリーと東京からサンパウロまでの距離の比がほぼ等しいことから，**資料１** は，東京からの距離がほぼ正しい。

課題５

あつこさんたちのグループは，さまざまな種類の世界地図を持ちより，その特色やちがいについて話し合いました。

資料１　オーサグラフ世界地図

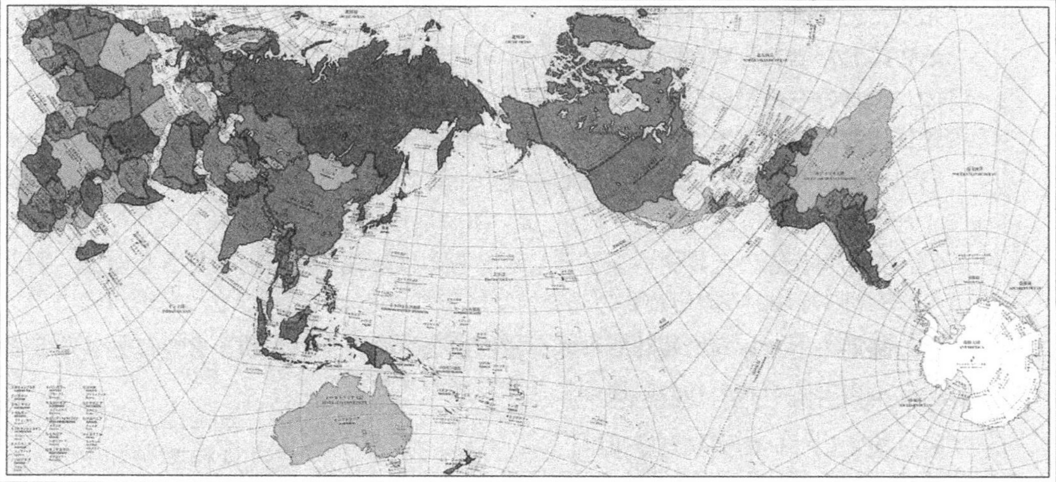

資料２　緯線《いせん》と経線が直角に交わった地図

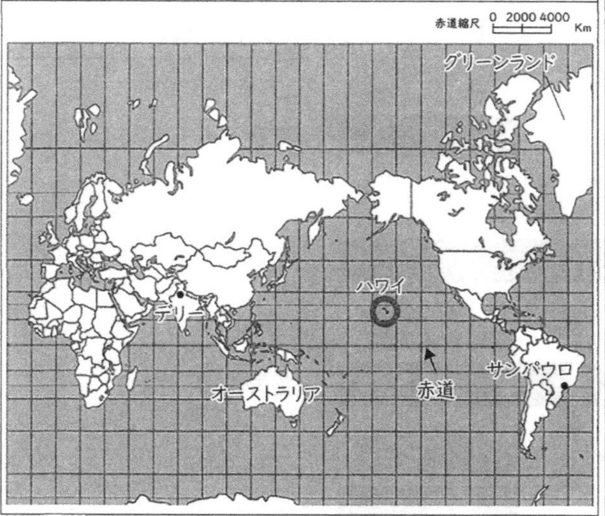

資料３　中心（東京）からの距離《きょり》と方位が正しい地図

会話１

先　生：　資料１ を見てください。この地図は，オーサグラフと言って，日本人によって，１９９９年に考え出されたものです。どんな特色があるのでしょうか。みなさんが持ってきた地図をもとに考えてみましょう。

あつこ：　私は，資料２ の地図を持ってきたよ。たくやさんは 資料３ の地図を持ってきたんだね。

ひでき：　私は，資料４ を持ってきたよ。まずは，私たちが持ってきた地図にはどんな特色やちがいがあるのか，考えてみよう。

はるこさんは，夕立《ゆうだち》（夏の昼過ぎから夕方にかけて，急に激《はげ》しく降り出す雨）は，積乱雲《せきらんうん》が原因であることを本を読んで知りました。図２ は，積乱雲ができる様子を表しています。

図２

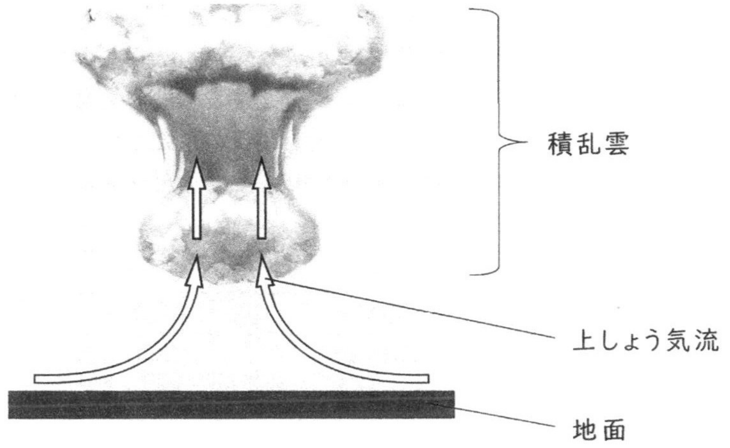

問い２　図２ のように地面近くの空気が上しょうし，地面から２０００ｍのところで雲ができはじめ，さらに上しょうし，地面から４４００ｍのところで氷のつぶになりました。このときの地面近くの空気は，何℃だったと考えられますか，次の 条件 をもとに答えてください。

条件

空気は上しょうすると，１００ｍで１℃ずつ温度が下がり，雲ができると，１００ｍで０．５℃ずつ温度が下がるものとします。また，水は，０℃で氷になるものとします。

問い３　上空に雲があっても雨が降らないことがあります。その理由を 図２ をもとに「水てきや氷のつぶ」という言葉を使って答えてください。

課題４

かずみさんは，光が植物にあたえるえいきょうについて調べることにしました。

問い１　かずみさんは，レタスの種子の発芽には光が必要であることを知り，レタスの種子が発芽する条件を，実験で調べることにしました。発芽に光が必要であることを確かめるためには，条件の異《こと》なる①～⑤の実験のうち，どの２つを行えばよいですか。正しい組み合わせを，下の**ア**～**エ**から１つ選び，記号で答えてください。ただし，それぞれの実験では水・空気・光以外の条件は同じにしているものとします。

実験	水	空気	光
①	あたえない	ふれる	当てる
②	あたえる	ふれない	当てない
③	あたえる	ふれる	当てない
④	あたえる	ふれる	当てる
⑤	あたえない	ふれない	当てない

ア　①と②　　**イ**　②と③　　**ウ**　③と④　　**エ**　④と⑤

かずみさんは，発芽に光が必要な種子を光《ひかり》発芽《はつが》種子《しゅし》ということを知り，先生に質問しました。次の **会話** はそのときの様子です。

会話

かずみ：　レタス以外にも光発芽種子とよばれるものがあるのですか。

先　生：　セロリやシソなどがあります。

かずみ：　光発芽種子にはどのような特ちょうがあるのですか。

先　生：　種子にふくまれる養分が少なく，小さいものが多いです。また，発芽に光が必要なため，他の植物の葉で光がさえぎられない場所や光の届《とど》く地表近くで発芽をする特ちょうがあります。種子の養分は他の植物と同じように発芽や成長に使われ，発芽した植物は光を利用して養分を作ります。

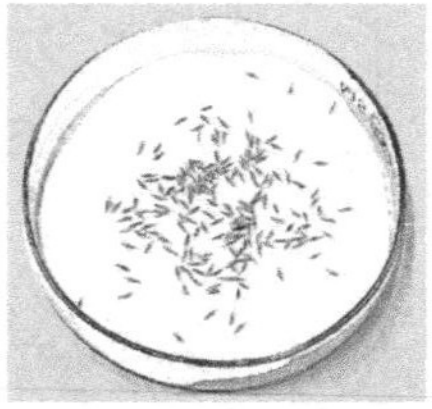

レタスの種子

問い２　下線部について，かずみさんは次のようにまとめました。**会話** をもとに［　　　］にあてはまる言葉を入れて，文を完成させてください。

> 小さく，ふくまれる養分が少ない種子が，地中の深いところで発芽すると，地表に出る前に［　　　　　　　　］ため，かれてしまう可能性がある。光発芽種子は，光を発芽の条件とすることで，これを防ぐことができる。

かずみさんは，植物が花をさかせるもとになる部分を花芽《かが》とよぶことや，光は花芽を作ることにもえいきょうしていることを知り，次のようにまとめました。

調べて分かったこと

＜光のえいきょうについて＞

植物に光が当たらない時間を暗期，光が当たる時間を明期という。花芽を作ることには，１日の中の暗期や明期の長さがえいきょうをあたえている。

＜短日《たんじつ》植物について＞

○　連続した暗期の長さが，ある一定以上になると花芽が作られる植物を短日植物という。

○　花芽を作ることにえいきょうしているのは連続した暗期の長さなので，明期の長さはえいきょうしない。

○　暗期のとちゅうで短時間の光を植物に当てたときは暗期を２つに分けることになるので，それぞれの暗期の長さで判断できる。

＜短日植物について調べた結果＞

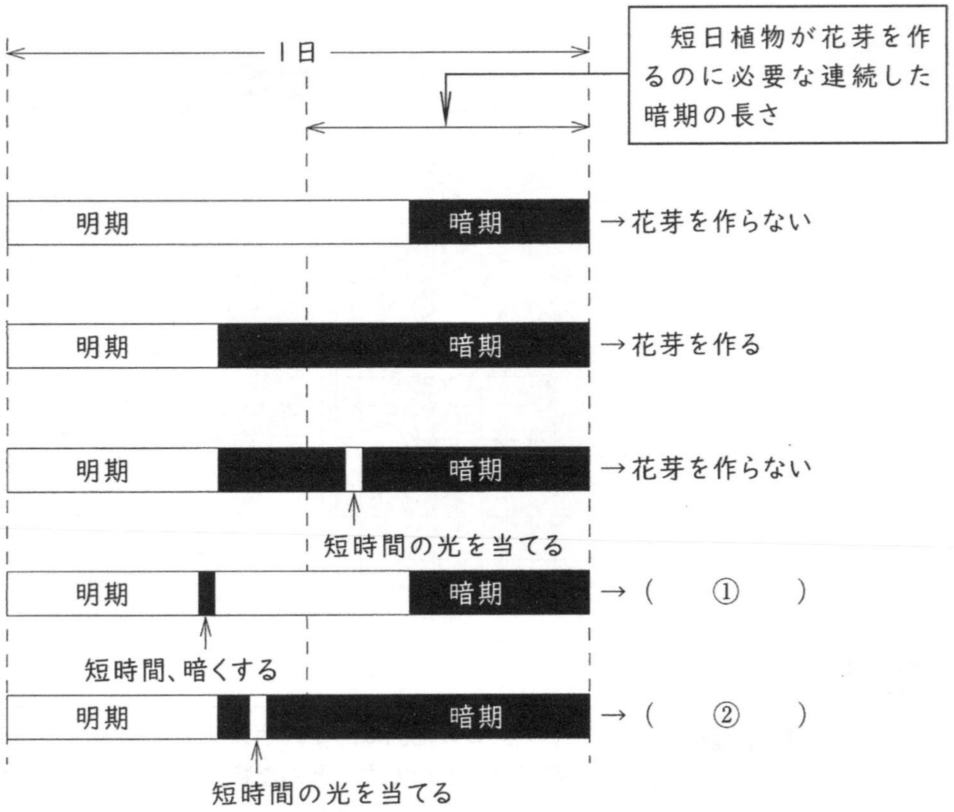

問い３　**調べて分かったこと** の（　①　），（　②　）に入る正しい結果を，次の**ア**，**イ**からそれぞれ１つずつ選び，記号で答えてください。

ア　花芽を作る　　　**イ**　花芽を作らない

作文用紙

受検番号

氏名

問い一

問い二

○題や氏名を入れずに一行目から書いてください。

100

200

300

400

（配点非公表）

※計

※一

※二

（注意）※印のところは記入しないこと

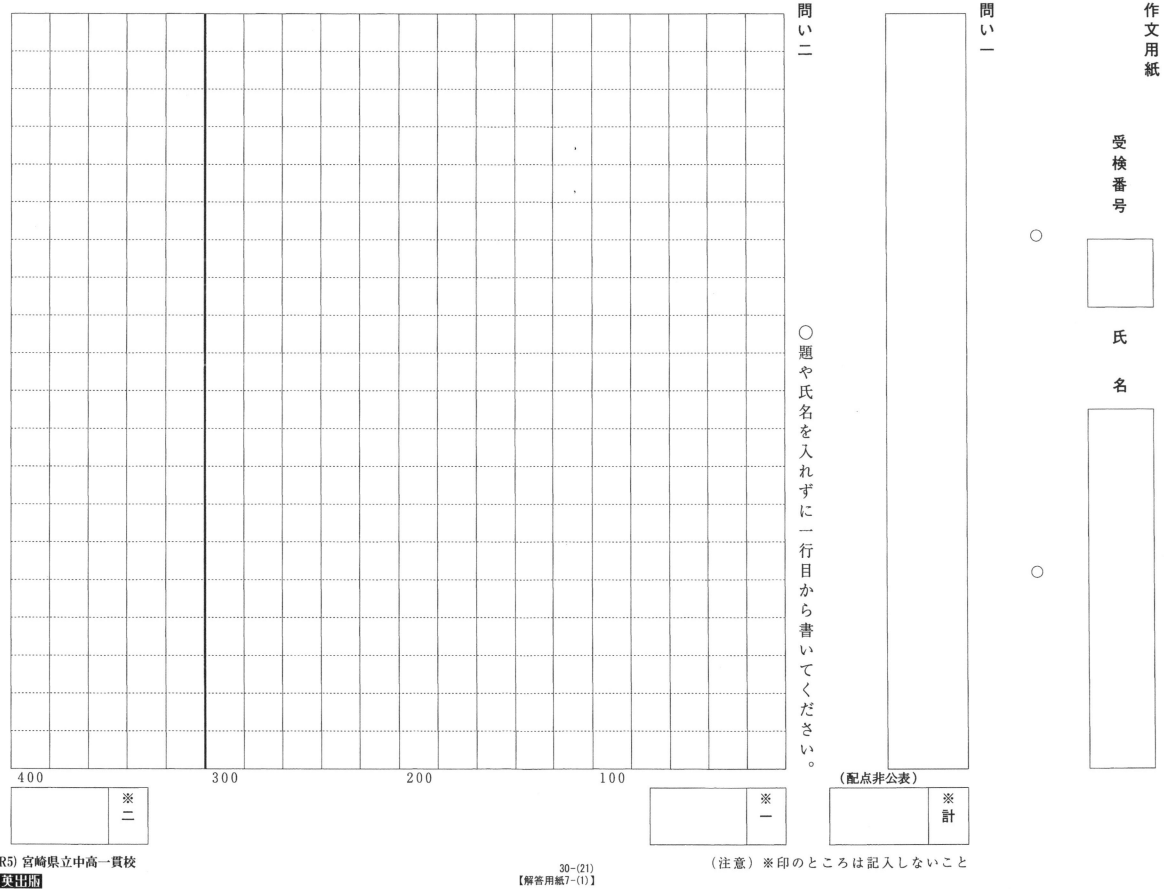

受検番号		氏　　名	

【1枚《まい》目】

令和5年度
宮崎県立五ヶ瀬中等教育学校
宮崎県立宮崎西高等学校附属中学校
宮崎県立都城泉ヶ丘高等学校附属中学校
適性検査Ⅰ　第1部　解答用紙

（配点非公表）

（注意）　※印のところは記入しないこと

※計	

課題1

問い1				
問い2	ア	倍		
問い3	イ	m	ウ	分後

※　課題1

【解答用紙7-(2)】 30-(23)

課題2

問い1	ア	通り
	イ	通り
問い2	ウ	分
問い3	駅 →　　→　　→　　→　　→ 駅	

※　課題2

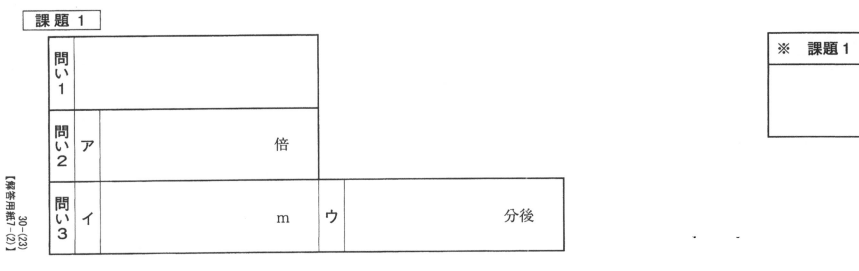

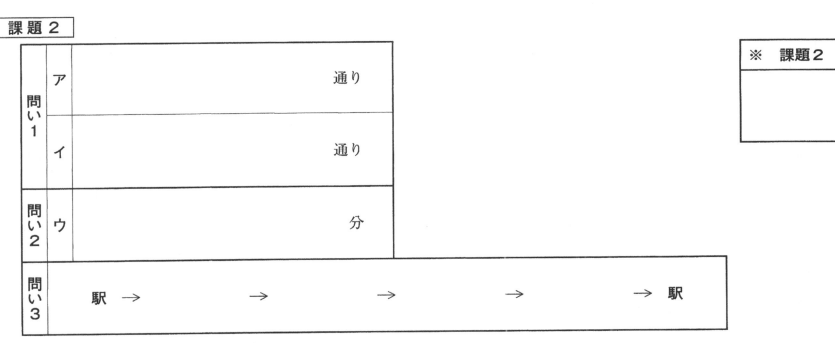

受検番号		氏　　名	

【２枚《まい》目】

令和５年度

宮崎県立五ヶ瀬中等教育学校

宮崎県立宮崎西高等学校附属中学校

宮崎県立都城泉ヶ丘高等学校附属中学校

適性検査Ⅰ　第１部　解答用紙

（注意）　※印のところは記入しないこと

※計	

課題３

問い１	①		②		③	
問い２	①					
	②					
	③					

※　課題３

30-(24)
【解答用紙7-(3)】

課題４

問い１	cm
問い２	g
問い３	

※　課題４

受検番号		氏　　名	

【３枚《まい》目】

令和５年度

宮崎県立五ヶ瀬中等教育学校
宮崎県立宮崎西高等学校附属中学校
宮崎県立都城泉ヶ丘高等学校附属中学校

適性検査Ⅰ　第１部　解答用紙

（注意）　※印のところは記入しないこと

※計	

課題５

問い１				
問い２	①		②	点
問い３				

※　課題５

【解答用紙7-(4)】
30-(25)

課題６

問い１				
問い２	ア		イ	
問い３				

※　課題６

受検番号		氏　　名	

【１枚《まい》目】

令和５年度

宮崎県立五ヶ瀬中等教育学校
宮崎県立宮崎西高等学校附属中学校
宮崎県立都城泉ヶ丘高等学校附属中学校

適性検査Ⅰ　第２部　解答用紙

（配点非公表）

（注意）　※印のところは記入しないこと

※計	

課題１

問い１	型	問い２	（　　）４：３のスライド （　　）１６：９のスライド
問い２	＜説明＞		

※　課題１

【解答用紙7-(5)】
30-(27)

課題２

問い１	
問い２	

問い３	ア	個
	イ	面

※　課題２

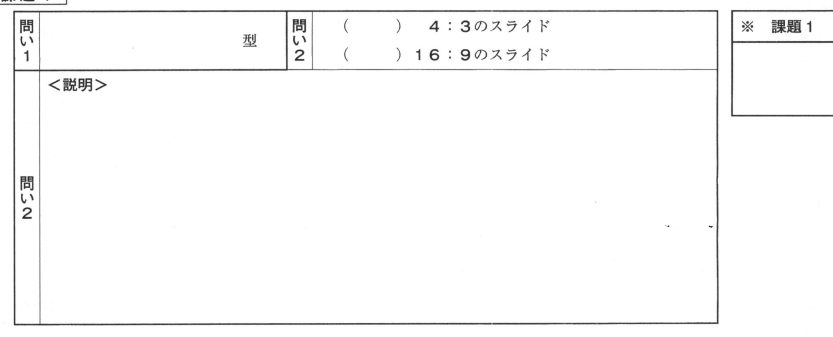

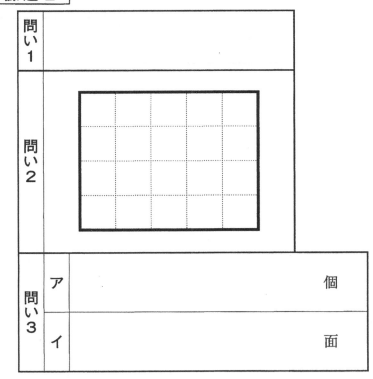

受検番号		氏　　名	

【２枚《まい》目】

令和５年度
宮崎県立五ヶ瀬中等教育学校
宮崎県立宮崎西高等学校附属中学校
宮崎県立都城泉ヶ丘高等学校附属中学校

適性検査Ⅰ　第２部　解答用紙

（注意）　※印のところは記入しないこと

※計	

課題３

問い１	
問い２	℃
問い３	

※　課題３

課題４

問い１				
問い２				
問い３	①		②	

※　課題４

30-(28)
【解答用紙7-(6)】

受検番号		氏　　名	

【３枚《まい》目】

令和５年度
宮崎県立五ヶ瀬中等教育学校
宮崎県立宮崎西高等学校附属中学校
宮崎県立都城泉ヶ丘高等学校附属中学校
適性検査Ⅰ　第２部　解答用紙

（注意）※印のところは記入しないこと

※計	

課題５

問い１				
問い２	A		B	
問い３				

※　課題５

課題６

問い１	ア		イ	
問い２	ウ		エ	
	オ		カ	

※　課題６

2023(R5) 宮崎県立中高一貫校
教英出版

令和四年度

宮崎県立五ヶ瀬中等教育学校
宮崎県立宮崎西高等学校附属中学校
宮崎県立都城泉ヶ丘高等学校附属中学校

「作　文」

午前九時三十分～午前十時十分（四〇分）

（注　意）

一　指示があるまで、表紙（この用紙）以外のところを見てはいけません。
二　検査用紙は、表紙一枚《まい》、課題用紙三枚、作文用紙一枚の計五枚です。
三　「始めなさい」の指示があったら、まず受検番号と氏名を、作文用紙の決められた欄《らん》に書きなさい。
四　声に出して読んではいけません。
五　印刷がはっきりしなかったり、課題用紙や作文用紙が足りなかったりした場合は、だまって手をあげなさい。
六　課題の内容などについての質問には答えられません。
七　「やめなさい」の指示があったら、すぐにえんぴつを置き、表紙（この用紙）を上にして机《つくえ》の上に置きなさい。

課題用紙①

【資料A】、【会話】、【資料B】を読んで、後の問いに答えてください。

【資料A】

昔むかしのお話です。

ある年、イネの成長がとてもよいときがありました。いつもの年よりも、草《くさ》丈《たけ》の伸《の》びがいいのです。

村の人たちは、「きっと豊作になる」と期待して、お祝いの歌まで作って喜び合いました。

しかし、秋になってみると、どうでしょう。どういうわけか、お米はほとんど実りませんでした。そして、豊作どころか、凶《きょう》作《さく》になってしまったのです。

どうして、こんなことになってしまったのでしょうか。

じつは、この年は日照が少なく、気温が低い日が続いていました。冷害の兆候があったのです。そのため、イネの苗《なえ》は、光を求め上へ上へと伸びていったのです。いつもよりも高く伸びていたイネは、もがきながら苦しんでいる姿《すがた》だったのです。

しかし、イネの苦しみは目には見えません。目に見えるのは、草丈の高さだけです。

そのため、村人たちは見た目の成長だけを見て、いつもより高く育っていると喜んでしまったのです。

（稲《いな》垣《がき》栄《ひで》洋《ひろ》『生き物が大人になるまで』による）

【会話】

「きっと豊作になる」という村の人たちの考えとちがう結果になってしまったね。

みさきさん

そうだね。村の人たちは、イネの成長を（　　　　　　）だけで判断してはいけなかったんだね。

こうたさん

【資料B】

※がついている言葉は、後に説明があります。

イネは穂《ほ》が出ると、米を実らせていきます。

茎《くき》や葉は黄色く枯《か》れあがっていきます。もうイネは大きくなることはありません。イネは枯れていくのです。

それでは、もっともっとイネを大きく育てることはできないのでしょうか。もっともっと肥料をたくさん与《あた》えれば、イネは葉や茎を茂《しげ》らせようとします。肥料を与えすぎた田んぼでは、秋になってもイネは緑色のままです。枯れあがることなく、葉を茂らせています。しかし、それでよいのでしょうか。

どんなに葉を茂らせても、どんなに緑を濃《こ》くしても、それで終わってよいのでしょうか。それが、イネにとって幸せな姿なのでしょうか。

「成熟《せいじゅく》」という言葉があります。

枯れあがっていくイネは、もう葉を茂らせることはありません。しかし、米を実らせ、稲穂を垂《た》らしていきます。この姿は、「成長」ではないのでしょうか。

一方、「未熟」という言葉もあります。

葉を茂らせて、伸びていこうとするイネは、どんなに体を大きくしても、それは「未熟」です。成長していないのです。

成長とは、体を大きくすることばかりではありません。成長にはステージがあり、植物は次のステージ、次のステージへと進んでいきます。やがて※分《ぶん》げつの増加は止まり、やがて茎の伸長《しんちょう》も止まり、やがて枯れていく。これが成熟なのです。

イネは最後には、成熟します。だからこそ、秋に黄金《こがね》色《いろ》に色づいた田んぼは、美しいのです。

（稲垣栄洋『生き物が大人になるまで』による）

※　分げつ　……　種子から出た茎の根元から新しい茎が出てくること。

課題用紙③

問い一　【会話】は、【資料A】を読んだ**みさきさん**と**こうたさん**が、内容について確認をしている様子です。（　　　　）に入る適当な言葉を書いてください。

問い二　あなたは、これからどのように「成長」していきたいですか。次の（条件）にしたがって、あなたの考えを書いてください。

（条件）

①　はじめに、【資料A】と【資料B】を通して、筆者が「成長」をどのように考えているか書いてください。

②　次に、①をふまえて、あなた自身はどのように「成長」していきたいか、具体的に書いてください。

③　三百字以上、四百字以内で書いてください。

受検番号	
氏　　名	

令和４年度

宮崎県立五ヶ瀬中等教育学校
宮崎県立宮崎西高等学校附属中学校
宮崎県立都城泉ヶ丘高等学校附属中学校

適性検査Ⅰ

【第１部】

10:30〜11:20（50分）

（注　意）

1　指示があるまで，この表紙以外のところを見てはいけません。
2　検査用紙は，表紙をのぞいて１２ページで，課題は全部で６題です。
3　解答用紙は３枚《まい》です。もう１枚の計算用紙は，計算やメモに使ってかまいません。
4　「始めなさい」の指示があったら，まず検査用紙と３枚の解答用紙に受検番号と氏名を書きなさい。
5　検査用紙のページ数がまちがっていたり，解答用紙の枚数が足りなかったり，また，文字や図がはっきりしなかったりする場合は，だまって手をあげなさい。
6　課題の内容や答えなどについての質問には，答えられません。
7　「やめなさい」の指示があったら，すぐえんぴつを置き，解答用紙を３枚ともうら返して机《つくえ》の上に置きなさい。

課題１

まさおさんとみさこさんは，夏休みの工作で右の 写真 のようなひねりゴマをつくることにしました。

写真 （ひねりゴマ）

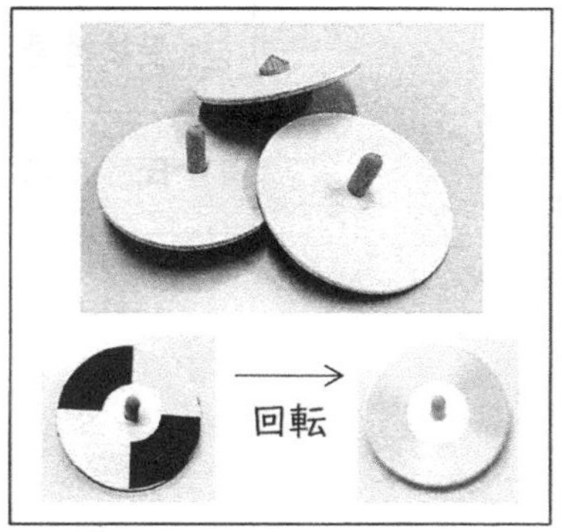

ひねりゴマの解説

ひねりゴマは，指で軸《じく》をひねって回転させるコマの種類のひとつです。真上から見ると円の形をしたものが一般的《いっぱんてき》で，写真 のように色をぬって回転させることで，模様《もよう》や色の変化を観察して楽しみます。

まさおさんは，図１ のようにコマに円を下書きをした後，図２ のように色をぬりました。それぞれの色の面積について，みさこさんと話をしています。

図１

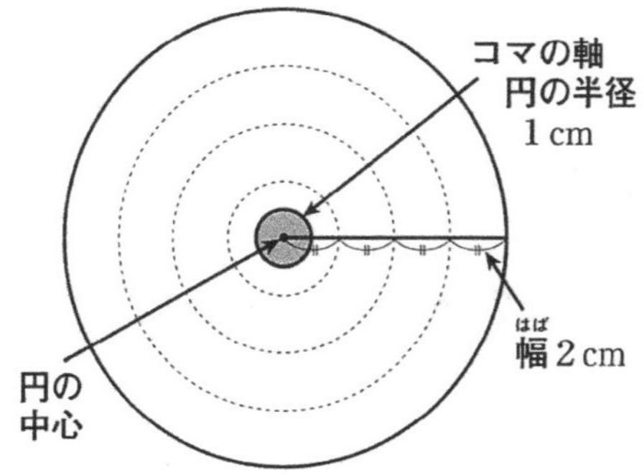

図２

会話１

みさこ：　きれいに色をぬれたね。円周率を３．１４として色の面積を比べてみましょう。
まさお：　赤の面積は，半径２cm の円の面積から半径１cm のコマの軸の面積をひけばいいから，面積を求める式は，２×２×３．１４－１×１×３．１４（cm²）だね。
みさこ：　この式は「×３．１４」でまとめると，（　ア　）×３．１４（cm²）になるね。計算が大変そうだから，式だけ書きとめておこう。
まさお：　他の色の面積も同じように計算して，表にまとめると下のようになったよ。

色	黄	白	青
面積（cm²）	１２×３．１４	２０×３．１４	（　イ　）×３．１４

みさこ：　黄と青の面積の比は（　ウ　）だね。他に気づいたことはあるかな。
まさお：　（　エ　）の面積を合計すると，赤の面積の２０倍になるね。

問い１　会話１ の（　ア　），（　イ　）にあてはまる数を答えてください。また，（　ウ　）は比を答えてください。ただし，円のさかい目の線の太さは考えません。

問い２　会話１ の（　エ　）にあてはまる色をすべて選び，○で囲んでください。

みさこさんは，図1のようにコマに下書きをした後，図3の①～④の形を使って，図4のように色をぬりました。図4のコマについて，２人が話をしています。

図3

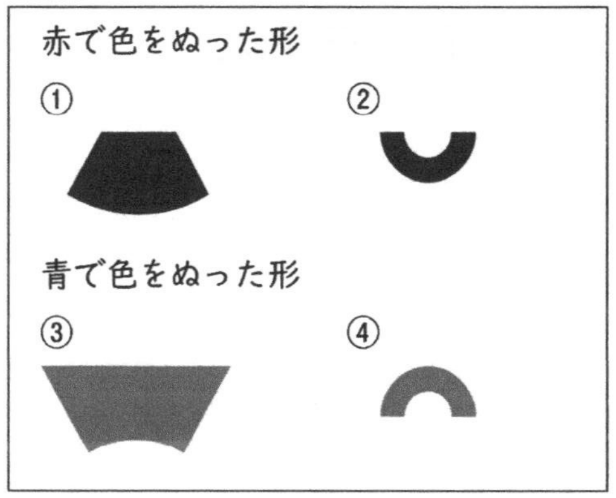

図4

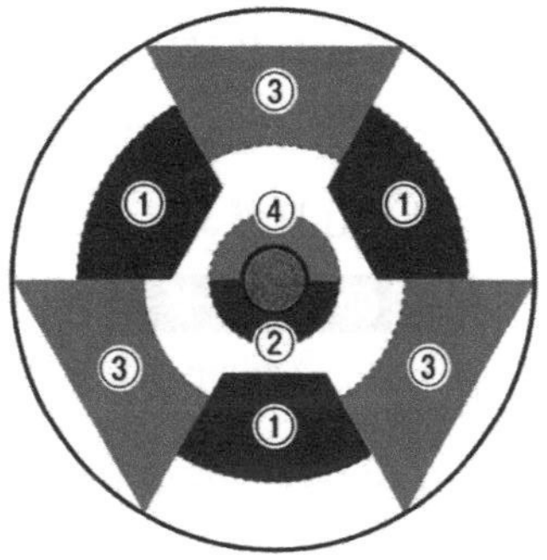

※　コマの大きさは図1と同じです。

会話2

みさこ：　色のぬり方を工夫してみたよ。
まさお：　コマを回したとき，赤と青が重なりあう部分の面積を求めてみよう。
みさこ：　円周率を３．１４とすると，（　オ　）（cm^2）になるね。
まさお：　さっそく回してみようよ。
みさこ：　とてもきれいだね。赤と青が重なりあう部分は，むらさき色に見えるんだね。

問い３　会話2の（　オ　）にあてはまる数を答えてください。

課題２

はるこさんとゆうとさんが，教室のカレンダーを見ながら話をしています。

会話１

はるこ：　今日は４月８日で私の誕生《たんじょう》日《び》だよ。
　ゆうとさんの誕生日はいつなの。

ゆうと：　７月１０日だよ。

はるこ：　**４月のカレンダー** を見るだけで，
　７月１０日が何曜日か分かるんだよ。

ゆうと：　どうやったら分かるのかな。

はるこ：　１週間は７日あるから，日にちを７で割《わ》ったあまりで曜日が分かるよ。
　例えば **４月のカレンダー** で，４月８日を１日目として数えると，４月１５日は８日目，４月２２日は（　ア　）日目にあたるね。

ゆうと：　８と（　ア　）を，それぞれ７で割ると，あまりは（　イ　）だね。

はるこ：　つまり，あまりが（　イ　）になる日は，すべて水曜日になるんだよ。

ゆうと：　同じ考え方で７月１０日が何日目にあたるかを考えてみよう。

はるこ：　５月は３１日，６月は３０日まであるよ。

ゆうと：　７月１０日は（　ウ　）日目にあたるから，７で割るとあまりは（　エ　）だね。水曜日を基準にしているから，あまりが（　エ　）になるのは（　オ　）曜日だね。

４月のカレンダー

日	月	火	水	木	金	土
			1	2	3	4
5	6	7	8	9	10	11
12	13	14	15	16	17	18
19	20	21	22	23	24	25
26	27	28	29	30		

問い１　**会話１** の（　ア　），（　イ　），（　ウ　），（　エ　）にあてはまる数を答えてください。また，（　オ　）にあてはまる曜日を答えてください。

※　同じカタカナの（　　　）には，同じ数が入ります。

問い２　めぐみさんは，秋田県の大仙《だいせん》市が米の収かく量が多いことを知り，**資料３，４** を見つけて，大仙市が米作りに適している理由についてまとめました。

資料３，４ をもとに，下の **まとめ** の［　　　］にあてはまる内容を答えてください。

資料３　稲《いね》がでんぷんを作るしくみ

○　稲は光のエネルギーを使って，二酸化炭素と水から，米のもととなるでんぷんを作り出します。

○　夜は光がないので，でんぷんを作れず，昼間にためたでんぷんを使っています。

○　夜の気温が高いと，稲のからだの働きも高まるため，ためたでんぷんを使ってしまいます。

（出典：「米穀《べいこく》安定供給確保支援《しえん》機構《きこう》」資料より作成）

資料４　大仙市の日照時間と最低気温

	2019年5～9月の日照時間の合計(時間)	2019年5～9月の最低気温25度以上の日数
大仙市	1060.7	3
47都道府県の平均	910.4	27.2

（出典：気象庁資料より作成）

まとめ

資料３，４ から，大仙市では，稲が育つ夏から秋にかけて，全国と比べて日照時間が長く，夜の気温が高い日も少ないので，稲の中の［　　　］ことが，米作りに適している理由の一つになっていると思います。

問い３　めぐみさんは，東北地方で作られている **資料５** のような米があることを知り，興味をもちました。**資料５** をもとに，下の **考えたこと** の［　　　］にあてはまる内容を答えてください。

資料５　「ふゆみずたんぼ米」について（一部）

冬でも田んぼに水をはることで，昆虫や小魚，さらには，わたり鳥が集まる場となります。その田んぼで農薬や化学肥料を使わずに作る米を「ふゆみずたんぼ米」と呼んでいます。

（出典：環境省資料他より作成）

考えたこと

資料５ から，田んぼが米を作るだけでなく，田んぼ周辺の多様な生き物の［　　　］ことができるように活用されていると思いました。

課題６

めぐみさんは，社会科の授業で東北地方の農業について学び，ノートにまとめました。

東北地方の農業について

資料１　各県の総面積と耕地面積（2018年）

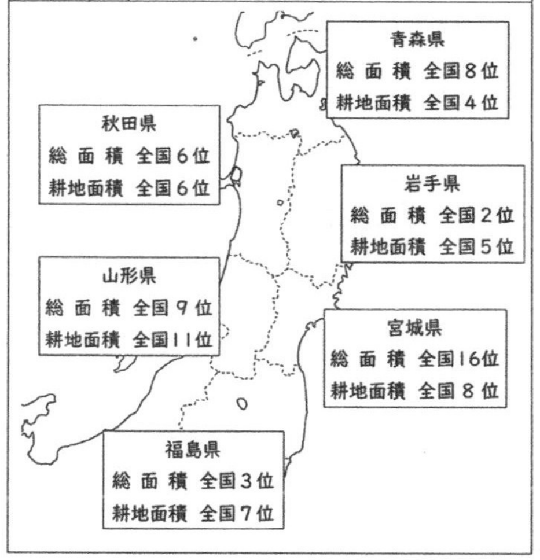

（出典：農林水産省資料他より作成）

資料２　各県の農業生産額のうちわけ（2018年）

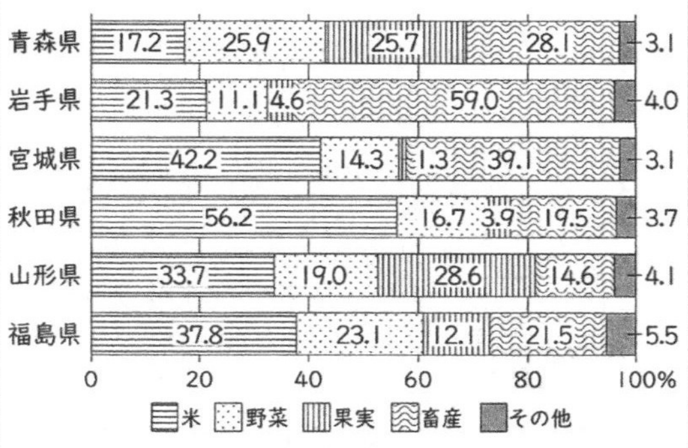

（出典：農林水産省資料他より作成）

資料１，２から読みとれること

東北地方の中で，［　　　］ことが読みとれました。

感　想

東北各県の農業生産額にしめる米の割合が，秋田県だけ５０％をこえていることから，秋田県の米作りについて，さらに調べてみたいと思いました。

問い１　**資料１，２から読みとれること** の［　　　］にあてはまる内容として適切なものを，次の**ア**～**エ**から**すべて**選び，記号で答えてください。

ア　総面積が最大の県では，農業生産額の半分以上を畜産がしめている
イ　総面積が最小の県では，農業生産額の約４分の１を果実がしめている
ウ　耕地面積が最大の県では，農業生産額の約５分の１を野菜がしめている
エ　耕地面積が最小の県では，農業生産額の半分以上を米と野菜でしめている

ゆうとさんは，７月１０日に行われる「校内漢字コンテスト」に向けての **学習計画** を立て，先生と話をしています。

学習計画

7月10日の校内漢字コンテストに向けて

（１）　学習期間
　４月１３日から７月９日まで

（２）　曜日ごとの学習時間
　①　月曜，火曜，水曜，木曜は１日３０分
　②　土曜，日曜は１日９０分
　③　金曜は学習しない

会話２

先　生：　すばらしい計画ですね。７月９日までに学習する日数と時間は，どのくらいになりますか。
ゆうと：　計画通りに学習すると，学習する日数は（　カ　）日あって，合計（　キ　）時間学習することになります。
先　生：　たくさん勉強できますね。
ゆうと：　がんばります。

問い２　**会話２** の（　カ　），（　キ　）にあてはまる数を答えてください。

課題３

かなえさんは，油の入ったドレッシングの容器を振《ふ》って，ドレッシングを混ぜても，すぐに油がういてくることを不思議に思い，先生に質問しました。次の 会話１ ， 会話２ は，そのときの様子です。

会話１

かなえ：　油の入ったドレッシングをよく振って混ぜても，すぐに油がういてきます。写真１ のように水と油が混ざりにくいことは知っていますが，どうしてでしょうか。

先　生：　もののうきしずみについて， 写真１ ～ 写真３ と 表 を見て，何か気づくことはありませんか。

かなえ：　もののうきしずみは，1 cm^3 あたりの重さが関係するのですね。

先　生：　よく気がつきましたね。油がうく理由も同じ考え方で説明できますよ。

写真１　水にうく油

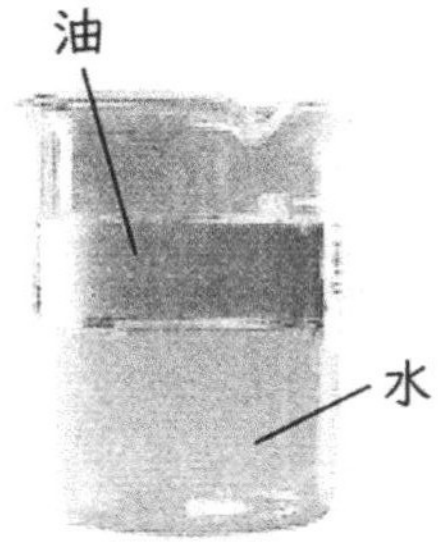

写真２　水にうく氷

写真３　水にしずむ鉄球

表

ものの種類	1 cm^3 あたりの重さ（g）
鉄（２０℃）	７.８７
水（４℃）	１.００
氷（０℃）	０.９２
油（２０℃）	０.９１
エタノール（２０℃）	０.７９

問い１　下線部について，水にうくものとしずむものには，どんなちがいがありますか。写真１ ～ 写真３ と 表 をもとに答えてください。

問い２　資料２ について話し合っている 会話２ の［　　　］にあてはまる内容を答えてください。

会話２

ゆうか：　グラフでは，１８８２年と比べて，１８９７年の生糸の輸出額の割合が減っているね。１８８２年から１８９７年までのあいだ生糸をつくる産業は，あまり発展していかなかったのかな。

まこと：　発展していると思うよ。なぜなら，資料をよく見ると１８８２年と比べて１８９７年は生糸の［　　　］ことや，生糸からつくる絹織物の輸出も行われているからね。

ゆうか：　本当だね。そう考えると，生糸をつくる産業は発展していると言えるね。

問い３　ゆうかさんは，雪が多い地域の建物をさらに調べ， 資料３ を見つけました。合掌造りとは異なる屋根の形である特ちょうについて， 資料３ をもとに 考えたこと の［　　　］にあてはまる内容を答えてください。

資料３　積雪の多い地域で見られる平らな屋根について

北海道などの積雪の多い地方で，新築の家に多く見られるようになった屋根の形。

以前は三角屋根が多くみられたが，建物がじょうぶになったため，雪を屋根に乗せたままとけるのを待つというものである。

考えたこと

昔は，雪下ろしがしやすいように，屋根の角度が急になっているなどの特ちょうがみられました。しかし，現在は近所の人や家の近くを通行する人に［　　　］ことなどによる事故が起きないように，安全面を考えて， 資料３ のような平らな屋根がみられるようになったのではないかと思います。

課題５

まことさんとゆうかさんは，雪が多い地域の建物に興味をもち，**資料１** の写真を見つけ，その特ちょうについて調べ，分かったことを話し合いました。

資料１　見つけた写真

合掌《がっしょう》造りの家屋《かおく》

（出典：白川郷観光協会ホームページ）

合掌造りの家屋の屋根裏

（出典：白川村役場ホームページ）

会話１

ゆうか：　合掌造りの家屋って屋根の角度が急になっているね。

まこと：　角度が急なのは，雪下ろしの作業を楽にしたり，水が流れやすいようにしたりするためだよ。角度だけじゃなくて屋根の向きにも工夫があるんだ。調べてみたら，家屋の窓がある面を，北や南に向けて建てることで，東西の屋根に［　ア　］ので，乾燥《かんそう》しやすくなるということだったよ。また他にも，北や南から強い風が吹く地域だから，夏は窓を開けることで，［　イ　］を良くするという理由もあるみたいだよ。

ゆうか：　屋根の大きさにも特ちょうがあるね。

まこと：　大きな屋根の裏には広い部屋があって，昔から※蚕《かいこ》を育て生糸《きいと》をつくる仕事をしていたんだ。生糸についても調べてみようか。

※　蚕：カイコガの幼虫で絹織物のもとになる生糸をとるために飼育される

問い１　**会話１** の［　ア　］，［　イ　］にあてはまる内容を答えてください。

次に，まことさんは生糸について調べたところ **資料２** を見つけました。

資料２　日本の貿易品目の割合の変化（単位は％）

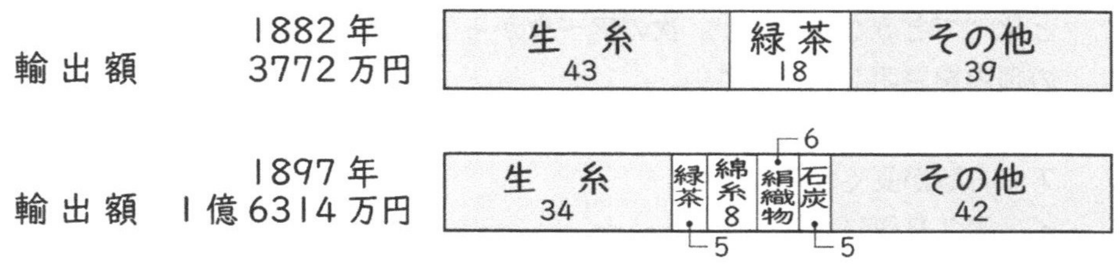

（出典：日本貿易精覧）

会話２

かなえ：　水以外の液体で，もののうきしずみを調べてみたくなりました。

先　生：　それでは，液体のエタノールで，もののうきしずみを調べてみましょうか。

かなえさんと先生は，液体のエタノールと氷を使って **実験** を行いました。

実験

①　**図１** のように，エタノールの入ったビーカーに氷（０℃）を静かに入れる。

②　ビーカーを静かに置いた状態で実験を行い，氷の変化を観察する。

図１

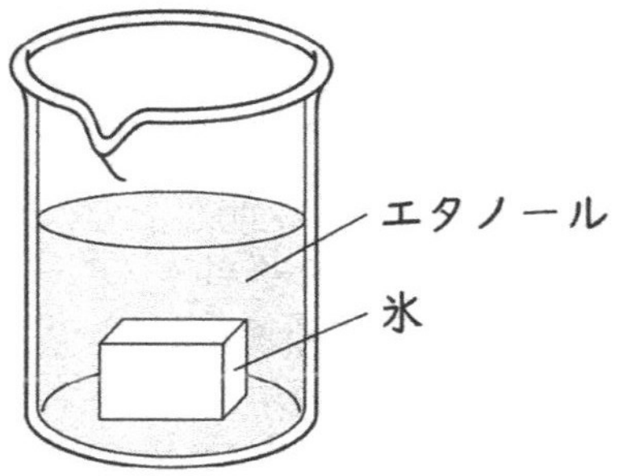

図２

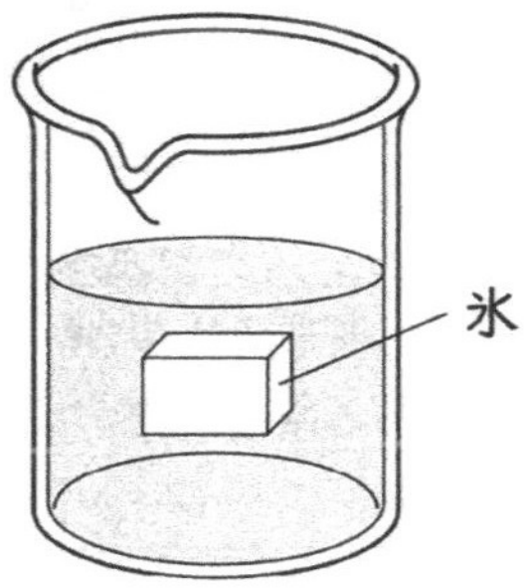

氷の変化を観察すると，初めは，**図１** のように氷は底にしずみましたが，しばらくすると **図２** のように，氷が少しとけて小さくなり，ビーカーの底から少しうかび上がりました。

問い２　**図２** のように，氷がビーカーの底から少しうかび上がった理由について **表** をもとに説明してください。ただし，氷がとけてできた水とエタノールはすぐには混ざり合わないものとします。

課題4

はるきさんは，夜空にかがやく星座《せいざ》の星や太陽の動きに興味をもち，先生に質問をしました。次の 会話 はそのときの様子です。

会話

はるき： 星座の星や太陽が時間とともに動いていくのはどうしてですか。

先　生： それは，地球が，北極と南極を結ぶ地軸《ちじく》を中心に１日に１回転しているからです。この地軸は， 図１ のように太陽と地球を結んだ面に対して，かたむいた状態になっています。

はるき： 星や太陽が動くというよりも，地球が回転していることで星や太陽が時間とともに動いているように見えているのですね。

先　生： そのとおりです。また，季節によって見える星座が変わるのは地球が太陽の周りを回っているからです。aところで，星座の星も太陽と同じなかまで，自分で光を出し，その光は１秒間に約３０万km進みます。そして，太陽の光は，約８分２０秒かけて太陽から地球に届《とど》き， 図２ のオリオン座のベテルギウスの光は，約５００年，リゲルの光は，約８６０年かけて，地球に届いているのですよ。

はるき： ということは，地球から星座の星までのきょりは，それぞれ（　ア　）けど，そのきょりが非常に遠いため，きょりが（　イ　）ところでかがやいているように見えるのですね。

図１

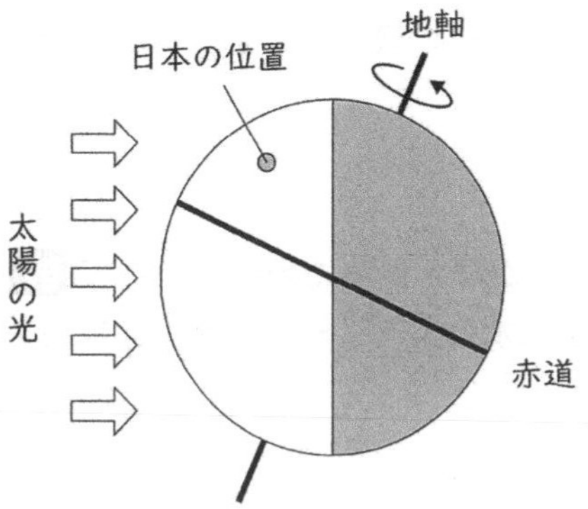

図２

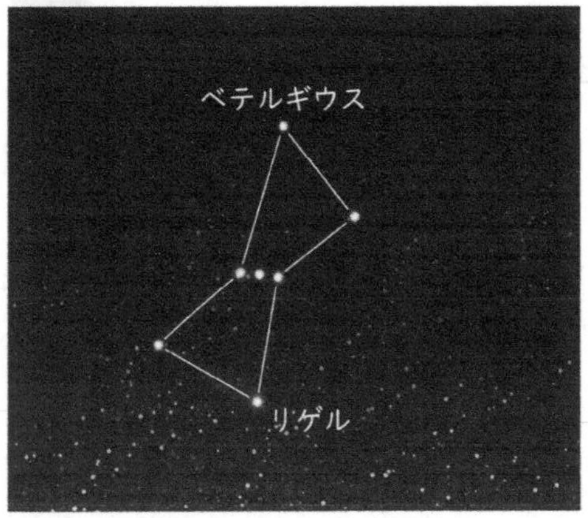

問い１ 図１ のときの日本では，昼と夜のどちらが長いですか。次のア～ウから１つ選び，記号で答えてください。

ア　昼が長い　　　イ　同じ　　　ウ　夜が長い

問い２ 下線部aをもとに 会話 の中の（　ア　），（　イ　）にあてはまる言葉を答えてください。

はるきさんは，地球が太陽の周りを回っているように，月も地球の周りを回っていることを知り，月の動きや見え方について調べたところ，次のような 資料 を見つけました。

資料

地球は太陽の周りを回っていて月も地球の周りを回っています。

b月は地球の周りを約２７．３日で１周しています。

月は自分で光を出さず，月に当たった太陽の光が反射《はんしゃ》することで光って見えます。

月は地球から見ると，月が見えない新月や丸く見える満月など，見え方が毎日少しずつ変わっていきます。

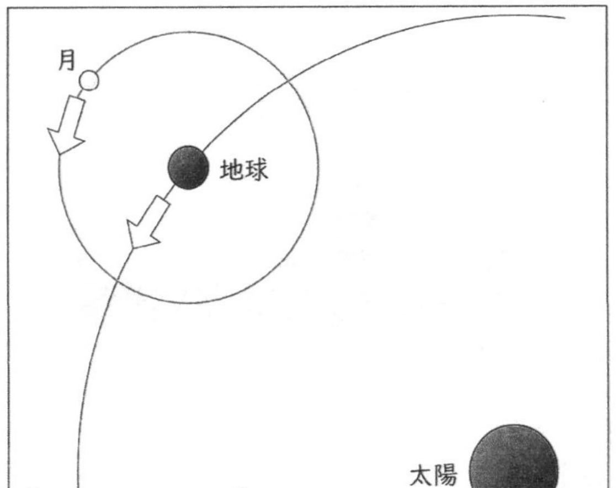

【地球と月の動き】

【月が地球の周りを１周したときの様子】

地球がAの位置からBの位置まで移動したとき，月が地球の周りをちょうど１周している。

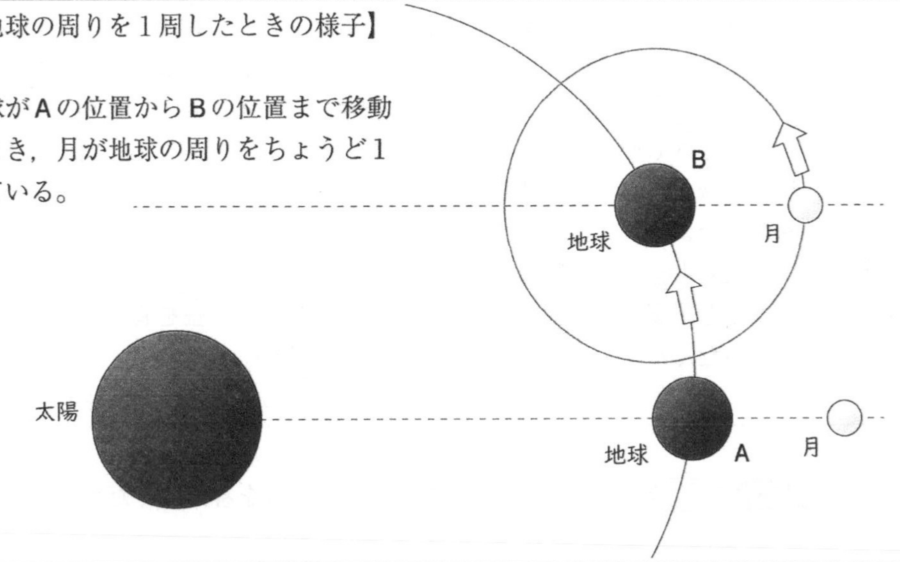

問い３ 資料 をもとに考えると，満月から再び満月にもどるまでの日数は，下線部bの日数と比べてどうなりますか。次のア～ウから１つ選び，記号で答えてください。また，その理由を説明してください。

ア　日数が長くなる。
イ　同じ日数になる。
ウ　日数が短くなる。

受検番号	
氏　　名	

令和４年度

宮崎県立五ヶ瀬中等教育学校
宮崎県立宮崎西高等学校附属中学校
宮崎県立都城泉ヶ丘高等学校附属中学校

適性検査Ⅰ

【第２部】

１１：４０～１２：３０（５０分）

（注　　意）

１　指示があるまで，この表紙以外のところを見てはいけません。
２　検査用紙は，表紙をのぞいて１２ページで，課題は全部で６題です。
３　解答用紙は３枚《まい》です。もう１枚の計算用紙は，計算やメモに使ってかまいません。
４　「始めなさい」の指示があったら，まず検査用紙と３枚の解答用紙に受検番号と氏名を書きなさい。
５　検査用紙のページ数がまちがっていたり，解答用紙の枚数が足りなかったり，また，文字や図がはっきりしなかったりする場合は，だまって手をあげなさい。
６　課題の内容や答えなどについての質問には，答えられません。
７　「やめなさい」の指示があったら，すぐえんぴつを置き，解答用紙を３枚ともうら返して机《つくえ》の上に置きなさい。

課題１

ソフトボール部のひできさん，けんじさん，このみさん，さおりさんは，監督《かんとく》とコーチと一緒《いっしょ》にソフトボールの試合を観戦することになりました。会場には，**お客さまへのお願い**が掲示《けいじ》されていたため，そのルールを守ってどこに座るかを考えることにしました。**図１**は６人が使用することのできる座席《ざせき》です。

お客さまへのお願い

前後左右の席は，ご利用いただけません。
ご協力をお願いいいたします。

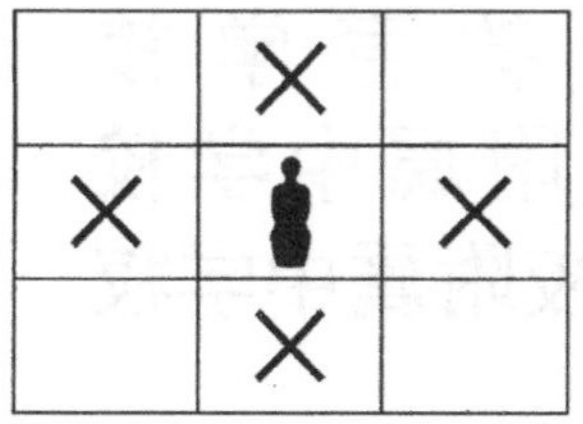

図１

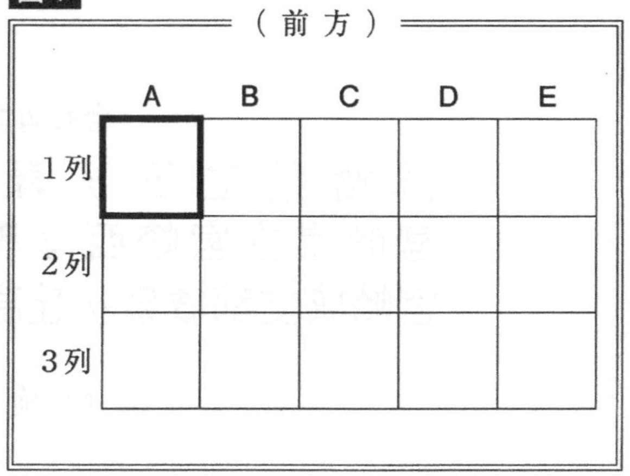

※ □の座席をＡ１と表すことにします。

会話１

監　督：　私《わたし》はＣ３の席に座りますから，コーチは横に座ってもらえますか。
コーチ：　はい。それなら（　ア　）またはＥ３の席に座ることになりますね。
監　督：　コーチはＥ３の席に座ってください。４人は，１列目と２列目を使ってくださいね。
ひでき：　「１列目に３人，２列目に１人」の座り方と「１列目に２人，２列目に２人」の座り方の２通りが考えられるね。
けんじ：　１列目に３人座ると，２列目の１人は（　イ　）または（　ウ　）の席に座ることになるね。
このみ：　４人いるのだから「１列目に２人，２列目に２人」の座り方を考えましょう。

問い１　**会話１**の（　ア　），（　イ　），（　ウ　）にあてはまる座席名を答えてください。
座席名は「Ｃ３」や「Ｅ３」のように答えます。

けんじさんとこのみさんは，「１列目に２人，２列目に２人」の座り方を考えることにしました。監督はＣ３，コーチはＥ３に座っています。

会話２

このみ：　さっそく，座り方を考えてみようよ。
けんじ：　最初に（　エ　）に座ると，座れない人が出てくるね。
このみ：　ちがう場所に座ってみたらどうかな。
けんじ：　「１列目に２人，２列目に２人」の座り方をするとき，４人が座れる座席の組み合わせは，全部で（　オ　）通りあることが分かったね。
さおり：　みんなで楽しく観戦しましょう。

問い２　**会話２**の（　エ　）にあてはまる座席名を答えてください。また，座れない人が出てくる理由を座席名を使って答えてください。

問い３　**会話２**の（　オ　）にあてはまる数を答えてください。ただし，座席の場所だけの組み合わせを数え，人を入れかえた場合は考えません。

課題２

ゆうきさんは，夏休みの自由研究について，あいりさんと話をしています。

会話１

ゆうき：　私の自由研究のテーマは「水の使用量について」だよ。
あいり：　**資料１** から，水はさまざまな目的で使われていることが分かるね。
ゆうき：　**グラフ** を見てよ。私の家と一般家庭で「ある一日の水の使用量」を比べてみたんだ。
あいり：　ゆうきさんの家は，一般家庭よりも水を多く使っているね。
ゆうき：　そうなんだ。特に，「風呂」の水の使用量を比べてみると，
［　　　　　　　　　　　　］ということが分かったよ。

資料１（一般家庭の水の使用量の割合）

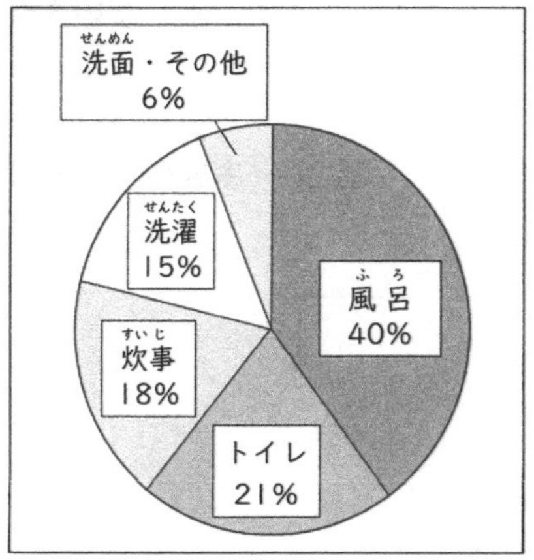

（出典：国土交通省ホームページ 2015年度調査）

グラフ（ある一日の水の使用量）

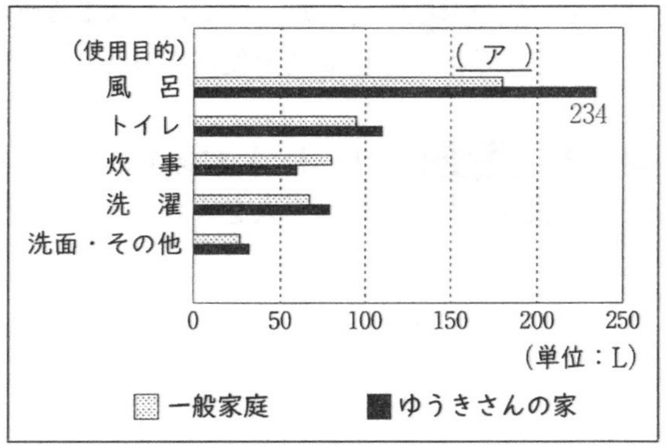

※　一般家庭の「ある一日の水の使用量」（使用目的の合計）は４５０Ｌとします。

問い１　**グラフ** の（ ア ）にあてはまる数を，**資料１** を参考にして答えてください。

問い２　**会話１** の［　　　］にあてはまる文章を割合を使って答えてください。

次に，ゆうきさんは，家に届いた **水道料金のお知らせ** を見て，水道局のホームページを調べました。

水道料金のお知らせ（一部）

○○ ○○　様　　　　　　△△市水道局

△△市□□町…

使用月分　令和３年６月～７月分
使 用 量　　　　３４m^3

ウナギの生態について興味をもったけんたさんは，次に **資料２～５** を見つけました。

資料２　ウナギの回遊経路《かいゆうけいろ》

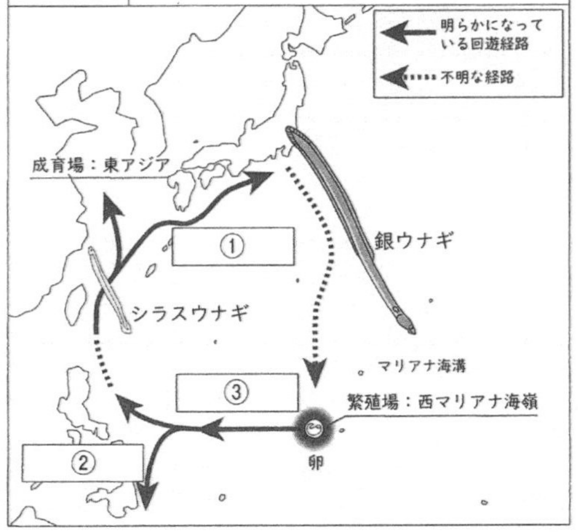

（出典：塚原勝巳　東京大学大気海洋研究所より作成）

※　銀ウナギ：産卵のために秋に海に向かって川を下る大きく成長したウナギ

※　海嶺：海底にある山脈

資料３　世界を旅するウナギ

ウナギの生態はこれまで謎でしたが，近年の研究により，捕獲《ほかく》されなかったごくわずかな天然の※銀ウナギが，太平洋の西マリアナ※海嶺《かいれい》付近で産卵することが特定されました。

産卵後，うまれたウナギの稚魚は，赤道のすぐ北側を西に向かって流れる北赤道海流に乗り，まずフィリピン近くの海域に移動します。この北赤道海流は，フィリピンの沖で南北に分かれますが，その一方が北上して黒潮となり，もう一方は南下方向のミンダナオ海流となります。稚魚はシラスウナギと呼ばれるようになり，黒潮の流れにのり，東アジアの沿岸に近づき，河川を上っていきます。

その後，産卵可能になると銀ウナギとなって１０月～１２月に川を下り，太平洋に出て産卵場所でもある西マリアナ海嶺に向かいます。

（出典：WWF JAPAN より作成）

資料４　主な県の銀ウナギの※採《さい》捕《ほ》を禁止している時期

宮崎県	１０月から３月
鹿児島県	１０月から２月
熊本県	１０月から３月
高知県	１０月から３月
静岡県	１０月から２月

※　採捕：動植物を捕まえること

（出典：水産庁ホームページより作成）

資料５　シラスウナギの国内漁獲《ぎょかく》量

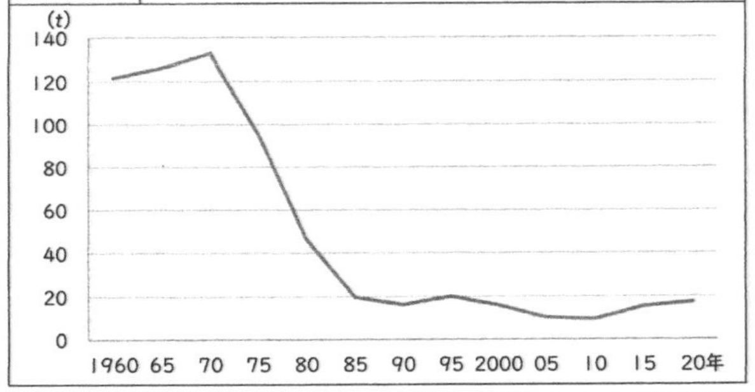

（出典：水産庁ホームページより作成）

問い２　**資料２** の①～③の回遊経路に関係する海流名の組み合わせとして正しいものを，**資料３** を参考にして次から１つ選び，記号で答えてください。

ア　①黒潮　　　②北赤道海流　　　③ミンダナオ海流
イ　①黒潮　　　②ミンダナオ海流　③北赤道海流
ウ　①北赤道海流　②ミンダナオ海流　③黒潮
エ　①北赤道海流　②黒潮　　　③ミンダナオ海流

問い３　**資料４** のように，銀ウナギの採捕を禁止している時期がある理由として考えられることを，**資料３～５** を関連づけて説明してください。

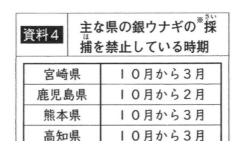

課題６

けんたさんは，２０２１年２月の新聞で，ウナギに関する **記事** を見つけました。

記事

シラスウナギ２年連続豊漁《ほうりょう》７年ぶり安値

ウナギの稚《ち》魚，シラスウナギが２年連続で豊漁です。日本や台湾，中国近海でよくとれています。夏の「土用の丑《うし》の日」は盛り上がりそうです。なぜ増えたかは今のところ謎《なぞ》です。産卵場の水温や潮《ちょう》流が稚魚の成育に適していた可能性がありますが，依然《いぜん》として生態には不明な点が多くあります。

（出典：日本経済新聞より作成）

まず，「土用の丑の日」について興味をもったけんたさんは，おじいさんに聞いてみることにしました。

会話

けんた　　：「土用の丑の日」にウナギがスーパーにたくさん並んでいるのをみるけど，「土用」って何のことかな。
おじいさん：暦《こよみ》の上で季節の目安になるもので，年に４回あるんだ。ウナギを食べる「土用」というのは，２０２２年は，立秋の前日までの１８日間を指すよ。
けんた　　：立秋っていつなの。
おじいさん：２０２２年の立秋は８月７日だよ。
けんた　　：では「丑」は何かな。干支《えと》では見たことがあるけど…。
おじいさん：暦では，年だけではなく日付にも十二支が順番に割り当てられているんだよ。「土用」の期間のうち丑に当たるのが「土用の丑の日」になるんだ。立秋の８月７日は「辰」にあたるよ。
けんた　　：それがわかれば，「土用の丑の日」がいつなのかも調べられるね。

問い１　けんたさんが調べると，２０２２年の「土用の丑の日」は２回あることがわかりました。
会話 と **資料１** を参考にして，２０２２年の「土用の丑の日」が何月何日になるのか答えてください。

資料１　干支の十二支

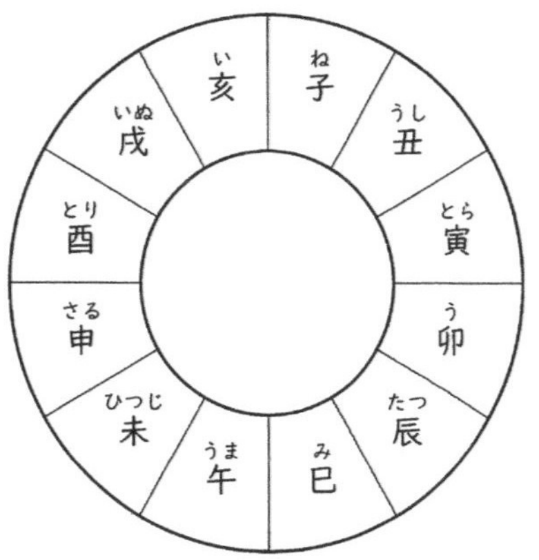

会話２

ゆうき：２か月分の水の使用量は$34m^3$だね。
あいり：**資料２** を使って計算すると，$34m^3$分の水道料金は（　イ　）円ね。
ゆうき：水は大切なものだから節約していこう。これからは水道料金を（　イ　）円の６０％を目標にしてみようと思うよ。
あいり：そうなると，２か月分の水の使用量を（　ウ　）m^3におさえないといけないね。

資料２（ホームページにのっている水道料金表）

【水道料金表】

（１）基本料金　８００円

（２）水　$1m^3$ あたりの料金

	使用した水の量	料金
A	水　$10m^3$ まで	$1m^3$ あたり　３０円
B	水　$10m^3$ をこえて　$25m^3$ まで	$1m^3$ あたり　１６０円
C	水　$25m^3$ をこえる分	$1m^3$ あたり　２００円

（３）使用した水の量の料金について
（２）のA，B，Cを参考に計算します。例えば，$24m^3$の水を使用した場合の料金は，下のようにAとBを合わせた金額になります。

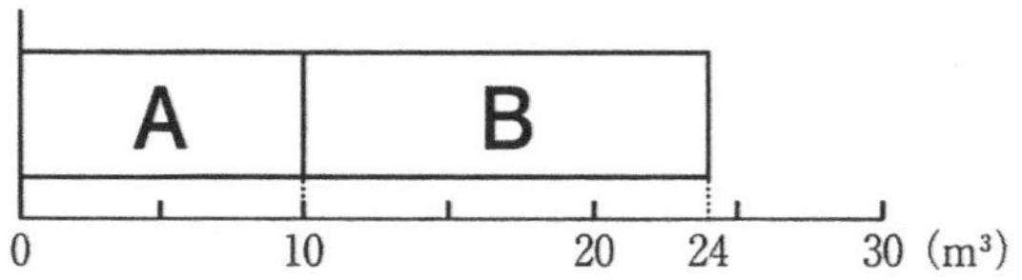

（４）水道料金の計算の手順
①（基本料金　＋　使用した水の量の料金）で金額を出します。
②　①の金額に消費税１０％を加算したものが，水道料金になります。

問い３　**会話２** の（　イ　），（　ウ　）にあてはまる数を答えてください。また，（　ウ　）の求め方を計算の式や言葉を使って答えてください。
※　同じカタカナの（　　）には，同じ数が入ります。

課題３

　のぶこさんは，照明にもいろいろな種類があることを知って，先生に質問をしました。次の 会話 は，そのときの様子です。

会話

のぶこ：　白熱電球や発光ダイオードは，どちらも光を出しますが，どのようなちがいがあるのでしょうか。

先　生：　資料 を見てください。白熱電球や発光ダイオードは，どちらも電気のもつエネルギーを光に変えています。発光ダイオードは，電気のもつエネルギーを効率よく光に変えることができ，消費する電気が少なくてすむという長所があります。そのため，家庭用の照明や信号機（ 写真１ ）など，発光ダイオードを使ったものが増えてきていますよ。

のぶこ：　資料 のように，熱も発生するのですね。

先　生：　そうです。電気のもつエネルギーが光に変わるとき，その一部が熱に変わります。

のぶこ：　家にある白熱電球の注意書きに，「熱くなるので直接，手でさわらないでください。」と書いてあるのを見たことがあります。

資料　白熱電球と発光ダイオードのちがい

※　数字は，電気のもつエネルギーを１００としたときの光や熱に変わる割合

白熱電球

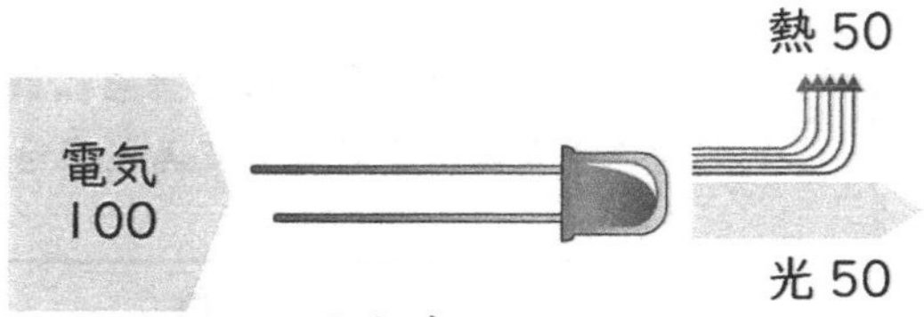

発光ダイオード

写真１　白熱電球の信号機

発光ダイオードの信号機

問い１　発光ダイオードの信号機は，雪の多い地域では，白熱電球の信号機に比べて，信号機の光る部分に雪がついて，信号が見えにくくなることがあります。その理由を， 資料 をもとに答えてください。

資料４　『貿易について考える』

　これは，たとえ話です。

　人口が６０人のＡ国と，人口が１８０人のＢ国の２つの国があります。【表１】は，それぞれの国でテレビと小麦の生産に必要となる労働力を表したものです。

　【表２】は，Ａ国とＢ国でそれぞれテレビと小麦を生産した時のものです。【表３】は，Ａ国はテレビだけ，Ｂ国は小麦だけを生産した時のものです。

　Ａ国とＢ国が貿易をする場合，【表２】と【表３】から，どんなことが言えるでしょうか。

【表１】生産に必要な労働力

	生産に必要とする労働力	
	テレビ１台	小麦１ t
Ａ国	２０人	４０人
Ｂ国	１２０人	６０人

【表２】テレビ，小麦の両方を生産した場合

	テレビの生産にあたる人数	小麦の生産にあたる人数	生産物の合計
Ａ国	２０人	４０人	テレビ１台 小麦１ t
Ｂ国	１２０人	６０人	テレビ１台 小麦１ t

【表３】Ａ国がテレビ，Ｂ国が小麦を生産した場合

	テレビの生産にあたる人数	小麦の生産にあたる人数	生産物の合計
Ａ国	６０人	０人	テレビ３台 小麦０ t
Ｂ国	０人	１８０人	テレビ０台 小麦３ t

会話

かなこ：　**【表３】**は，Ａ国がテレビだけを，Ｂ国が小麦だけを生産しているので**【表２】**よりも，［　　　　］ことが分かるね。

ゆうや：　そうだね。でも，お互いの国にとって最も良いのはどんな方法なんだろう。

かなこ：　じゃあ，実際の貿易についても調べてみようよ。

問い２　会話 の［　　］にあてはまる内容を， 資料４ を参考に答えてください。

問い３　かなこさんは，実際の貿易について調べたところ 資料５，６ を見つけ，考えたことをまとめました。 かなこさんが考えたこと の［　　］にあてはまる内容を， 資料５，６ をもとに答えてください。

資料５　ザンビアの輸出品

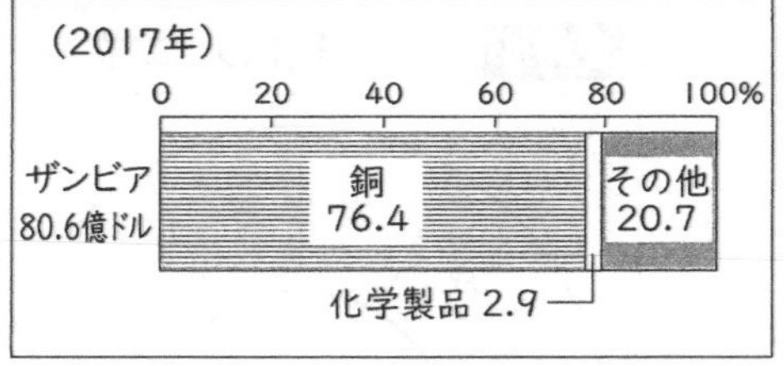

（出典：UN Comtrade より作成）

資料６　銅の貿易価格の推移

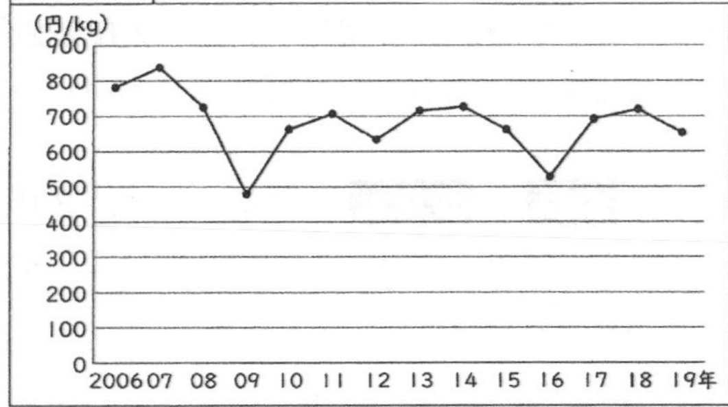

（出典：World Bank より作成）

かなこさんが考えたこと

　アフリカにある国，ザンビアでは， 資料５ のように，銅に関する産業が盛んで，銅の輸出の割合が大きいことが分かりました。しかし，輸出品の種類が少ない場合， 資料６ のように銅の価格が毎年変わってしまうと，［　　　　］ということになるから国としては困るのではないかと考えました。

　これからも，貿易について調べていこうと思います。

課題５

ゆうやさんとかなこさんは，貿易について学習し，ノートにまとめました。

日本とアメリカの貿易について

資料１ 日本車をこわすアメリカの労働者

（出典：『ニュービジョン現社』より作成）

資料２ 日本からアメリカへの自動車輸出と日本企業によるアメリカでの生産の推移

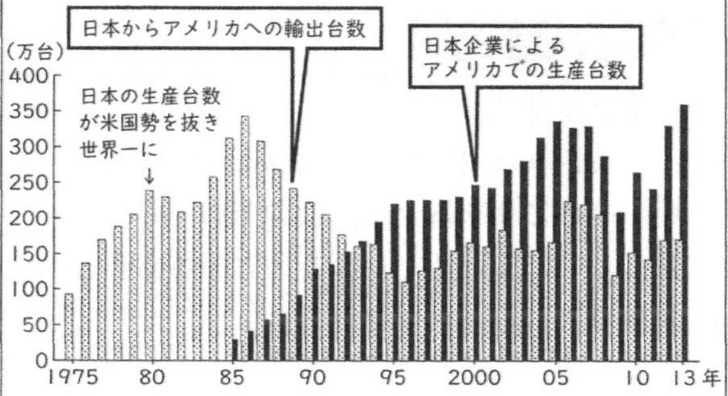

（出典：日本自動車工業会の資料より作成）

資料３ 貿易まさつについて

輸出国と輸入国との貿易に関する争いのこと。

例えば，日本の工業製品が大量に輸出されると，相手国の工業製品が売れなくなり，その国の産業がおとろえることがあります。すると相手国は自国の産業を守ろうとして輸入の制限を行うなど，日本と激しく対立することがあります。

考えたこと

資料１ のようなことが起こっているのは，**資料２，３** より，日本からアメリカへの自動車の輸出台数が増えて，アメリカの企業が生産した自動車が［　ア　］ことで，アメリカの企業が倒《とう》産し，労働者が仕事を失ったことが原因の一つではないかと思います。

しかし，１９８７年から１０年ぐらいは，日本からアメリカへの輸出台数はほぼ毎年減少し，逆に日本企業によるアメリカでの生産台数が増加しています。それはこの時期，［　イ　］からではないかと思います。これにより，アメリカの労働者も働く場所ができ，不満が出ることも少なくなったのだと思います。

どんな貿易をすれば，お互いの国のためになるかこれからも考えたいと思います。

問い１　**考えたこと** の［　ア　］，［　イ　］にあてはまる内容を，**資料２，３** をもとに答えてください。

貿易について調べることにしたゆうやさんとかなこさんは，図書館で『貿易について考える』という本を見つけました。

のぶこさんは，発電所から家庭に電気が送られるときも，電気のもつエネルギーの一部が空気中へにげることを知り，発電所と家庭までのきょりと空気中へにげるエネルギーの大きさの関係を調べる **実験** を行いました。

実験

① **写真２** のように，コンデンサーに導線でつなげた手回し発電機を，一定の速さで２０秒間回し，コンデンサーに電気をたくわえた。

② **写真３** のように，コンデンサーと豆電球を導線でつなぎ，豆電球が点灯する時間を測定した。

③ ①と②を１０回行い，平均《へいきん》を求めた。

④ 導線の長さを変えて，①～③を行った。

⑤ **実験** の結果を **表** にまとめた。

写真２

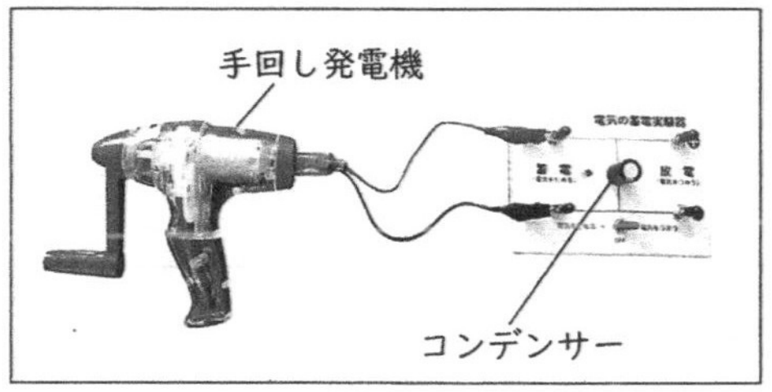

写真３

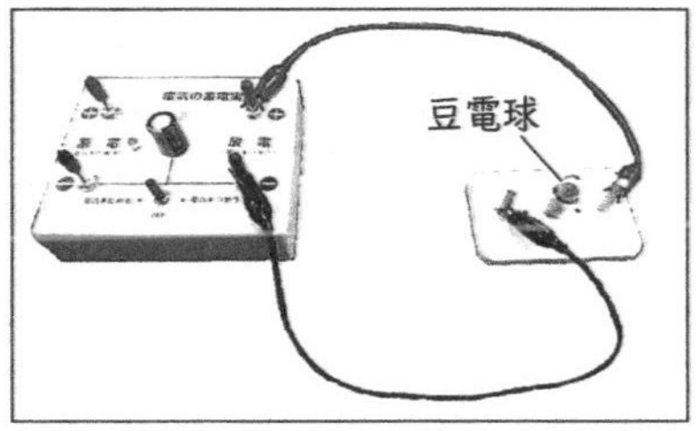

表

導線の長さ（cm）	１００	３００	５００
点灯した時間の平均（秒）	３５．５	３４．１	３２．８

問い２　**表** から，下線部についてどのようなことが分かるか答えてください。

問い３　のぶこさんは，豆電球を発光ダイオードにかえて **実験** を行うことにしました。**表** の結果と比べて，電気のもつエネルギーを光に変える効率は，豆電球より発光ダイオードの方がよいことを確認するためには，次のア～エのどの条件で **実験** を行えばよいですか。最も適切なものを１つ選び，記号で答えてください。ただし，手回し発電機を回す速さは豆電球の **実験** と同じとします。

条件	電気をたくわえる時間（秒）	導線の長さ（cm）
ア	１０．０	２００
イ	２０．０	３００
ウ	２０．０	４００
エ	３５．５	１００

課題４

ひろむさんは，生態系《せいたいけい》という言葉に興味をもち，先生に質問をしました。次の 会話１ は，そのときの様子です。

会話１

ひろむ：　生態系とはどういうものですか。
先　生：　生態系は，その地域《ちいき》に生息する生物とそのまわりの光や水，温度などの非生物的環境《かんきょう》を１つのまとまりとしたものです。
ひろむ：　生物と非生物的環境にはどんな関係があるのですか。
先　生：　では，図 を見てください。
図 のように非生物的環境が生物に影響を与えることを作用といい，生物が生活することによって非生物的環境に影響を与えることを環境形成作用といいます。また，生物どうしもさまざまな関係をもっています。
ひろむ：　生態系についてもっと調べてみます。

図

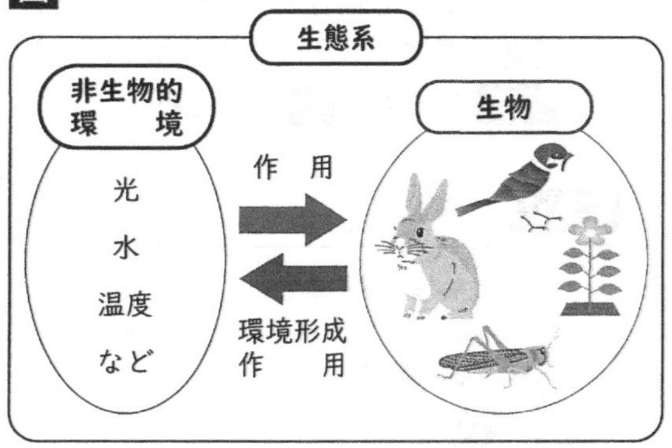

問い１　環境形成作用の例として正しいものを，次のア～エから１つ選び，記号で答えてください。

ア　夏は植物に太陽の強い光があたる。
イ　雨が降《ふ》って土の水分が多くなる。
ウ　あたたかくなると，動物が活発に動きだす。
エ　森林ができると，風がさえぎられる。

ひろむさんは，生態系を構成する生物の間には，食物連鎖《しょくもつれんさ》という関係があることを知りました。次の 会話２ は，先生と食物連鎖について話しているときの様子です。

会話２

ひろむ：　生態系の中で，生物どうしが，食べたり食べられたりする関係でつながっていることを食物連鎖ということが分かりました。それから，ある地域の生態系で見てみると，それぞれの生物の数は増えたり減ったりしながら，食物連鎖の関係の中で，そのつり合いが保たれていることも分かりました。
先　生：　では，質問します。ある地域に，植物Ａ・動物Ｂ・動物Ｃの３種類の生物だけがいるとします。動物Ｂは植物Ａだけを食べて，動物Ｃは動物Ｂだけを食べるものとします。この地域から動物Ｃだけがすべていなくなったとしたら，動物Ｂの数はどうなると思いますか。
ひろむ：　動物Ｂを食べる生物がいなくなったので，ずっと増え続けると思います。
先　生：　本当にそうでしょうか。a動物Ｂの数はずっと増え続けることができませんよ。調べたことを思い出して考えてみてください。

問い２　下線部ａのようになる理由を説明してください。ただし，他の地域から生物が入ってきたり，他の地域へ生物が出ていったりすることはないものとし，病気も発生しないものとします。

ひろむさんは，森林での生物どうしの関係を調べる中で，落葉樹林《らくようじゅりん》にはカタクリという植物が見られることを知り，次のようにまとめました。

調べて分かったこと

＜落葉樹林について＞
落葉樹林は，秋になると葉の色が変わり，いっせいに葉を落とし，次の年の４月～５月くらいにまた新しい葉をつける特ちょうがある。

＜カタクリについて＞
カタクリは落葉樹林の林しょう（地面に近い場所）に生育する植物である。早春に芽を出し，３月ごろから約２か月くらいの間に，葉に日光が当たることでつくられた養分を地下の部分にたくわえている。
ｂ５月くらいになり養分があまりつくられなくなると，カタクリの地上の部分は，かれて次の春になるとまた成長する。

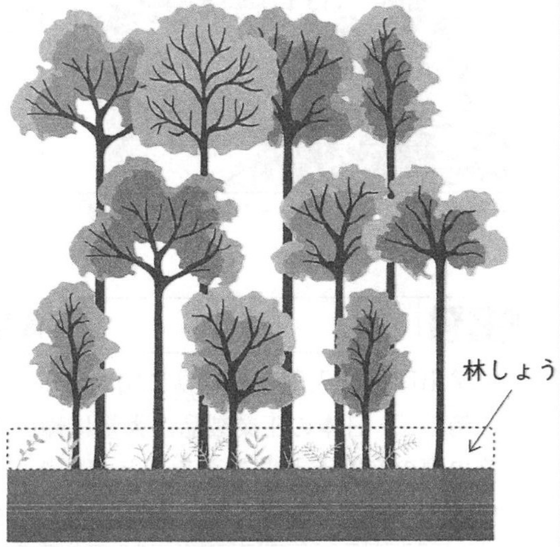

森林の様子

落葉樹林の秋の様子

カタクリ

（出典：「視覚でとらえるフォトサイエンス生物図録」より作成）

問い３　下線部ｂのようになる理由を，調べて分かったこと をもとに説明してください。

作文用紙

受検番号

氏名

問い一

そうだね。村の人たちは、イネの成長を
（　　　　　　）だけで
判断してはいけなかったんだね。

問い二

○題や氏名を入れずに一行目から書いてください。

100

200

300

400

（配点非公表）

※計	

※一	

※二	

（注意）※印のところは記入しないこと

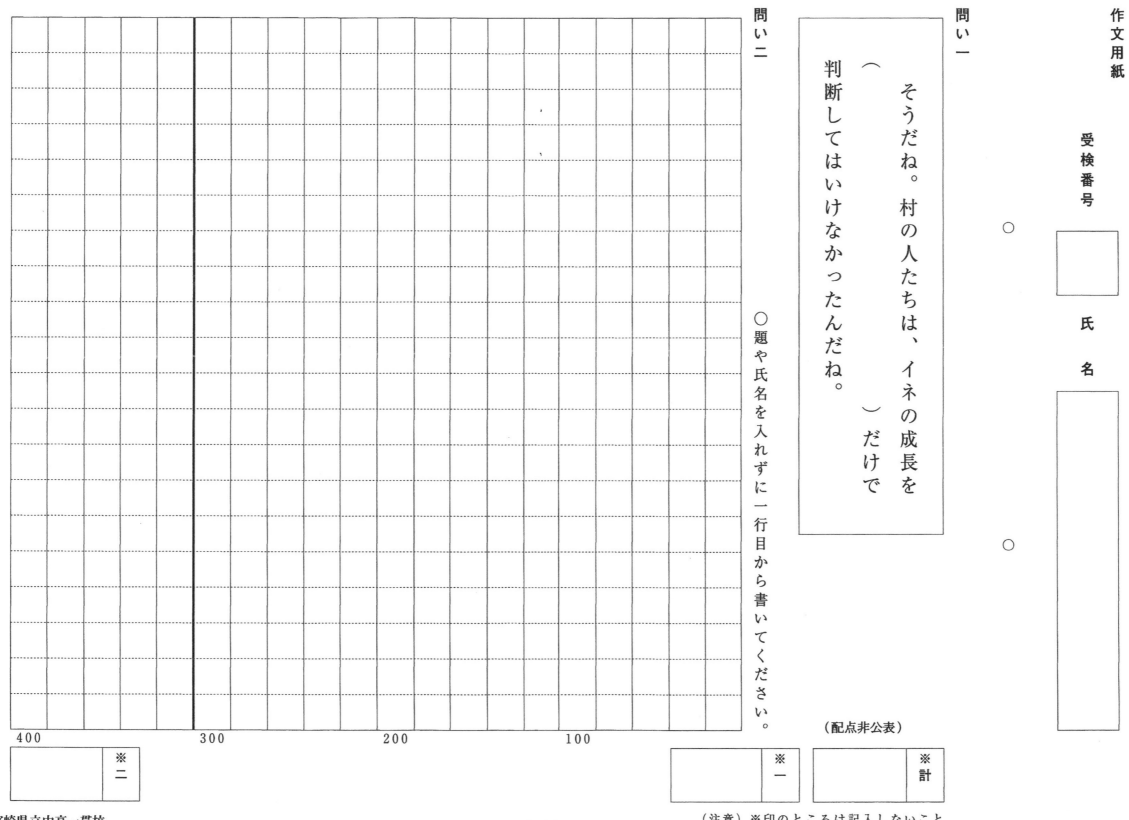

受検番号		氏　　名	

【1枚《まい》目】

令和４年度
宮崎県立五ヶ瀬中等教育学校
宮崎県立宮崎西高等学校附属中学校
宮崎県立都城泉ヶ丘高等学校附属中学校
適性検査Ⅰ　第１部　解答用紙

（配点非公表）

（注意）　※印のところは記入しないこと

※計	

課題１

問い１	ア		イ		ウ	黄 : 青 ＝ :
問い２	エ	黄 ・ 白 ・ 青				
問い３	オ	cm²				

※　課題１

30-(23)【解答用紙7-(2)】

課題２

問い１	ア	日目	イ	
	ウ	日目	エ	
	オ	曜日		
問い２	カ	日	キ	時間

※　課題２

受検番号		氏　　名	

【2枚《まい》目】

○　　　　○

令和４年度
宮崎県立五ヶ瀬中等教育学校
宮崎県立宮崎西高等学校附属中学校
宮崎県立都城泉ヶ丘高等学校附属中学校
適性検査Ⅰ　第１部　解答用紙

（注意）　※印のところは
記入しないこと

※計	

課題３

問い１	
問い２	

※　課題３

30-(24)
【解答用紙7-(3)】

課題４

問い１		
問い２	ア	
	イ	
問い３	＜記号＞	
	＜理由＞	

※　課題４

受検番号		氏　　名	

【３枚《まい》目】

令和４年度
宮崎県立五ヶ瀬中等教育学校
宮崎県立宮崎西高等学校附属中学校
宮崎県立都城泉ヶ丘高等学校附属中学校
適性検査Ⅰ　第１部　解答用紙

（注意）※印のところは記入しないこと

※計	

課題５

問い１	ア		イ	
問い２				
問い３				

※　課題５

課題６

問い１	
問い２	
問い３	

※　課題６

受検番号		氏　　名	

【１枚《まい》目】

令和４年度
宮崎県立五ヶ瀬中等教育学校
宮崎県立宮崎西高等学校附属中学校
宮崎県立都城泉ヶ丘高等学校附属中学校
適性検査Ⅰ　第２部　解答用紙

（配点非公表）

（注意）※印のところは記入しないこと

※計	

課題１

問い１	ア		イ		ウ	
問い２	エ		＜理由＞			
問い３	オ	通り				

※　課題１

30-(27)【解答用紙7-(5)】

課題２

問い１	ア	
問い２		
問い３	イ	円
	ウ	m^3
	＜求め方＞	

※　課題２

受検番号		氏　　名	

【２枚《まい》目】

令和４年度
宮崎県立五ヶ瀬中等教育学校
宮崎県立宮崎西高等学校附属中学校
宮崎県立都城泉ヶ丘高等学校附属中学校

適性検査Ⅰ　第２部　解答用紙

（注意）　※印のところは記入しないこと

※計	

課題３

問い１	
問い２	
問い３	

※　課題３

課題４

問い１	
問い２	
問い３	

※　課題４

受検番号		氏　　名	

【3枚《まい》目】

令和４年度
宮崎県立五ヶ瀬中等教育学校
宮崎県立宮崎西高等学校附属中学校
宮崎県立都城泉ヶ丘高等学校附属中学校
適性検査Ⅰ　第２部　解答用紙

（注意）※印のところは記入しないこと

※計	

課題５

問い１	ア	
	イ	
問い２		
問い３		

※　課題５

課題６

問い１	月　日　と　月　日
問い２	
問い３	

※　課題６

30-(29)
【解答用紙7-(7)】

令和三年度

宮崎県立五ヶ瀬中等教育学校
宮崎県立宮崎西高等学校附属中学校
宮崎県立都城泉ヶ丘高等学校附属中学校

「作　文」

午前九時三十分～午前十時十分（四〇分）

（注　意）

一　指示があるまで、表紙（この用紙）以外のところを見てはいけません。

二　検査用紙は、表紙一枚《まい》、課題用紙三枚、作文用紙一枚の計五枚です。

三　「始めなさい」の指示があったら、まず受検番号と氏名を、作文用紙の決められたらんに書きなさい。

四　声に出して読んではいけません。

五　印刷がはっきりしなかったり、課題用紙や作文用紙が足りなかったりした場合は、だまって手をあげなさい。

六　課題の内容などについての質問には答えられません。

七　「やめなさい」の指示があったら、すぐにえんぴつを置き、表紙（この用紙）を上にして机《つくえ》の上に置きなさい。

課題用紙①

【資料A】、【資料B】を読んで、後の問いに答えてください。

【資料A】

著作権に関係する弊社の都合により省略致します
教英出版編集部

著作権に関係する弊社の都合により省略致します
教英出版編集部

（ヨシタケシンスケ「ぼくのニセモノをつくるには」による）

※がついている言葉は、後に説明があります。

【資料B】

日本は世界の中で、とても※同調圧力《どうちょうあつりょく》の強い国です。

そのことが、良い方向に働くことも、もちろんあります。

例えば、東日本大震災《だいしんさい》の時、ズタズタになった道路は、たったの1週間で見事に修復されました。

震災直後と1週間後の道路の写真は並《なら》べられ、「日本の奇跡《きせき》」としてネットで世界中に広がりました。

働いていた人達には、それぞれ、事情があったはずです。震災で家族や親戚《しんせき》が行方《ゆくえ》不明の人もいたかもしれません。家が壊《こわ》れたり、避難《ひなん》している人もいたかもしれません。

でも、みんなが自分の事情を後回しにして、一致《いっち》団結して、道路を直したのです。

そうすることが当然だとみんな思いました。これが、良い意味での「同調圧力」です。

でも、これが悪い方向に行くと、クラスでただ一人ランドセルを使ってない生徒を攻撃《こうげき》したり、派手《はで》な洋服の生徒を全員で無視《むし》したりするのです。

「みんなひとつになろう」という「同調圧力」は、「みんな同じことを考えている」と「ひとつになることは良いこと」という※前提《ぜんてい》があります。

みんな同じ「世間《せけん》」に住んでいる仲間という意識です。

海外にも同調圧力はあります。

ただ、「みんな同じことを考えていない」、という前提があるのです。

それは、本当に「みんな同じ」ではないからです。

機会があったら、ぜひ海外の中学校や高校を見て欲《ほ》しいのですが、例えば、ニューヨークだと、白人の生徒がいて、アフリカ系《けい》の生徒がいて、アジア系の生徒がいて、ヒスパニックというスペイン系の生徒がひとつの教室にいます。

アジア系と言っても、日本と韓国《かんこく》と中国だったりします。それをまとめてアジア系と言っても、全然、違《ちが》うと私《わたし》達は知っています。

そんなバラバラな生徒がひとつの教室に集まっている時に、「派手な服を着てきたからいじめよう」と、全員が思うはずがないのです。

それぞれの文化が違うのだから、派手であることをイヤだと思う人もいれば、派手は素晴らしいと思う人もいるのです。

「派手な服」という※定義《ていぎ》も違うのです。

色をたくさん使っているのが派手なのか、肌《はだ》をたくさん露出《ろしゅつ》しているのが派手なのか、キャラクターなどのプリントがついているのが派手なのか。文化が違えば、定義が違うのです。

相手が「何を良いと思っているのか分からない」ということでもあります。

（鴻《こう》上《かみ》尚史《しょうじ》「『空気』を読んでも従《したが》わない　生き苦しさからラクになる」岩波ジュニア新書による）

※　同調圧力　………　多い意見に合わせて行動するように強制する力。

※　前提　…………　前もって決まっている条件。

※　定義　…………　決められた言葉の意味。

課題用紙③

問い一　【資料A】では、おばあちゃんは、「じぶん」をどのような存在としてとらえていますか。

また、【資料B】では、筆者は、「みんな」をどのような存在としてとらえていますか。それぞれ説明してください。

問い二　あなたは、これからどのように「みんな」と生活し、「じぶん」を育てていきたいですか。次の（条件）にしたがってあなたの考えを書いてください。

（条件）

①　**問い一**で説明した「じぶん」、「みんな」の内容をふまえて書いてください。

②　あなたの体験を入れて、「学校生活」、「将来」、「人生」などの視《し》点から書いてください。

③　三百字以上、四百字以内で書いてください。

受検番号	
氏　　名	

令和３年度

宮崎県立五ヶ瀬中等教育学校
宮崎県立宮崎西高等学校附属中学校
宮崎県立都城泉ヶ丘高等学校附属中学校

適性検査Ⅰ

【第１部】

10:30～11:20（50分）

（注　意）

1　指示があるまで，この表紙以外のところを見てはいけません。
2　検査用紙は，表紙をのぞいて１２ページで，課題は全部で６題です。
3　解答用紙は３枚《まい》です。もう１枚の計算用紙は，計算やメモに使ってかまいません。
4　「始めなさい」の指示があったら，まず検査用紙と３枚の解答用紙に受検番号と氏名を書きなさい。
5　検査用紙のページ数がまちがっていたり，解答用紙の枚数が足りなかったり，また，文字や図がはっきりしなかったりする場合は，だまって手をあげなさい。
6　課題の内容や答えなどについての質問には，答えられません。
7　「やめなさい」の指示があったら，すぐえんぴつを置き，解答用紙を３枚ともうら返して机《つくえ》の上に置きなさい。

課題 1

はるとさんのクラスは，学習発表会の展示《てんじ》で，右の **写真** のようなモビール（風で動くかざり）を作ることになりました。

モビールの解説

> モビールは，それぞれの棒《ぼう》で左右がつりあうように作られています。 **図１** のように，どの棒でも，てこの規則性により，
> （左側のかざりの重さ）×（支点からＡまでの距離《きょり》）
> ＝（右側のかざりの重さ）×（支点からＢまでの距離）
> が成り立ちます。
> ただし，棒とひもの重さは考えません。

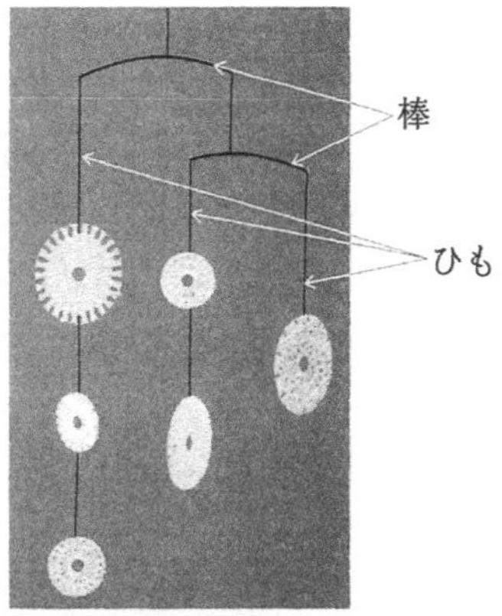

写真：モビール

図１

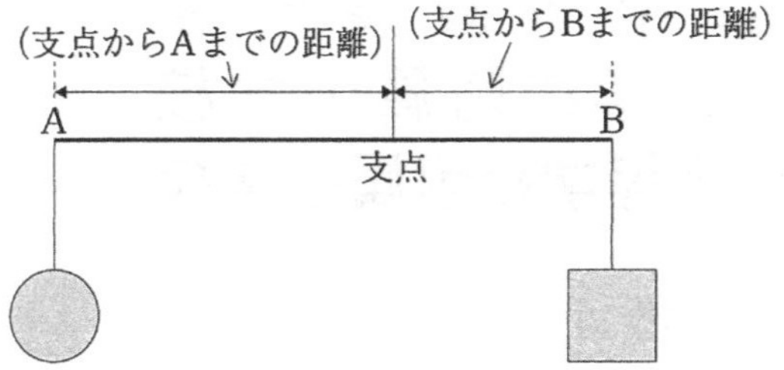

先生とはるとさんが， **図１** のモビールを見ながら話しています。

会話１

先　生：　**図１** は，ちょうどつりあっています。○と□の重さは同じでしょうか。
はると：　支点からＡまでの距離が支点からＢまでの距離よりも長いから，○の重さの方が□の重さよりも（　ア：　重い　・　軽い　）と思います。
先　生：　そのとおりです。では， **図２** のように，棒全体の長さが１４cm で，支点からＡまでの距離が１０cm，○の重さが４ｇの場合，□の重さは何ｇになりますか。
はると：　□の重さは，（　イ　）ｇです。
先　生：　そのとおりです。では， **図３** のように，○の重さを２ｇ，□の重さを６ｇにした場合，支点からＡまでの距離を何 cm にすればつりあいますか。
はると：　棒全体の長さは１４cm だから，（　ウ　）cm です。
先　生：　そのとおりです。

図２

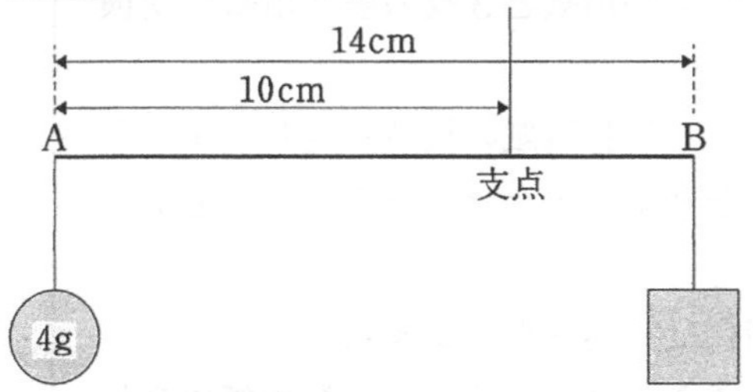

図３

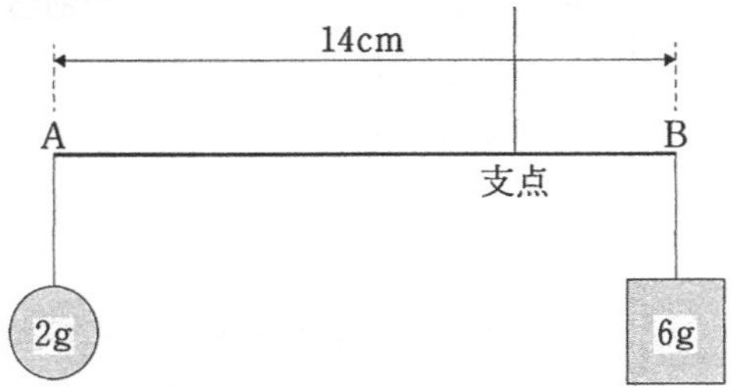

問い１　**会話１** の（　ア　）にあてはまる言葉を選んでください。

問い２　**会話１** の（　イ　），（　ウ　）にあてはまる数を答えてください。

次に，先生とはるとさんは，図4のモビールを見ながら話しています。

会話2

先　生：　図4のモビールは，3か所とも左右がつりあっています。かざりの重さや支点からの距離はどうなっていますか。

はるとさん：　同じように考えると，（　エ　）cm，（　オ　）g，（　カ　）gです。

先　生：　よくできました。これでモビールを作ることができますね。

図4

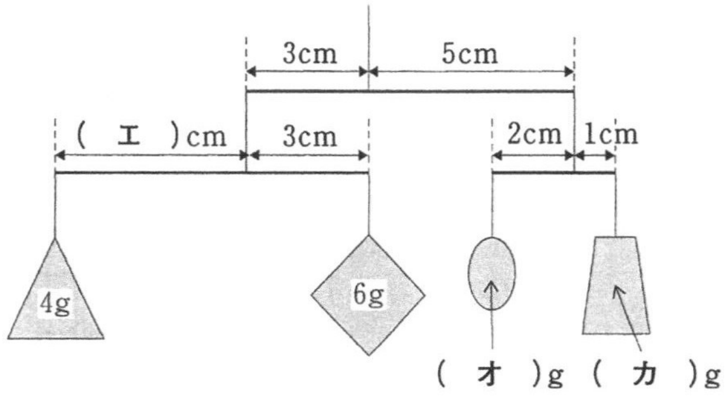

問い3　会話2の（　エ　），（　オ　），（　カ　）にあてはまる数を答えてください。

課題２

ひまりさんとみなとさんは，右のような１枚《まい》につき１つの数が１から順に書かれた何枚かのカードを使ったゲームをすることになりました。

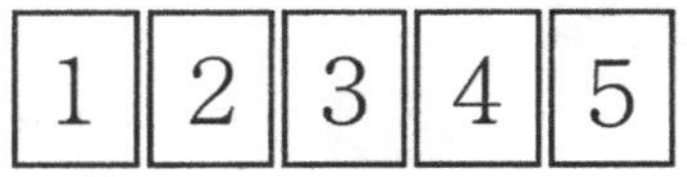

会話１

みなと： どんなゲームなのかな。
ひまり： まず，何枚かのカードを１から順に時計回りで，円形に並《なら》べていくよ。並べたカードを１のカードから，１枚おきに取り除《のぞ》いていくとき，最後にどのカードが残るのかを考えるゲームだよ。
みなと： 実際にやってみたいな。
ひまり： では，１から１２までの数が書かれたカードを例にゲームをしてみるから，カードを並べてみて。
みなと： できたよ。次はどうするのかな。
ひまり： １のカードから，１枚おきにカードを取り除くよ。１周目に取り除くカードは
１，３，５，７，９，１１だから，
このとき残ったカードは
２，４，６，８，１０，１２だね。
そして，次は，２のカードを取り除くところから２周目が始まると，２，６，１０が取り除かれ，さらに３周目は，４，１２のカードが取り除かれるから，最後に残ったのは，８のカードになるよね。

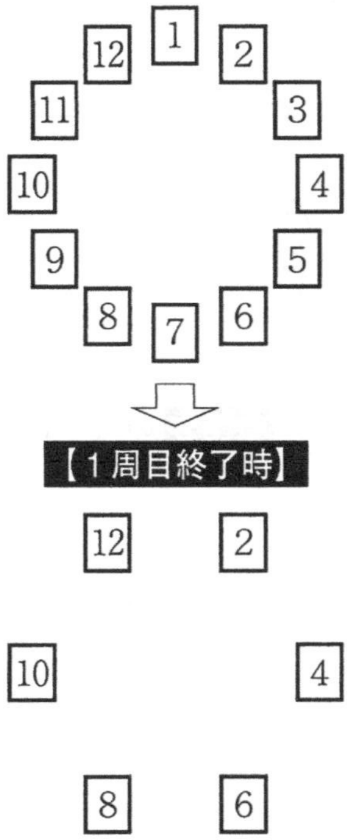

みなと： そうだね。
ひまり： それでは，１から４までの数が書かれたカードを並べたとき，どのカードが残るかな。
みなと： （　ア　）のカードだよね。
ひまり： 正解です。今度は１から８までの数が書かれたカードを並べると，どのカードが残るかな。
みなと： （　イ　）のカードだよ。
ひまり： 正解です。

問い１　**会話１** の（　ア　），（　イ　）にあてはまる数を答えてください。

次に，あきおさんはお父さんの車に乗って，おじさんの家に行くことにしました。

問い３　高速道路を移動する途中，車窓《しゃそう》から，遠くに **資料３** の漁港や太陽光パネルが見えました。あきおさんが向かっている方向を，**資料４** のア～エから１つ選び，記号で答えてください。また，そのように判断した理由を，「**漁港**」という語句を使い，**太陽光パネルの向きも参考にしながら**答えてください。

資料３　車窓からの景色

資料４　宮崎県を通る高速道路（一部）

あきおさんは，おじさんが住む町の高速道路のインターチェンジの近くに，下の **資料５** の標識があることに気づきました。そのことについておじさんと話をしました。

会話２

あきお： なぜ，**資料５** の高速道路付近に，津波避難《ひなん》場所の標識が設置されているの。
お　じ： **資料５** の高速道路付近は，［　ア　］になっており，**資料６** のように，津波の際に［　イ　］ので，避難場所に適しているからだよ。
あきお： ぼくも家に帰ったら，浸水《しんすい》の深さを予想したハザードマップを見ながら，避難場所を確認《かくにん》してみるよ。
お　じ： 災害時の避難場所を家族と確認しておくといいね。

資料５　高速道路と付近の標識

(Google Earth ストリートビューをもとに作成)

資料６　高速道路付近のハザードマップ

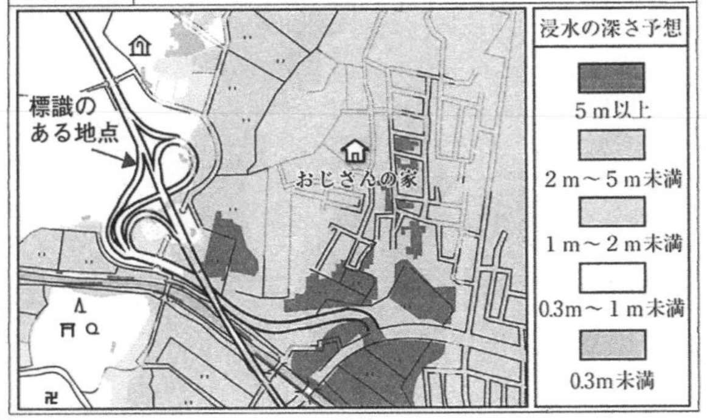

問い４　あきおさんとおじさんの **会話２** の［　ア　］，［　イ　］にあてはまる内容を，**資料５，６** をもとに答えてください。

課題６

社会科の学習で，宮崎県の道について調べたあきおさんは，先生に相談をしています。

会話１

あきお：　宮崎県の道について調べたら，日向往還《ひゅうがおうかん》という古い道を見つけました。

先　生：　**資料１** の古道のことですね。鎌倉《かまくら》から明治《めいじ》時代の間，今の熊本市から延岡《のべおか》市まで続いていたのですよ。__**資料１** の★印は，日向往還の歴史に迫る「学び旅の名所」です。__

あきお：　有名な句を作った種田山頭火《たねださんとうか》も旅したというのは本当ですか。

先　生：　本当です。山頭火が日向往還を旅したときに詠《よ》んだとされる句の［　①　］からも，当時の道のけわしさが分かりますね。

あきお：　日向往還は，どのあたりを通る道だったのでしょうか。

先　生：　**資料２** の高速道路のうち，［　②　］あたりを通る道だったのですよ。

資料１　日向往還

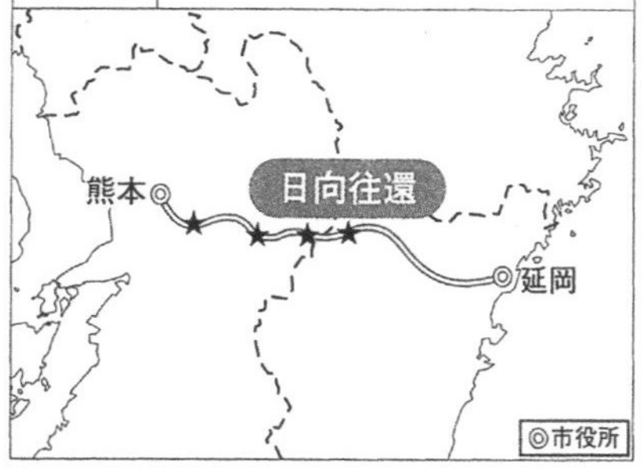

資料２　九州の主な高速道路（一部）

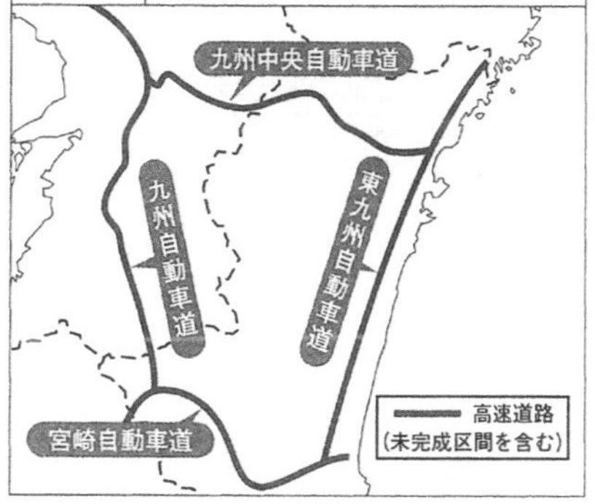

（日向往還顕彰《けんしょうかい》会資料等をもとに作成）

問い１　**資料１，２** をもとに，**会話１** の［　①　］にあてはまる句を，次の**ア**～**エ**から１つ選び，記号で答えてください。また，［　②　］にあてはまる語句を答えてください。

ア　「春の海終日《ひねもす》のたりのたりかな」　　**イ**　「たんぽぽたんぽぽ砂浜に春が目を開く」

ウ　「分け入っても分け入っても青い山」　　**エ**　「体冷えて東北《とうほく》白い花盛《はなざか》り」

問い２　**会話１** の下線部について，あきおさんは家族と「学び旅の名所」を訪《おとず》れる旅行に行き，下の**ア**～**エ**の写真を撮《と》りました。次のあきおさんのレポートをもとに，下の**ア**～**エ**の写真を，訪れた順番にならべかえてください。

> ぼくは，まず西南戦争で西郷《さいごう》軍の敗走ルートになった場所を訪れた。苔《こけ》の生えた歴史を感じさせる景色だった。次に，水不足に悩《なや》む台地へ水を運ぶために建設された施設《しせつ》を訪れた。その後訪れた白壁《しらかべ》造りの町並《な》みは，若山牧水《わかやまぼくすい》が「シャレタ町ナリ」と日記に残したそうだ。最後に神々などをまつるパワースポットを楽しんだ。

（「日向往還のたびパンフレット」をもとに作成）

次に，２人は，もっとカードの枚数を増やしてゲームをしてみることにしました。

会話２

ひまり：　１から１６までの数が書かれたカードを並べると，どのカードが最後に残るかというと（　ウ　）のカードだよ。やってみて。

みなと：　１，３，５，…本当だ，（　ウ　）のカードだ。どうしてすぐに分かったの。

ひまり：　それはね，１から８までの数が書かれた８枚のカードを使ったときのゲームの結果を使って考えたからだよ。

みなと：　どうやって考えたか，教えて。

ひまり：　まず，１のカードから，１，３，５，７，９，１１，１３，１５の８枚のカードを取り除くよ。
　すると，残っているカードは
２，４，６，８，１０，１２，１４，１６の８枚だよね。
　８枚のカードを使ったとき，最後に残ったカードはどのカードだったかな。

みなと：　そう考えると，最初にした１２枚のカードを使ったゲームで８のカードが残ることも，８枚のカードを使ったゲームの結果を使って説明することができるね。

ひまり：　そのとおりだよ。考えてみよう。

みなと：　１２枚だから，８枚より４枚多いよね。１，３，５，７の４枚のカードを取り除くと，残りのカードの並び方は，次に取り除かれる９を最初と考えて
９，１０，１１，１２，２，４，６，８になるから…。
　分かった，だから最後の８なんだ。

ひまり：　それでは最後の問題だよ。１から３０までの数が書かれたカードを並べたとき，どのカードが残るかな。

みなと：　（　エ　）のカードだよね。

ひまり：　正解です。

問い２　**会話２** の（　ウ　），（　エ　）にあてはまる数を答えてください。

　※　同じカタカナの（　）には，同じ数が入ります。

課題３

環境《かんきょう》問題について興味をもったみどりさんは，夏休みの自由研究で次の レポート を作成しました。

レポート　酸性雨のしくみと影響《えいきょう》について

１　酸性雨ができるしくみ

工場や自動車などから出される排気《はいき》ガスが空中で変化して雨水にとけると，酸性雨とよばれる強い酸性の雨になる。

２　酸性雨の影響

金属にさびを発生させたり，コンクリートをとかしたりする。

３　酸性雨の様子

酸性雨の強さについて調べると， 図１ のことが分かった。そして， 図２ から，日本各地で観測された酸性雨について，ａ人口が少ない地域や工業が盛《さか》んでない地域にも酸性雨が降《ふ》ることが分かった。また， 図３ のように，ｂ日本の西側の海の向こうには，交通の発達や工業の発展などで，たくさんの排気ガスが発生しているところがあることが分かった。

図１

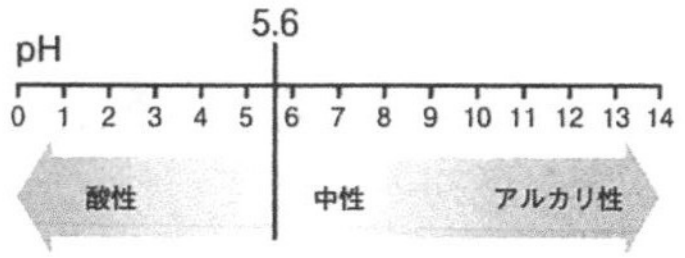

○　酸性雨の強さは，pH（ピーエイチ）という値《あたい》で表される。

○　pH の値が小さいほど強い酸性である。

○　pH の値が５.６以下の雨が，酸性雨の目安とされている。

図２

出典：「越境《えっきょう》大気汚染・酸性雨長期モニタリング報告書」より作成

図３

問い１　 レポート の下線部ａのことが起こる理由について，下線部ｂと日本付近の天気の変化について示した 図４ を関係づけて答えてください。

図４

みどりさんは，プラスチックのごみが海の生物におよぼす影響についてもレポートにまとめようと思い，近くの海岸でプラスチックのごみを採集しました。後の 表 は，採集したプラスチックについて調べてまとめたものです。

問い２　 ひかるさんのレポート における まとめ の［①］，［②］にあてはまる語句を答えてください。

また，［③］にあてはまる語句として最も適切なものを，次のア～エから１つ選び，記号で答えてください。

ア　情報　　イ　民主　　ウ　活性　　エ　機械

問い３　ひかるさんは，農業の進歩について興味をもち，調べていく中で，右の 資料３ のような「※スマート農業」が注目されていることを知りました。その後，ひかるさんは 資料４，５ を見つけ，その理由を考えました。

資料３～５ をもとに，下の ひかるさんの発表原稿《げんこう》 の［ア］，［イ］にあてはまる内容をそれぞれ答えてください。

資料３　自動運転田植え機

※スマート農業…ロボット技術やＡＩ（人工知能），パソコン，スマートフォンなどを活用した新たな農業のこと

資料４　農業で収入を得る人口と農家の平均年齢《ねんれい》の推移《すいい》

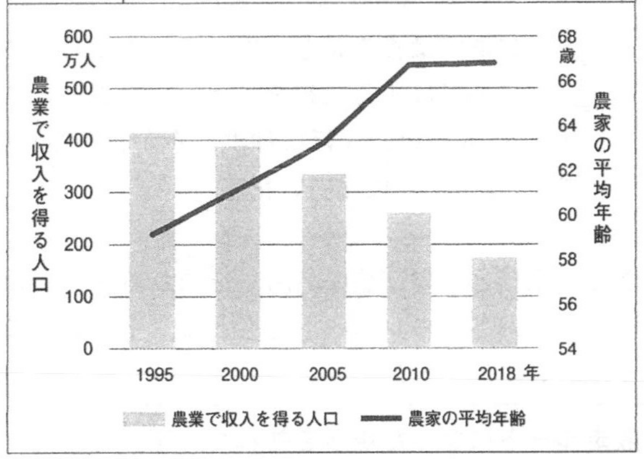

（農林水産省「農林業センサス」「農業構造動態調査」他より作成）

資料５　全国の農家一戸あたりの農地面積

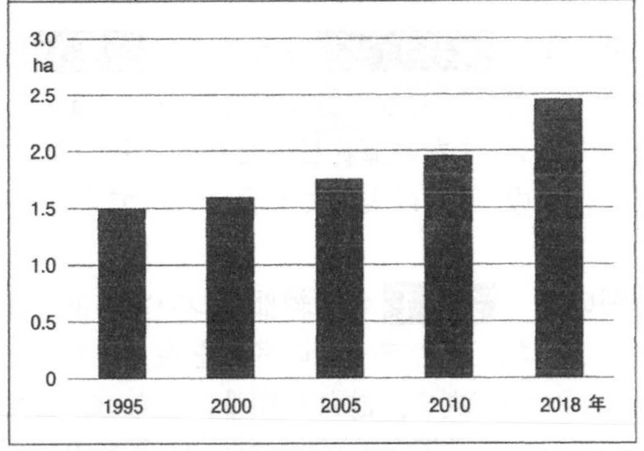

（農林水産省「農地に関する統計」他より作成）

ひかるさんの発表原稿

近年，スマート農業が注目されているのは，以前と比べて，農業で収入を得る人口が［ア］ことや，農家の平均年齢が高くなってきたことから， 資料３ のような技術を使えば，年々増えてきた農家一戸当たりの農地を［イ］ことができるからではないかと考えました。

課題５

ひかるさんは，校外学習で市役所に行って，農林水産業の「６次産業化」について話を聞き，そのよい点についてレポートにまとめました。

ひかるさんのレポート

日本の農業が変わる

【６次産業化とは】

「６次産業化」とは，「第１次産業」である農業や水産業などの仕事をしている人が，「第２次産業」の分野である加工を行い，「第３次産業」の分野である商品の運送や販売《はんばい》までを手がけることです。

例えば，みかん農家なら，自分で育てたみかんを加工して，ジュースをつくって直接販売するところまで関わります。

「６次産業化」という名しょうは，「第１次産業」の「１」と，「第２次産業」の「２」と「第３次産業」の「３」を足すと，「６」になることからうまれた名しょうでした。その後，それぞれの産業が連携《れんけい》し，農林水産業がさらに成長することを目指し，**資料１** のように改められました。

資料１　「６次産業化」を表す図

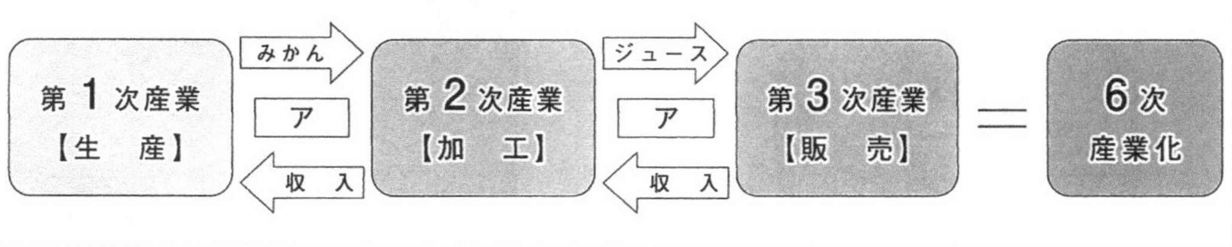

資料２　６次産業化のよい点（複数回答）

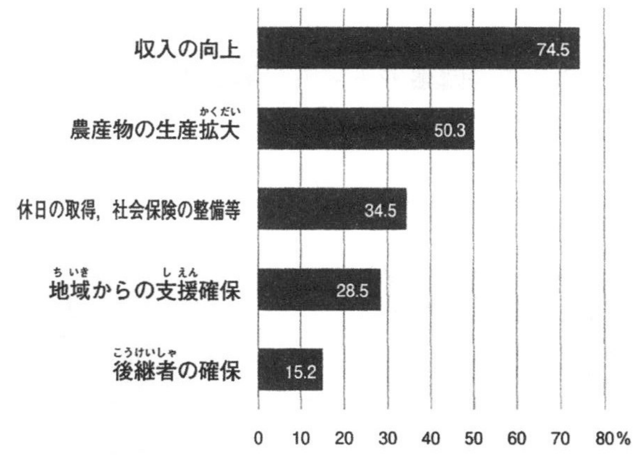

（日本政策金融《せいさくきんゆう》公庫「農業の６次産業化に関するアンケート調査結果」より作成）

まとめ

資料２ から，６次産業化のよい点の中で，［　①　］の人が答えた回答が収入の向上と農産物の生産拡大です。

収入の向上については，これまで生産する過程のみを担当《たんとう》していた農業の分野が，［　②　］，販売の過程を取り込むことによって，第１次産業のみでは得られなかった収入が得られると思います。

また，生産が拡大すれば，仕事の量が増え，働く人も増えると思います。これらのことから，地域の［　③　］化にもつながる取り組みのように感じました。

問い１　**ひかるさんのレポート** の **資料１** の［　ア　］には，「６次産業化」を成り立たせるための記号（－，×，÷）のいずれかが共通して入ります。レポート中の **【６次産業化とは】** の内容を参考に，あてはまる記号を答えてください。

表

	名　前	製品・用途《ようと》	1cm³あたりの重さ
ア	ポリスチレン	プラモデル，テレビの外わくなど	約1.06g
イ	ポリプロピレン	ペン，台所用品など	約0.91g
ウ	ポリ塩化ビニル	パイプ，電気コードなど	約1.4g
エ	ポリエチレン	レジぶくろ，ペットボトルのキャップなど	約0.94g

みどりさんは，**表** の４種類のプラスチックのごみが混ざったものについて，調べたことをもとに選別できないか，次の **方法** でモデル実験を行うことにしました。

方法

① **表** の４種類のプラスチックについて，**図５** のような，中が空どうでない同じ大きさで同じ形のものをそれぞれ用意した。また，水が入ったビーカーを用意した。

② ４種類のプラスチックをいっしょに水の中に入れると，水に浮《う》くものがあったので，浮いたものを取りのぞいた。

③ 残ったプラスチックが入ったビーカーの中に，食塩を少しずつとかしていった。食塩を少しずつとかし，だんだん濃《こ》い食塩水にしていくと，ある濃さになったとき食塩水に浮くものがあったため，浮いたものを取りのぞいた。

図５

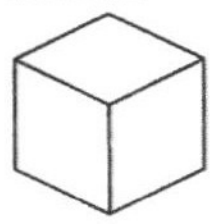

問い２　**方法** の③の食塩水をつくるために食塩を１０ｇはかります。**図６** は，このとき使った上皿てんびんであり，**図７** は分銅《ふんどう》をのせている皿，**図８** は食塩をのせている皿です。**図６** の上皿てんびんの左右の皿が **図７**，**図８** の状態にあり，針が正面から見て左右同じはばでふれているとき，食塩の量は正しくはかることができていると言えますか。解答用紙のあてはまる方を◯で囲んであなたの考えを明らかにし，そのように判断した理由を答えてください。

図６

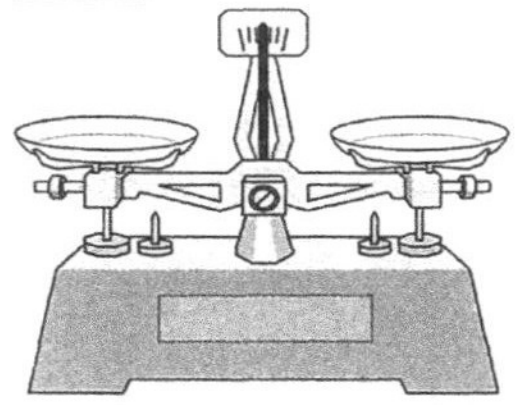

図７

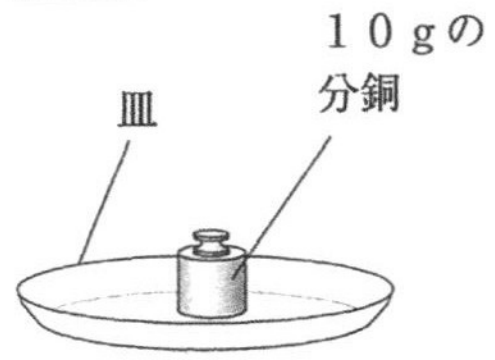

図８

問い３　**方法** の③のとき，食塩水に浮いて取りのぞいたものは，**表** の４種類のプラスチックのうちどれですか。**表** のア～エから１つ選び，記号で答えてください。ただし，1cm³あたりの水の重さは1gとします。また，水と食塩水では，1cm³あたりの重さは食塩水の方が重く，とけている食塩の量が多いほど食塩水は重くなるものとします。

課題４

だいちさんは，新聞に「チバニアン」という言葉を見つけ，興味をもったため調べてみました。次の **会話１** は，だいちさんと先生が「チバニアン」について話をしている様子です。

会話１

だいち：　新聞を読むと，チバニアンは約７７万４千年前から１２万９千年前の時代のことを指《さ》していて，地球の地磁気《ちじき》についての重要な手がかりがあると書かれてありました。

先　生：　そうなんです。ａ地球は大きな磁石と考えることができ，棒磁石《ぼうじしゃく》と同じようにＮ極とＳ極があります。地磁気とは地球のまわりにある磁力の世界のことです。この時代の地層《ちそう》を調べると，ｂチバニアンの前の時代は地磁気が現在とは逆になっていたことが分かったそうです。

問い１　次の図は地球を表したもので，**図１** は下線部ｂの時代の地球を，**図２** は現在の地球を表しています。地球を下線部ａと考えたとき，図の□には，Ｎ，Ｓのどちらが入るでしょうか。それぞれ，ＮかＳのどちらかで答えてください。

図１　チバニアンの前の時代の地球

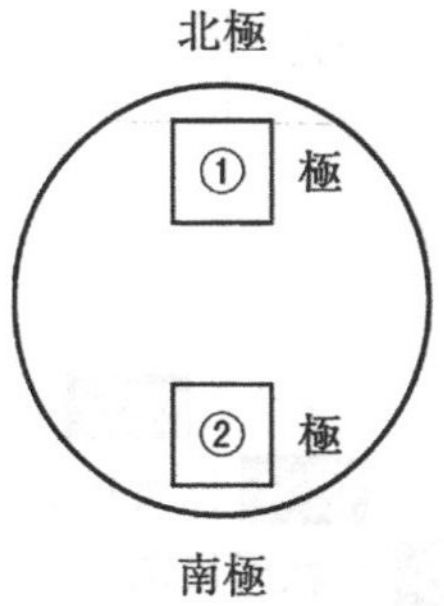

図２　現在の地球

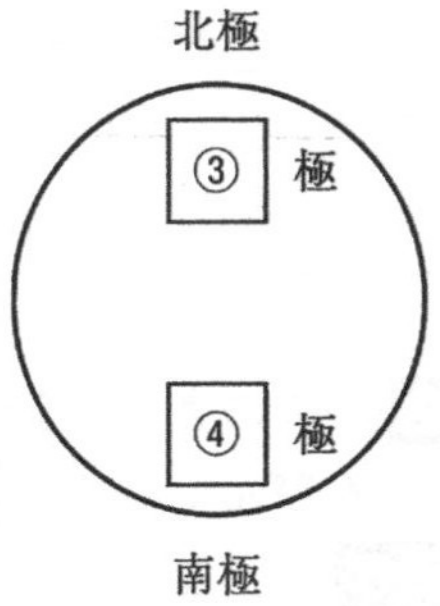

新聞記事から地層に興味をもっただいちさんは，地層について調べる中で，地層には火山から出た火山灰の層が見られることがあることと，火山灰には次のような **特ちょう** があることを知りました。

特ちょう

①　火山灰は火山ごとにちがいがある。また，同じ火山でもふん火した時代がちがうと火山灰の特ちょうもちがう。

②　火山灰は，遠く広いはんいに降《ふ》り積もる。

問い２　火山灰の層を見つけることでどのようなことが分かるか，**特ちょう** の①，②をもとに説明してください。

だいちさんは，地磁気について調べる中で，北極に近い地域の空ではオーロラが発生することを知り，オーロラについて先生にくわしく聞くことにしました。

会話２

先　生：　オーロラは，太陽から出て地球に届《とど》いた粒子《りゅうし》が大気中の成分とぶつかって発生します。**図３** のように，北極点を囲むドーナツ状の地域《ちいき》の上空で発生し，ここを「**オーロラベルト**」といいます。

図４ は，シベリアで見られるオーロラですよ。オーロラは高さによって色がちがい，上空２００km以上では赤色に，２００kmから１００kmの間では緑色に光って見えます。このことにより，オーロラは見る場所によって見える色がちがうのです。

だいち：　日本では，シベリアのような色のオーロラは見ることができますか。

先　生：　日本では，北海道で赤色のオーロラが見られることはあるようです。しかし，これはシベリアの上空で発生したオーロラの一部が見えているのです。ｃ北海道では，緑色のオーロラを見ることは難《むずか》しいですね。

図３

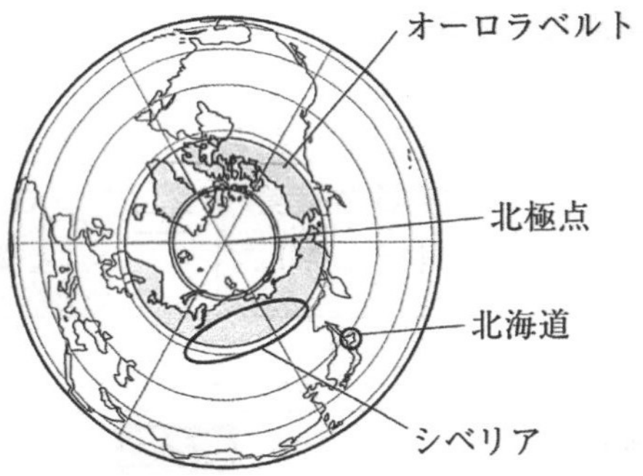

図４

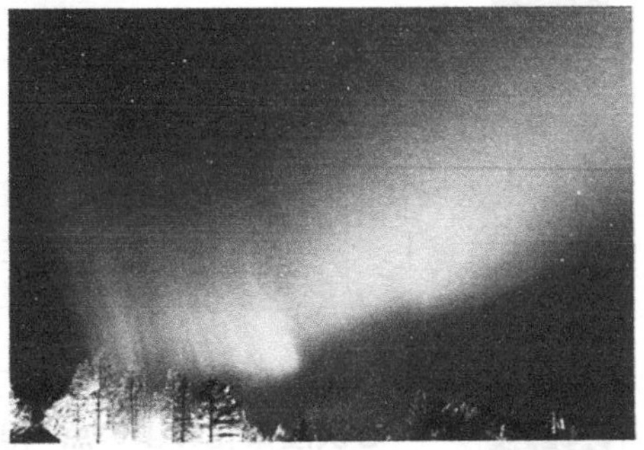

問い３　下線部ｃについて，先生とだいちさんの **会話２** および次の **資料** をもとに，その理由を答えてください。

資料

○　北海道とシベリアでは，シベリアの方が北に位置している。

○　北極星は，地球上の観察する位置によって見える高さがちがう。同じ日の同じ時刻《じこく》でくらべると，**図５** のように北へ行くほど高くなる。また，北極星の下の方がより広く見えるようになる。

図５

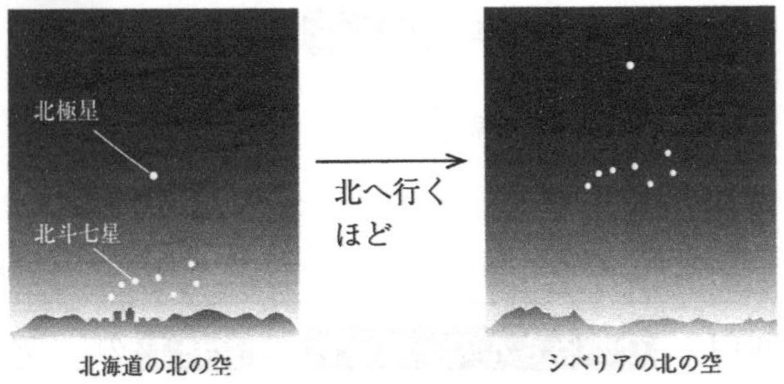

受検番号	
氏　　名	

令和３年度

宮崎県立五ヶ瀬中等教育学校
宮崎県立宮崎西高等学校附属中学校
宮崎県立都城泉ヶ丘高等学校附属中学校

適性検査Ⅰ

【第２部】

１１:４０～１２:３０（５０分）

（注　　意）

1　指示があるまで，この表紙以外のところを見てはいけません。
2　検査用紙は，表紙をのぞいて１２ページで，課題は全部で６題です。
3　解答用紙は３枚《まい》です。もう１枚の計算用紙は，計算やメモに使ってかまいません。
4　「始めなさい」の指示があったら，まず検査用紙と３枚の解答用紙に受検番号と氏名を書きなさい。
5　検査用紙のページ数がまちがっていたり，解答用紙の枚数が足りなかったり，また，文字や図がはっきりしなかったりする場合は，だまって手をあげなさい。
6　課題の内容や答えなどについての質問には，答えられません。
7　「やめなさい」の指示があったら，すぐえんぴつを置き，解答用紙を３枚ともうら返して机《つくえ》の上に置きなさい。

課題１

ゆうとさんとななみさんは，右の **図１** のような，たてと横に１cm ずつ等しい間隔《かんかく》で並《なら》んでいる点を見て，話をしています。

図１

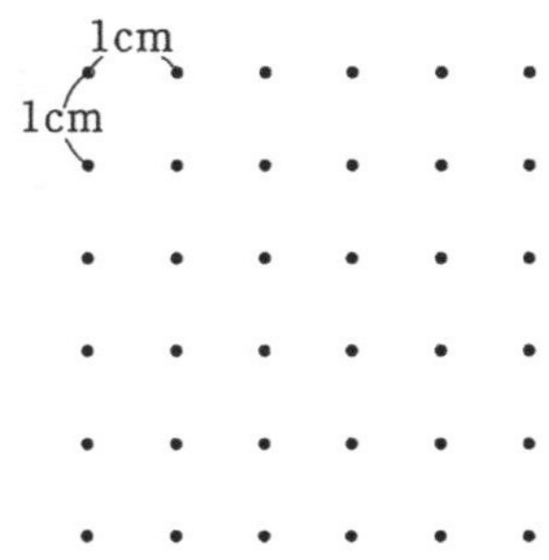

会話１

ななみ：　これらの点を結んで作ることができる図形について考えてみると，**図２** のようにA，B，Cの点を結べば三角形を作ることができるね。

ゆうと：　そうだね。結ぶ３つの点の取り方でいろいろな三角形を作ることができそうだね。

ななみ：　①<u>BとCの点はそのままで，A以外の点を取って作ることができる三角形について</u>考えてみよう。

図２

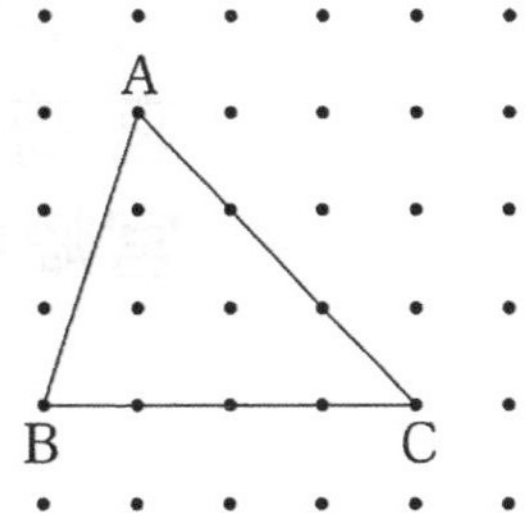

問い１　**会話１** の下線①について，**図２** の三角形 ABC と面積が等しい三角形を作るとき，A以外の点の取り方は何通りあるか答えてください。また，そのように考えた理由を書いてください。（点は，**図２** に示したものとする。）

次に，２人は四角形について考えてみることにしました。

会話２

ゆうと：　**図３** のように点D，E，F，Gを順に結ぶと四角形を作ることができるね。②<u>DとEの点はそのままで，この四角形と面積が等しい三角形を作りたい</u>けど，どうすればいいかな。

ななみ：　点D，Eと，もう１つの点を結んで作ることができる三角形の面積を考えてみよう。

図３

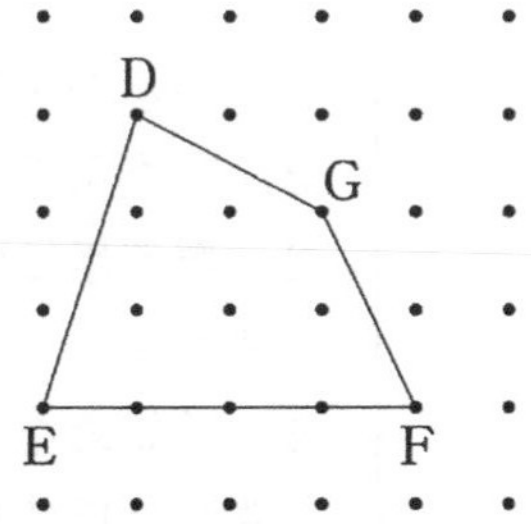

問い２　**会話２** の下線②について，**図３** の四角形と面積が等しくなる三角形を，点D，Eと，もう１つの点を結んで作り，定規《じょうぎ》を使って正確にかいてください。

さらに，２人は正方形について考えてみることにしました。

会話３

ゆうと：　**図４** のように点H，I，J，Kを順に結ぶと，１辺の長さが１cmの正方形を作ることができるね。

ななみ：　そうだね。この正方形の面積は１cm^2だね。

ゆうと：　４つの点を結んで，面積が１cm^2や４cm^2になる正方形は作ることができそうだけど，面積が２cm^2になる正方形は作ることができるかな。

ななみ：　**図５** のように点L，M，N，Oを順に結ぶと，面積が２cm^2になる正方形を作ることができるよ。

ゆうと：　では，面積が１０cm^2になる正方形は作ることができるかな。

図４

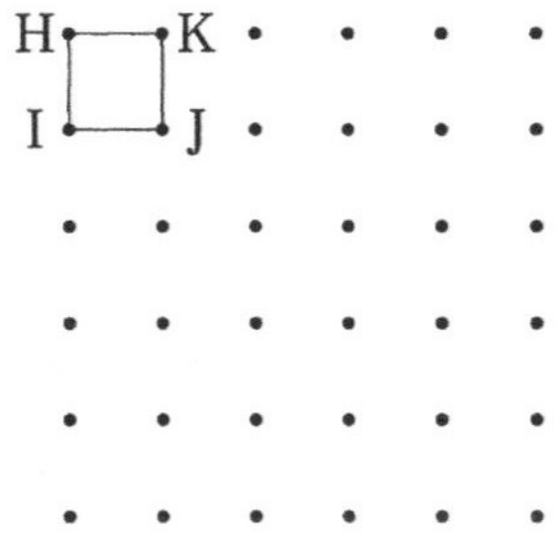

図５

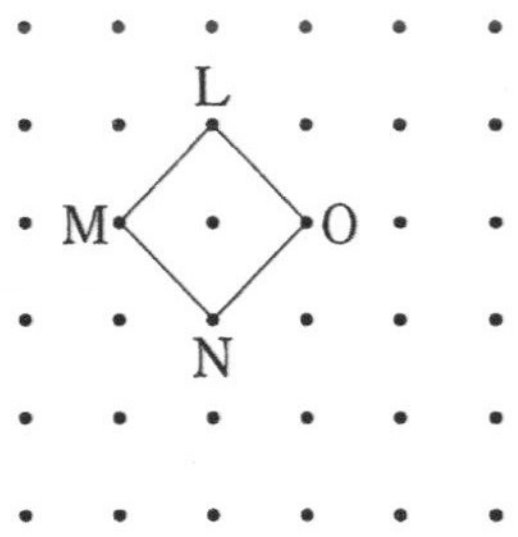

問い３　**会話３** について，面積が１０cm^2になる正方形を，定規を使ってかいてください。また，その正方形が面積１０cm^2になる理由を説明してください。

課題２

さくらさんと先生は，スマートフォンについて話をしています。

会話１

先　生：　スマートフォンなどの電子機器は，２種類の記号の組み合わせで，データの処《しょ》理《り》を行っています。

さくら：　どういうことですか。

先　生：　例えば，２種類の記号を○と●とすると，この○と●の組み合わせで，いろいろなことを表すことができます。

さくら：　そんなことができるのですか。

先　生：　数を例に挙げると，右の**表**のようになります。

さくら：　ちょっと待ってください…。分かった気がします。

先　生：　では，１３の数を表す記号の組み合わせはどうなりますか。

さくら：　（　ア　）です。

先　生：　正解です。ちなみに，私《わたし》の誕生《たんじょう》日《び》を２種類の記号の組み合わせで表すと●○●○月●○○○●日です。

表

数	記号の組み合わせ
0	○
1	●
2	●○
3	●●
4	●○○
5	●○●
6	●●○
7	●●●
8	●○○○

問い１　**会話１**の（　ア　）にあてはまる記号の組み合わせを，解答用紙の○をぬりつぶして答えてください。

問い２　**会話１**で，先生の誕生日は，何月何日か答えてください。

次の会話は，野外観察について先生とあゆみさんが話をしている様子です。

会話１

あゆみ：　実際には，**ア**～**オ**の川の深さはどうなっているのでしょうか。

先　生：　この川の深さを調べたデータがあります。**ア**～**オ**の川の深さについては，あゆみさんの**予想**のとおりでしたよ。

あゆみ：　では，ひなた川では，魚がつれる場所は川の流れが速くて深い場所だと言えますね。

先　生：　本当にそうですか。記録や実験結果について，見落としているデータはないか，もう一度よく見て考えましょう。

問い２　下線部について，あゆみさんの考えは正しいと言えません。正しいと言えない理由を答えてください。

さらに，あゆみさんは，川の付近の石を観察すると，丸みのある石がほとんどでした。

会話２

あゆみ：　川の流れのはたらきによって，石が丸くなるのですよね。

先　生：　そうです。学習したとおりです。

あゆみ：　本当にそうなるのでしょうか。確かめたいです。

先　生：　そう思うことは大切だね。では，どうしたら確かめられるかな。

あゆみ：　「石が水に運ばれている間に，まわりの石や岩とぶつかり合ってけずられた」という予想をたてて，実験を考えてみます。

先　生：　ホームセンターに売っていた，次のものを使って実験すると確かめられるはずだよ。

問い３　水と次の２つのものを使って，予想を確かめるには，どのような方法があるでしょうか。また，どのような結果になれば，その予想が正しかったと言えるでしょうか。その方法と結果を説明してください。ただし，ガラスびんは割れないものとします。

ふた付きのがんじょうなガラスびん	数個の角ばった直径２cm の石

課題６

あゆみさんのクラスでは，学校の近くで野外観察を行うことになり，あゆみさんの班は，ひなた川について調べることにしました。まず，ひなた川の**ア**～**カ**の場所について，魚がつれるかどうかを調べ，**図１**，**表１**のように記録しました。次に，川の流れる速さを調べるために下のような**実験**を行いました。

図１

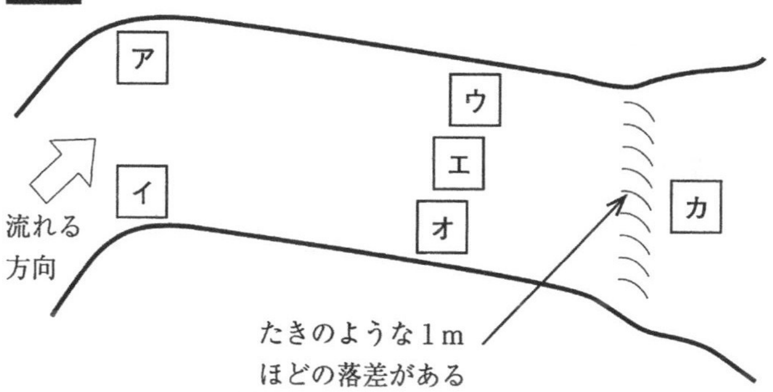

表１

魚がつれた場所
ア　エ　カ
魚がつれなかった場所
イ　ウ　オ

実験

① 水を少し入れて重くしたペットボトルを用意した。
② ①にロープをつなぎ，**ア**の場所に投げ入れて３秒かぞえ，この間にペットボトルが流れた距離《きょり》をはかった。これを３回行い平均の速さを求めた。
③ **イ**～**カ**の場所についても②と同様に行い，結果を**表２**にまとめた。
④ ひなた川の様子について，気づいたことを記録した。

表２

場所	速さ（※cm/秒）	場所	速さ（cm/秒）
ア	７３	エ	６７
イ	２８	オ	３１
ウ	３７	カ	３３

※cm/秒…１秒間に進む距離（cm）を表す速さの単位

【気づいたこと】
アの場所は，川の水が川岸にはげしく当たっていた。**カ**の場所は，流れに落差があるためか，川底がけずられて深かった。

あゆみさんは理科で学習したことをいかして，実験の結果から，**ア**～**オ**の場所について川の流れの速さと川の深さの関係を次のように予想しました。

予想

川の流れが速いところほど，川の底がけずられて，川の深さは深くなっているだろう。

問い１　あゆみさんの予想が正しいならば，**図１**の『**ア**～**オ**』の中で，３番目に深い場所はどこだと考えられますか，１つ選び記号で答えてください。ただし，川底の条件はどこも同じであるとします。

次に，さくらさんと先生は，スマートフォンの電話番号について話をしています。

会話２

先　生：　私のスマートフォンの電話番号は，最後の４けたが偶然《ぐうぜん》にも自分の誕生日の月日を並《なら》べた４けたと同じ番号なんです。
さくら：　そうなんですね。私の誕生日は３月１３日だから，私の場合だとその番号は，０３１３になります。
先　生：　そうですか。それでは，さくらさんの番号の数を使って問題を出すね。３を２個以上ふくむ４けたの番号は何通りあるでしょうか。

４けたの番号			
0	3	1	3

さくら：　数えるのが大変そうですね。
先　生：　１つずつ調べていくと時間がかかります。どうすればいいと思いますか。
さくら：　はい，３の数に注目して考えればいいと思います。
先　生：　そのとおりです。４けたの番号に，３を２個以上ふくむのは，「３が２個のとき」，「３が３個のとき」，「３が４個のとき」の３つの場合に分けられます。まず，「３が４個のとき」は何通りありますか。
さくら：　（　イ　）通りです。
先　生：　正解です。次に，「３が３個のとき」，３以外の残り１個の数が，４けたの番号のどこに入るのかを考えると，何通りありますか。
さくら：　（　ウ　）通りです。分かりました。このとき，３以外の数は全部で（　エ　）通りあるから，「３が３個のとき」は３６通りになると思います。
先　生：　最後は，「３が２個のとき」です。
さくら：　同じように考えればいいので，（　オ　）通りです。
先　生：　正解です。ということは，３を２個以上ふくむ４けたの番号が全部で何通りあるかは，（　イ　）＋３６＋（　オ　）を計算すれば分かりますね。

問い３　**会話２**の（　イ　），（　ウ　），（　エ　）にあてはまる数を答えてください。
※　同じカタカナの（　）には，同じ数が入ります。

問い４　**会話２**の（　オ　）にあてはまる数を答えてください。また，その理由も書いてください。

課題３

　よしこさんとたかしさんは，社会科の授業でオイルショックについて学び，ノートにまとめました。

オイルショックでトイレットペーパーが消えた!?

　１９７３年の※オイルショック（石油危機《きき》）のときにトイレットペーパーの買い占《し》めが起こったんだよ。

聞き取り１
スーパーの店長

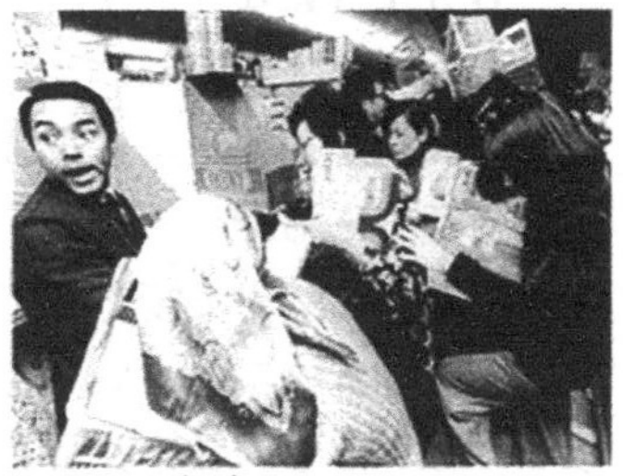

買い占めに殺到《さっとう》する消費者（1973年）

　日本が石油を輸入している地域で，１９７３年に戦争が起きたんだよ。

聞き取り２
よしこさんのおじいさん

　なぜ，トイレットペーパーの原料は木材なのに，石油が関係するのかな？

たかし

資料１　※１バーレル（１５９L）あたりの※原油価格

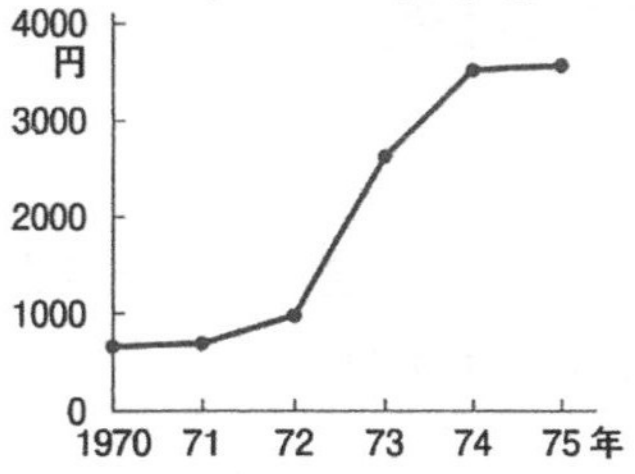

資料２　トイレットペーパーと石油

　１９７３年当時，トイレットペーパーを生産する紙パルプ産業では，紙を作る際，とかした原料をかわかすために石油を燃料として用いていました。

（『通商産業政策《せいさく》史』より作成）

※オイルショック…産油国が石油の生産量を減らしたことや価格の引き上げによって生じた世界的な混乱
※バーレル…体積の単位の１つ
※原油…油田からほり出したままの状態のもの。加工して石油等がつくられる。

考えたこと

　１９７３年にトイレットペーパーの買い占めが起きたのは，日本が石油を輸入している地域で戦争が起きて，**資料１，２**から，［　　　］という心配が広がったからではないかなと思いました。

よしこ

感　想

　どうすればトイレットペーパーの買い占めがなくなるのか，もっと調べてみたいです。

問い１　**考えたこと**の［　　　］にあてはまる内容を，**資料１，２**を関連づけて，答えてください。

　ノートにまとめた後，どうすれば買い占めが起こらなくなるのか先生に聞いてみたところ，「**買い物ゲーム**」を紹介《しょうかい》してくださいました。よしこさんとたかしさんはルールにしたがい，「**買い物ゲーム**」をすることにしました。

会話２

てつお：　バイメタルは，電気こたつに利用されているそうですね。
先　生：　そうなんですよ。**図２**は，電気こたつに利用されているバイメタルのはたらきが分かるよう，※サーモスタットを模式図《もしきず》にしたものです。電流を通す部品①と部品②，そしてバイメタルが，電流を通さない物体に固定されています。今，部品①と部品②は接点でふれていてここを電流が通りますが，バイメタルのはたらきで離《はな》れることもできます。

※サーモスタット…温度に応じて回路に電流が流れたり，流れなくなったりすることで，温度を自動的に調節するしくみ

問い３　**図２**のサーモスタットでは，バイメタルはどのようなはたらきをしますか。次の文の［　　　］に入る内容を，**図２**の言葉を使って答えてください。ただし，**図２**の言葉のうち，**接点**，**ヒーター**，**バイメタル**の３つの言葉を必ず使って答えてください。

図２

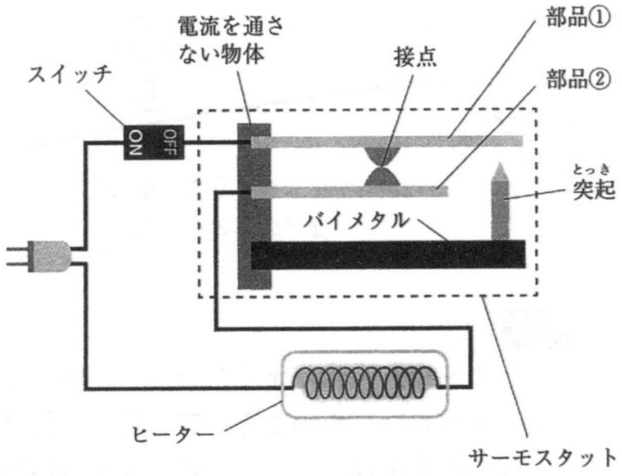

こたつの中の温度が上がると，
［　　　　　　　　　　　　　　　　］
その結果，温度は下がるので，こたつの中の温度が上がりすぎるのを防げます。

会話３

先　生：　他にも，**図３**のように，うずまき状に巻《ま》いたバイメタルが使われている温度計があります。**図４**は，**図３**を模式図にしたものです。温度が上がり，バイメタルがあたためられると，針《はり》は**図４**の矢印の方向に動きます。
てつお：　バイメタルは，いろいろなものに使われているのですね。

問い４　温度が上がったとき，針が**図４**の矢印の方向に動くためには，うずまき状のバイメタルの内側と外側のどちらを**図１**の金属Ａにすればよいか，答えてください。

図３

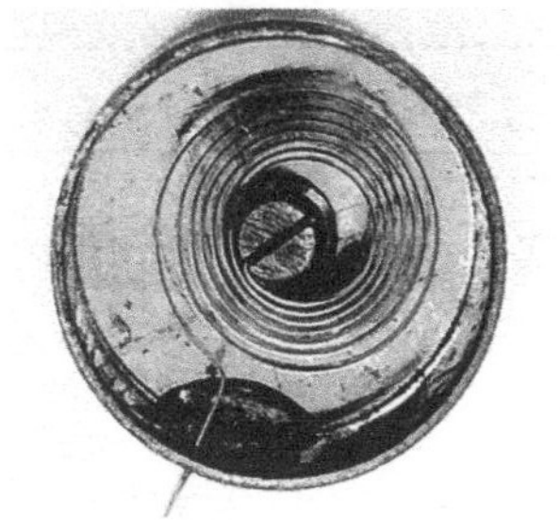

図４

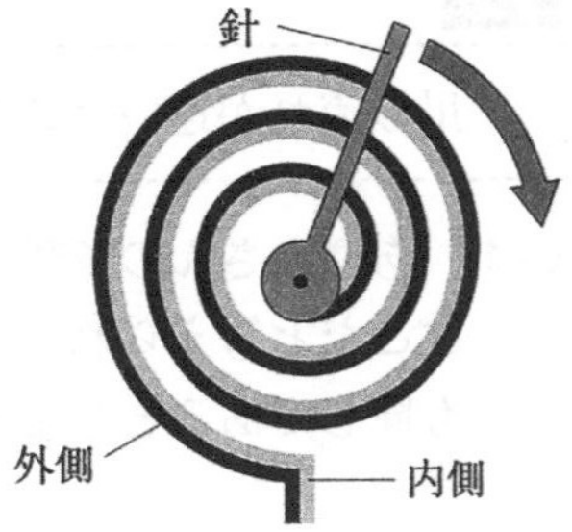

課題５

てつおさんは，金属に興味をもち，金属の性質や身のまわりの金属でできているものについて調べました。

問い１　てつおさんは，まず，金属をあたためたときに起こる長さの変化について調べたいと考え，次の **実験** を行い，結果を **表** にまとめました。**表** から，調べた４種類の金属をくらべたときにどのようなことが分かるか，説明してください。

実験

① 長さが１０００mm で同じ太さの４種類の金属線（アルミニウム，タングステン，鉄，銅）を用意した。
② それぞれの金属線について，全体を同じ条件であたため，あたためた後の長さをはかった。
③ それぞれの金属について②を３回行い，平均の長さを求めて **表** にまとめた。

表

金属名	あたためた後の長さ（mm）
アルミニウム	１０００.９
※タングステン	１０００.２
鉄	１０００.５
銅	１０００.７

※タングステン…魚つりのおもりや，電球に使われている金属

てつおさんが金属について調べていると，バイメタルについての記事を見つけました。次の会話は，そのことについて，先生と話をしているときの様子です。

会話１

てつお：　金属の性質を利用したバイメタルというものがあることを知りました。
先　生：　バイメタルは，**図１** のように，温度により長さや体積が変化しにくい金属Ａと，長さや体積が変化しやすい金属Ｂをはり合わせたものですね。バイメタル全体をあたためると，金属Ａと金属Ｂは長さや体積の変化のしかたがちがうため，くっついたままバイメタル全体が曲がります。

図１

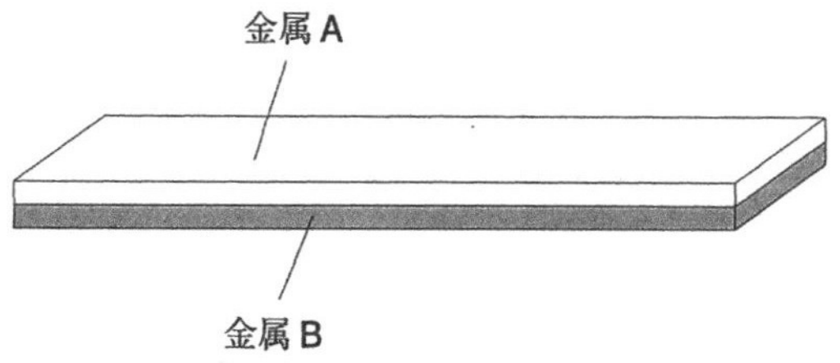

問い２　**図１** のバイメタル全体をあたためたとき，バイメタルはどのように曲がりますか。次のア～エから１つ選び，記号で答えてください。

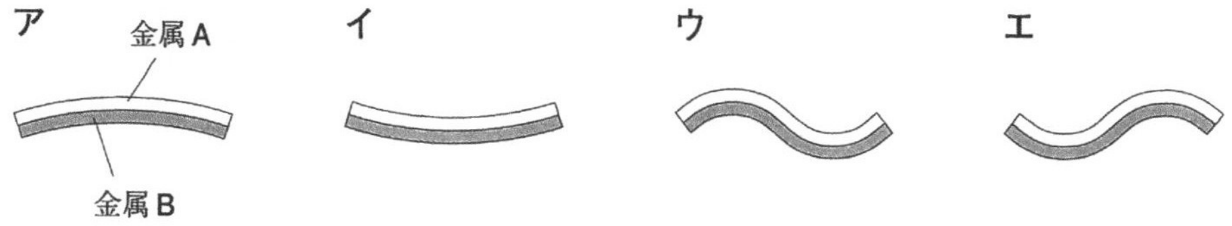

2021(R3) 宮崎県立中高一貫校
K教英出版

【「買い物ゲーム」のルール】

① 品薄《しなうす》のトイレットペーパーが薬局に入荷された。家には，１か月はこまらない程度の買い置きがある。
② 各自が選べるカードは，「あわてて買わない」か「急いで買う」のどちらか１つ。
③ どちらを選ぶかは，お互《たが》いに相談できない。
④ 二人とも「あわてて買わない」カードを選べば，それぞれ３０点。
⑤ 一人が「あわてて買わない」カード，もう一人が「急いで買う」カードを選べば，「あわてて買わない」カードを選んだ方が０点，「急いで買う」カードを選んだ方は５０点。
⑥ 二人とも「急いで買う」カードを選べば，それぞれ１０点。

資料３　「買い物ゲーム」の得点表

よしこ ＼ たかし	あわてて買わない	急いで買う
あわてて買わない	３０点 ３０点	５０点 ０点
急いで買う	０点 ５０点	１０点 １０点

問い２　「買い物ゲーム」に負けたくなかったたかしさんは，よしこさんに負けないようにカードを選びました。たかしさんが選んだカードを，**資料３** を参考にして，答えてください。

また，そのカードをたかしさんが選んだ理由を，たかしさんとよしこさんの具体的な得点を示して説明してください。

先生とよしこさん，たかしさんは「**買い物ゲーム**」を終え，ふり返りを行いました。

会話

先　生：　実は，このゲームのポイントは，相手の得点に勝つことではありません。
たかし：　それはどういうことですか。
先　生：　自分だけではなく，お互いが高い得点を取れように考えることがポイントです。そう考えると，得点表の中で最もよい選び方は，［　　　　　　］になりますね。よりよい社会をつくるためには，このような関係を築いていくことが大切です。
よしこ：　どうすればそのような関係を築くことができますか。
先　生：　例えば，私たち消費者は，生産や出荷に直接関わっている会社から発信される正しい情報を収集《しゅうしゅう》し，みんなで共有することが必要ですね。
たかし：　今回学んだことは，台風などの災害時にも役立てられそうです。

問い３　上の **会話** の［　　　］について，お互いが高い得点をとれるようにするには，よしこさんとたかしさんはどのカードを選べばよいか，それぞれ答えてください。また，なぜそのカードを選ぶことが必要なのか答えてください。

課題４

まことさんとさくらさんは，授業で日本の漁業と養しょく業のことを調べることになり，話し合いました。

会話１

まこと：　ぼくは，日本の漁業と養しょく業の生産量について，資料１を見つけたよ。
さくら：　資料１を見ると，日本の漁業と養しょく業の生産量は，毎年おおむね減ってきているね。
まこと：　沿岸漁業と養しょく業の生産量を合わせると，毎年沖合漁業とほぼ同じくらいの生産量になるよ。また，２００８年と２０１９年の生産量を比べると，遠洋漁業の減っている量が一番少なく，養しょく業が２番目に少ないよ。
さくら：　日本の漁業は，漁業の方法によって，生産量の割合《わりあい》が大きくちがうんだね。

問い１　沿岸漁業・沖合漁業・遠洋漁業・養しょく業は，右の資料１のＡ～Ｄのうち，それぞれどれにあたりますか。

上の会話１をもとにあてはまる記号を答えてください。

資料１　日本の漁業・養しょく業生産量の推移

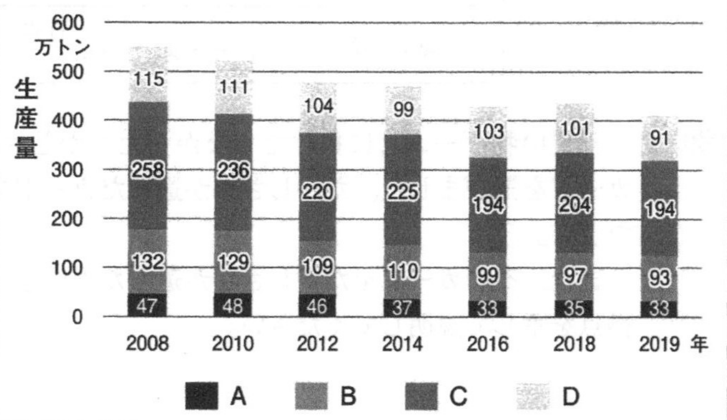

（農林水産省「漁業・養殖業《ようしょくぎょう》生産統計」をもとに作成）

次に，まことさんとさくらさんは，現在の世界の漁業の現状と課題について，資料２，３をもとに話し合いました。

資料２　世界の国別漁かく量の推移

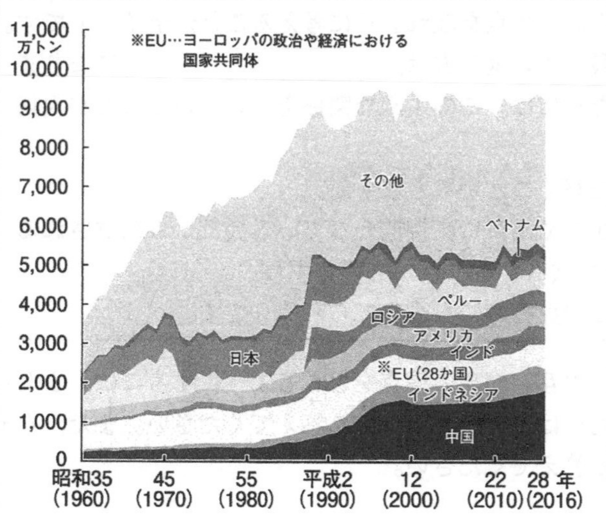

資料３　日本の主な水産物輸入相手国及び地域

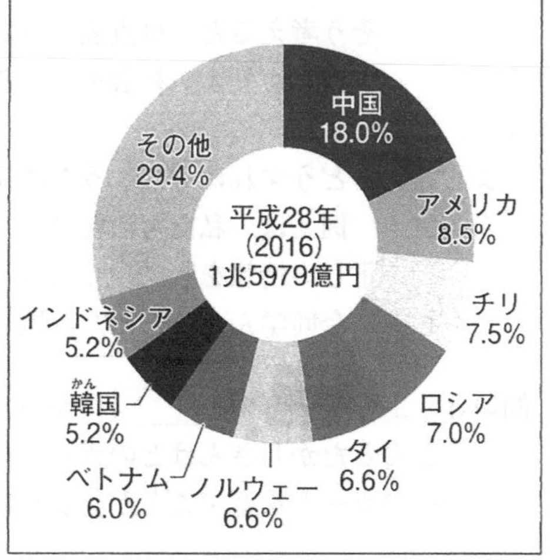

（FAO及び農林水産省「漁業・養殖業生産統計」に基づき水産庁で作成）

会話２

まこと：　資料２をみると，平成２８年における世界全体の漁かく量は，約９０００万トンで，これは，昭和３５年の約２.５倍にあたる量だね。
さくら：　ここ２０～３０年くらいで見てみると，日本やアメリカ，ＥＵなどの漁かく量はあまり変わっていないのに，なぜ世界全体の漁かく量は増えているのかな。
まこと：　それは，近年，中国をはじめ，インドネシア，ベトナムなどで漁かく量が増えているからだよ。
さくら：　資料３を見ると，日本はこれらの国から［　　　］ことが分かるね。
まこと：　世界で漁かく量が増えている現状と日本も関わりがあったということだね。
　世界で漁かく量がこのまま増えていくと，いつか魚が食べられなくなってしまうのではないかな。

問い２　資料３をもとに，会話２の［　　　］にあてはまる内容を答えてください。

問い３　さくらさんは，あるお店で資料４のラベルの付いた商品を見かけて興味をもち，さらに調べていく中で，資料５を見つけました。資料４，５をもとにさくらさんが考えたことの［ア］，［イ］にあてはまる内容を答えてください。

資料４　海のエコラベルの付いた商品

「海のエコラベル」とは

漁業者の中には，とってよい魚の量や大きさ，時期などを定めたり，他の生物がかかりにくい漁具を使ったりするなどきびしい制限の中で漁業に取り組んでいる方々もいます。

海のエコラベルは，こういった水産資源や海洋環境《かんきょう》を守ってとった水産物に与えられる証《あかし》です。

資料５　エネルギー資源《しげん》と水産資源の特性の比較《ひかく》

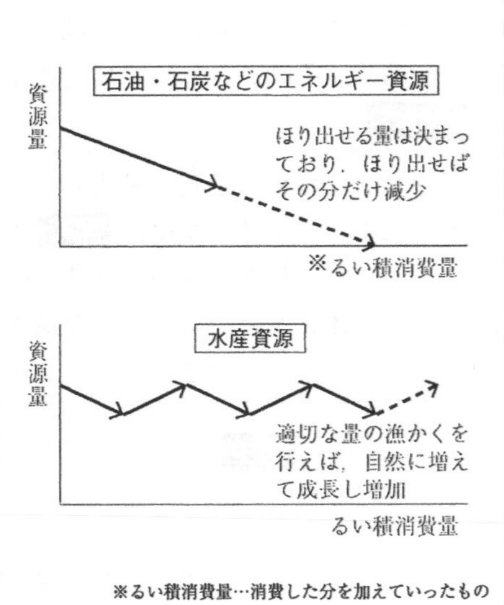

（WWFジャパン「海のエコラベル『MSC認証《にんしょう》』について」より作成）

さくらさんが考えたこと

私《わたし》たちが，資料４の「海のエコラベル」の付いた商品を選べば，きびしい制限の中で漁業に取り組んでいる方々を支えることにつながったり，資料５から，ほり出せる量に［ア］石油や石炭などのエネルギー資源とはちがい，水産資源を［イ］が可能になったりすると思います。

作文用紙

受検番号

氏名

問い一

「じぶん」とは、

「みんな」とは、

問い二

○題や氏名を入れずに一行目から書いてください。

100

200

300

400

※二

※一

※計

(配点非公表)

（注意）※印のところは記入しないこと

受検番号		氏　　名	

【1枚《まい》目】

令和３年度

宮崎県立五ヶ瀬中等教育学校

宮崎県立宮崎西高等学校附属中学校

宮崎県立都城泉ヶ丘高等学校附属中学校

適性検査Ⅰ　第１部　解答用紙

（配点非公表）

（注意）※印のところは記入しないこと

※計	

30-(23)【解答用紙7-(2)】

課題１

問い１	ア	重い　・　軽い		
問い２	イ	g	ウ	cm
問い３	エ	cm	オ	g
	カ	g		

※　課題１

課題２

問い１	ア		イ	
問い２	ウ		エ	

※　課題２

受検番号		氏　　名	

【２枚《まい》目】

令和３年度
宮崎県立五ヶ瀬中等教育学校
宮崎県立宮崎西高等学校附属中学校
宮崎県立都城泉ヶ丘高等学校附属中学校
適性検査Ⅰ　第１部　解答用紙

（注意）　※印のところは記入しないこと

※計	

課題３

問い１		
問い２	正しくはかることができている　・　正しくはかることができていない	
	理由	
問い３		

※　課題３

課題４

問い１	①		②		③		④	
問い２								
問い３								

※　課題４

2021(R3) 宮崎県立中高一貫校
教英出版

受検番号		氏　　名	

【３枚《まい》目】

令和３年度
宮崎県立五ヶ瀬中等教育学校
宮崎県立宮崎西高等学校附属中学校
宮崎県立都城泉ヶ丘高等学校附属中学校
適性検査Ⅰ　第１部　解答用紙

（注意）　※印のところは記入しないこと

※計	

課題５

問い１				
問い２	①		②	
	③			
問い３	ア		イ	

※　課題５

30-(25)【解答用紙7-(4)】

課題６

問い１	①		②	
問い２	→　→　→			
問い３	方向			
	理由			
問い４	ア			
	イ			

※　課題６

受検番号		氏　　名	

【１枚《まい》目】

令和３年度
宮崎県立五ヶ瀬中等教育学校
宮崎県立宮崎西高等学校附属中学校
宮崎県立都城泉ヶ丘高等学校附属中学校
適性検査Ⅰ　第２部　解答用紙

（配点非公表）

（注意）　※印のところは記入しないこと

※計	

課題１

問い１	通り	
	＜理由＞	
問い２	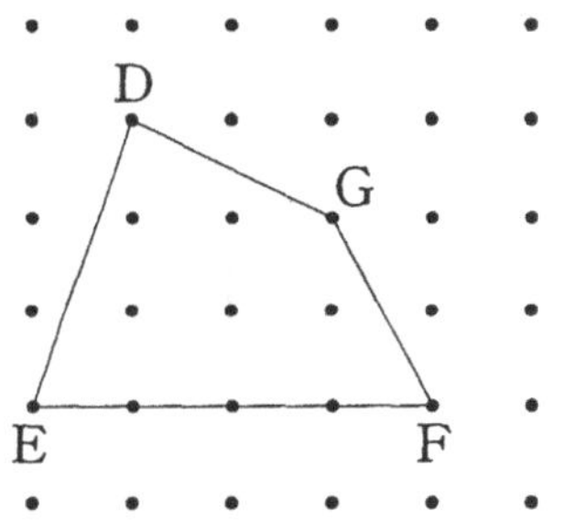	
問い３		＜理由＞

※　課題１

課題２

問い１	ア	○　○　○　○	問い２	月	日
問い３	イ　　通り	ウ　　通り	エ　　通り		
問い４	オ　　通り				
	＜理由＞				

※　課題２

30-(27)【解答用紙7-(5)】

受検番号		氏　名	

【2枚《まい》目】

令和3年度
宮崎県立五ヶ瀬中等教育学校
宮崎県立宮崎西高等学校附属中学校
宮崎県立都城泉ヶ丘高等学校附属中学校
適性検査Ⅰ　第2部　解答用紙

（注意）※印のところは記入しないこと

※ 計	

課題3

問い1					
問い2	選んだカード				
	理　由				
問い3	選んだカード	よしこさん		たかしさん	
	理　由				

※　課題3

30-(28)
【解答用紙7-(6)】

課題4

問い1	沿岸漁業		沖合漁業	
	遠洋漁業		養しょく業	
問い2				
問い3	ア			
	イ			

※　課題4

受検番号		氏　　名	

【３枚《まい》目】

令和３年度
宮崎県立五ヶ瀬中等教育学校
宮崎県立宮崎西高等学校附属中学校
宮崎県立都城泉ヶ丘高等学校附属中学校
適性検査Ⅰ　第２部　解答用紙

（注意）　※印のところは記入しないこと

※計	

課題５

問い１	
問い２	
問い３	
問い４	

※　課題５

課題６

問い１		
問い２		
問い３	方法	
	結果	

※　課題６

令和二年度

宮崎県立宮崎西高等学校附属中学校

「作文」

午前九時三十分～午前十時十分（四十分）

（注意）

一　指示があるまで、表紙（この用紙）以外のところを見てはいけません。

二　検査用紙は、表紙一枚《まい》、課題用紙二枚、作文用紙一枚の計四枚です。

三　「始めなさい」の指示があったら、まず受検番号と氏名を、作文用紙の決められたらんに書きなさい。

四　声に出して読んではいけません。

五　印刷がはっきりしなかったり、課題用紙や作文用紙が足りなかったりした場合は、だまって手をあげなさい。

六　課題の内容などについての質問には答えられません。

七　「やめなさい」の指示があったら、すぐえんぴつを置き、表紙（この用紙）を上にして机《つくえ》の上に置きなさい。

課題用紙①

次の文章と【第一段落《だんらく》の内容を整理した図】を読んで、後の問いに答えてください。
※がついている言葉は、後に説明があります。

よく考えてみてください。1＋1が2になるのは、ある限定《げんてい》された条件《じょうけん》のときだけです。たとえば、リンゴとリンゴのように同じ種類のものをたした場合だけ、もしくは果物など同じ※カテゴリーで数えるという条件をつけた場合にのみ、2と言えるのです。異《こと》なった種類のものを並《なら》べても、どちらかが2倍になるわけではありません。ですから、「バナナ1本とリンゴ1個《こ》」ならば1＋1は1＋1が正解《せいかい》なのです。

しかし小学校では、1＋1がどんな場合に2になるのかということが説明されることはなく、単に1＋1は2だと暗記させられます。

その結果、「なぜ2になるんだろう」「2になる場合とそうでない場合の違《ちが》いはなんだろう」といったことを考えなくなってしまいます。しかし実際《じっさい》には、1＋1が2にならないような現象《げんしょう》は自然界には数多く見られます。

つまり、ほとんどの小学生（あるいは教師《きょうし》も含《ふく》めて）は1＋1は2だと「知っている」のですが、なぜそうなのか、どんな場合にそうでなくなるのかを「分かっている」わけではないのです。この違いを認識《にんしき》することこそが、状況《じょうきょう》に応《おう》じて物事を判断《はんだん》するということなのです。

しかし、それを2だと「知ってしまう」と、それ以降《いこう》は1＋1を深く考えることはしなくなります。これは子どもだけでなく、大人にも言えることではないでしょうか。ここに、思考の落《お》とし穴《あな》があります。

私《わたし》たちが持っている知識《ちしき》・常識《じょうしき》・※マニュアルは、考える力の基礎《きそ》としては重要な武器《ぶき》ですが、それを「知っている」だけでは足りません。それは、むしろ思考の※盲点《もうてん》をつくり出すことにもなりかねないのです。「なぜそうあるべきなのか」「どんな場合にそうなるのか」「本来どうあるべきか」を絶《た》えず考え、※検証《けんしょう》しながらマニュアルを発展《はってん》させていくことが大切です。

（「東大物理学者が教える『考える力』の鍛《きた》え方《かた》」上田《うえだ》 正仁《まさひと》 PHP研究所）

※ カテゴリー……同じような性質のものが属する部門、範囲《はんい》。
※ マニュアル……手順を示した説明書。
※ 盲点……十分《じゅうぶん》な注意を払《はら》ったつもりでも、うっかり見落としてしまいがちな部分。
※ 検証……実際に調べて、事実を明らかにすること。

【第一段落の内容を整理した図】

① リンゴとリンゴの場合

＝ 2

② バナナとバナナの場合

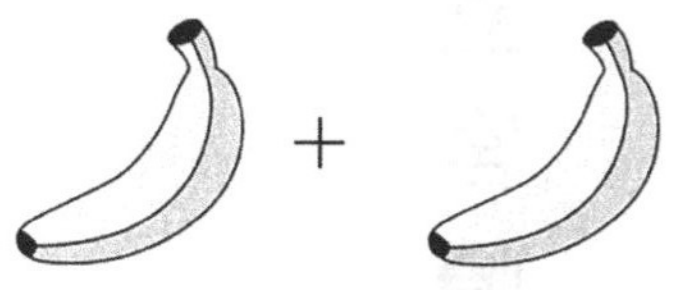

＝ 2

③ バナナとリンゴの場合

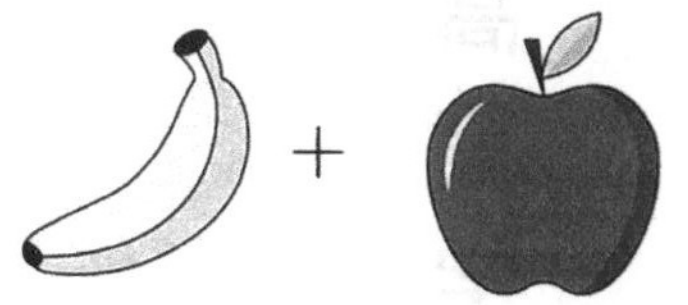

＝ 1 ＋ 1

④ ③に条件をつけた場合

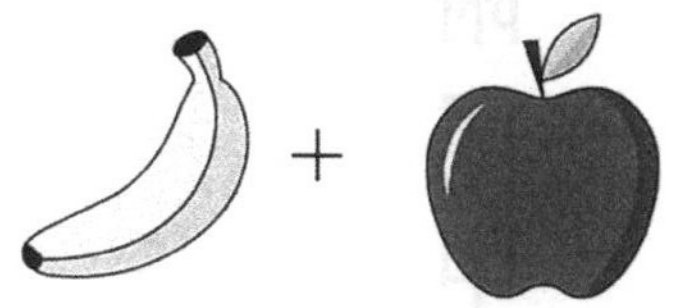

＝ 2

2020(R2) 宮崎西高附属中
K教英出版

課題用紙②

問い一　けいこさんとまなぶさんは、本文中の「2になる場合とそうでない場合の違い」について分かったことを、【第一段落の内容を整理した図】を使いながら、ペアで話しています。（　**ア**　）にあてはまる言葉を、本文中から抜《ぬ》き出して書いてください。また、「　**イ**　。」は「何をどうしなさい。」という形で、自分で考えて書いてください。

けいこさん

1＋1が2になることは知っていたけれど、それは、図の①や②のように、リンゴ1個＋リンゴ1個や、バナナ1本＋バナナ1本のように、「同じ種類のものをたす」という条件があった場合にそうなるということが分かったよ。

まなぶさん

でも、図の③のように、バナナとリンゴは（　**ア**　）の果物で、たしてもどちらかが2倍になるわけではないから答えは1＋1になるんだね。さらに、図の④のように「　**イ**　。」という条件をつけた場合は、バナナ1本＋リンゴ1個で2になるんだね。

問い二　「思考の落とし穴」とはどのようなことですか。本文中の言葉を使って、二十字以上、三十字以内で書いてください。

問い三　「知る」から「分かる」にするために、あなたが大切だと考えていることを、次の条件に従《したが》って書いてください。

〈条件〉
① 筆者の考えをふまえて書いてください。
② 自分の体験を挙げて書いてください。
③ 三百字以上、四百字以内で書いてください。

令和二年度

宮崎県立都城泉ヶ丘高等学校附属中学校

「作文」

午前九時三十分～午前十時十分（四十分）

（注意）

一 指示があるまで、表紙（この用紙）以外のところを見てはいけません。

二 検査用紙は、表紙一枚《まい》、課題用紙二枚、作文用紙一枚の計四枚です。

三 「始めなさい」の指示があったら、まず受検番号と氏名を、作文用紙の決められたらんに書きなさい。

四 声に出して読んではいけません。

五 印刷がはっきりしなかったり、課題用紙や作文用紙が足りなかったりした場合は、だまって手をあげなさい。

六 課題の内容などについての質問には答えられません。

七 「やめなさい」の指示があったら、すぐえんぴつを置き、表紙（この用紙）を上にして机《つくえ》の上に置きなさい。

課題用紙①

次の文章を読んで、後の問いに答えてください。

※がついている言葉は、後に説明があります。

A

著作権に関係する弊社の都合により
本文は省略いたします。

教英出版編集部

（「ひとり遊びのススメ」茂木《もぎ》健一郎《けんいちろう》）

※四六時中……一日中。いつも。

※鍛錬……きたえて強くすること。

※甘美……あまくこころよく感じられること。

※プライヴェート……個人的。

※究極……この上ない。

B

【中国の古い文章を読みやすく直した文章】

子曰《いわ》く、「之《これ》を知る者は、之を好む者に如《し》かず。之を好む者は、之を楽しむ者に如かず。」と。

【読みやすく直した文章の意味】

孔子《こうし》先生がおっしゃった。「それを知っていることは、それを好きであることにはかなわない。それを好きであることは、それを楽しんでいることにはかなわない。」

（「論語《ろんご》」より）

C

僕は子供《こども》の頃《ころ》、試合に勝つことが快感《かいかん》で、楽しくて仕方がありませんでした。強くなるにつれて、打てるショット、できるプレーが増えて、楽しみが増えていくと。そういう気持ちをわすれないことだと思います。

錦織《にしこり》　圭《けい》

課題、大好きです。なぜなら、それを乗《の》り越《こ》えたら絶対《ぜったい》、その上の課題があるわけですから。課題を克服《こくふく》するチャンスがあるなんてこんなに恵《めぐ》まれたことはない。

羽生《はにゅう》　結弦《ゆづる》

課題用紙②

問い一　**A**の文章に述べられている「学ぶ」ことに対する考え方に、**B**の文章に述べられている考え方を加えて、「学ぶ」ときに大切なことは何かを説明してください。

問い二　あなたにとって「学ぶ」とはどういうことでしょうか。**A**の文章と**B**の文章に述べられている考え方をふまえて、次の条《じょう》件《けん》にしたがってあなたの考えを書いてください。

〈条件〉

①　あなたがこれまでに体験したことを入れて書いてください。

②　**C**に示《しめ》された二人のどちらかの言葉（一部で構《かま》いません）を必ず入れて書いてください。

③　三百五十字以上、四百字以内で書いてください。

受検番号	
氏　　名	

令和２年度

宮崎県立宮崎西高等学校附属中学校
宮崎県立都城泉ヶ丘高等学校附属中学校

適 性 検 査 Ⅰ

【　第 1 部　】

１０:３０～１１:２０（５０分）

（　注　　意　）

1　指示があるまで，この表紙以外のところを見てはいけません。
2　検査用紙は，表紙をのぞいて１４ページで，課題は全部で５題です。
3　解答用紙は２枚《まい》です。
4　「始めなさい」の指示があったら，まず検査用紙と２枚の解答用紙に受検番号と氏名を書きなさい。
5　検査用紙のページ数がまちがっていたり，解答用紙の枚数が足りなかったり，また，文字や図がはっきりしなかったりする場合は，だまって手をあげなさい。
6　課題の内容や答えなどについての質問には，答えられません。
7　「やめなさい」の指示があったら，すぐえんぴつを置き，解答用紙を２枚ともうら返して机《つくえ》の上に置きなさい。

課題１

だいきさんは，「高度経済《けいざい》成長期の人々のくらし」について調べたことをまとめ，発表のための資料を作成しました。

資料１

１９５０年代から１９７０年代の初めにかけて，日本は経済が急成長して，高度経済成長とよばれました。そのころ登場した「白黒テレビ」・「電気洗《せん》たく機」・「電気冷ぞう庫」という３種類の ａ家庭電化製品を，歴代天皇《てんのう》に伝えられた宝物《たからもの》になぞらえて「三種の神器《じんぎ》」とよびました。

これらは，人々にとって簡単《かんたん》には手のとどかないあこがれの商品でした。生活の根本《こんぽん》にかかわる道具が電化製品になることは，快適な生活を生み出すとともに，家庭での生活に大きな変化をもたらしました。

それはまた，ｂ地域《ちいき》社会や社会全体の変化にも大きなえいきょうをあたえました。この「三種の神器」は，今では当たり前となった家庭電化製品に囲まれた現代生活の原点といえます。

内閣府《ないかくふ》の統計によると，「三種の神器」のうち「電気洗たく機」は，１９６０年代の初めには２家庭に１台の割合《わりあい》をすでにこえて所有していました。家事をする人にとって最もきびしい労働といわれたタライと洗たく板の作業からの解放が，いかに望まれていたかが分かります。

同じころ「電気冷ぞう庫」はまだ５家庭に１台の割合にしか達していませんでした。その後，「白黒テレビ」は「カラーテレビ」へと入れかわるように減少していきました。

グラフ１　おもな家庭電化製品の※ふきゅう率

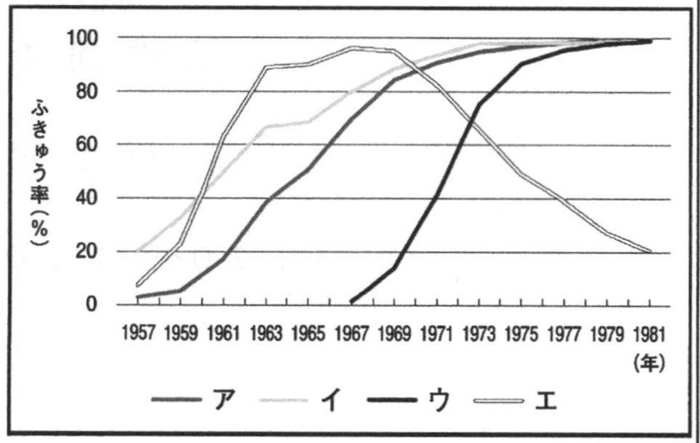

（出典：内閣府ＨＰより作成）

※　ふきゅう … 広く行きわたること。

問い１　グラフ１のア～エは「白黒テレビ」「電気洗たく機」「電気冷ぞう庫」「カラーテレビ」のいずれかです。「電気洗たく機」を表すものはどれですか。ア～エから１つ選んで，記号で答えてください。

問い２　だいきさんは下線部ａによるえいきょうや社会の変化を説明するために，発表原稿《げんこう》にまとめました。発表原稿の［　①　］・［　②　］にあてはまる言葉を，上の資料１を参考にして，答えてください。

発表原稿

高度経済成長期は，グラフ１から家庭電化製品のふきゅう率が［　①　］ことが分かります。家庭電化製品のふきゅう率が［　①　］ことによって，洗たくやそうじなどの家事の時間が［　②　］，自由に使える時間が増えたそうです。

問い１　２枚の鏡Ａ，Ｂを90°にあわせて図５のように光をあてたとき，光は来た方向にはね返りました。このとき，光はどのように進みましたか。光が鏡にあたって進むときの真上から見た道すじを矢印で書いてください。

図５　実験を真上から見た様子

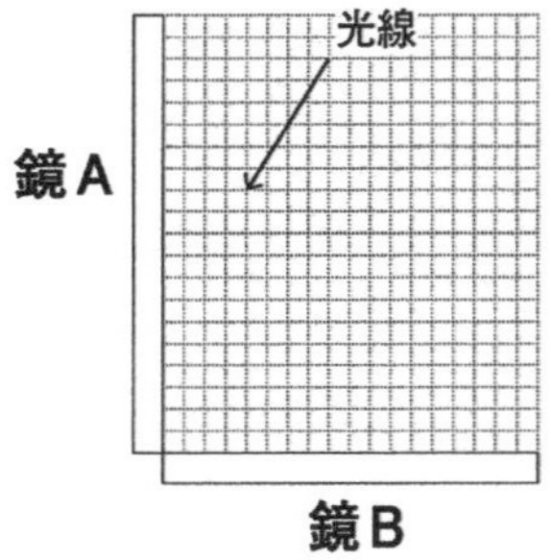

先　生：　結果はどうなりましたか。
さとし：　光は来た方向にはね返りました。でも，どうして，どの角度から光をあてても，来た方向にはね返るのですか。
先　生：　図６をみてください。例えば，鏡Ａに50°の角度で光があたるとします。光が50°で鏡にあたった後，進行方向に対して，光は（　あ　）°向きを変えて進みます。反射した光は鏡Ｂには（　い　）°の角度であたって，その後進行方向に対して（　う　）°向きを変えて進みます。光は２回の反射で，（　あ　）°＋（　う　）°向きを変えることになります。この後，説明できますか。
さとし：　はい。光は２回の反射で（　え　）°向きを変えます。だから，光は来た方向にはね返るのですね。

図６　反射する角度の説明

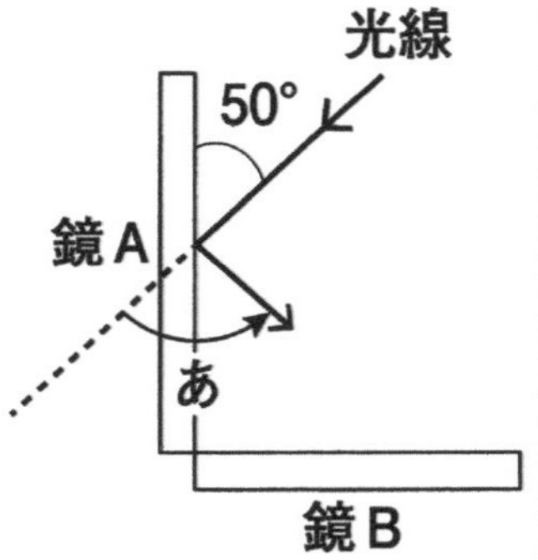

問い２　会話文の（　あ　）～（　え　）にあてはまる数字を答えてください。

さとし：　これで反射板のしくみがわかりました。反射板の中は，２枚の鏡が90°にあわさったようになっているのですね。
先　生：　実は反射板は，鏡が２枚ではなく，図７のように，３枚の鏡がおたがいに90°になるように組みあわさったようになっているのですよ。理由はわかりますか。
さとし：　なぜだろう。

図７　自転車の反射板の内部の様子とそのモデル

問い３　反射板が，図７のように３枚の鏡がおたがいに90°になるように組みあわさってできている理由を，鏡を２枚使う場合と，３枚使う場合と比較《ひかく》しながら答えてください。

課題５

さとしさんと先生は，自転車の後部についている反射板《はんしゃばん》（図１）について話をしています。そのときの会話文を読んで，後の**問い**に答えてください。

さとし：　昨日の夜，家族と自動車に乗っていたら，前を走っている自転車の反射板が光っていました。これは，自動車のヘッドライトの光が自動車の方にはね返ってきたからだと思います。反射板のしくみは，光が鏡にあたってはね返るのと同じですか。
先　生：　いいところに気がつきましたね。それを確かめるために，鏡を使って光をはね返らせる実験をするといいよ。図２のような実験装置《そうち》を使って，光を鏡にあてるときの角度と光がはね返るときの角度を調べてみましょう。
さとし：　はい，わかりました。

図１　自転車の反射板

図２　実験装置

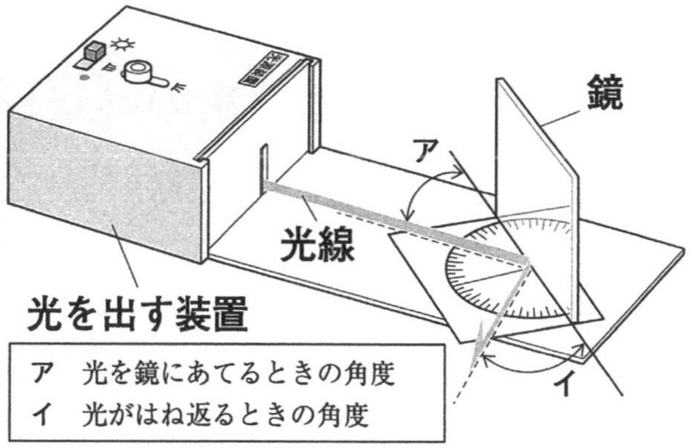

先　生：　どのような結果になったかな。
さとし：　光を鏡にあてるときの角度（**ア**）と光がはね返るときの角度（**イ**）は同じになります。
先　生：　この結果から，反射板のしくみが説明できますか。
さとし：　いいえ。これだと，はね返った光は光が来た方向にもどりません。もしかすると，鏡を２枚《まい》使えば，光は来た方向にもどるかもしれません。
先　生：　それなら，２枚の鏡を図３，図４のように90°にあわせて光をあててみてはどうでしょう。

図３　２枚の鏡をあわせた実験

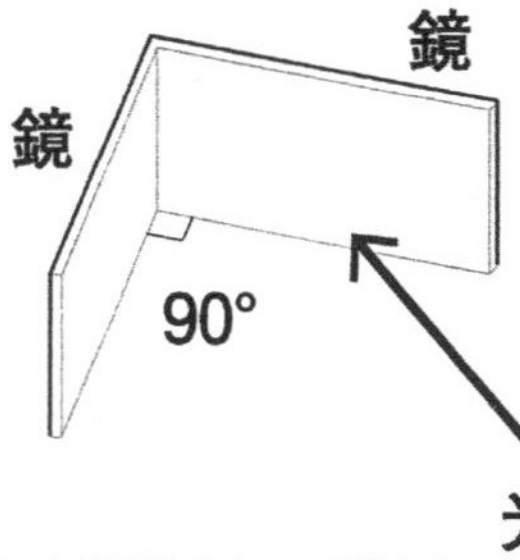

図４　２枚の鏡をあわせた実験（真上から見た図）

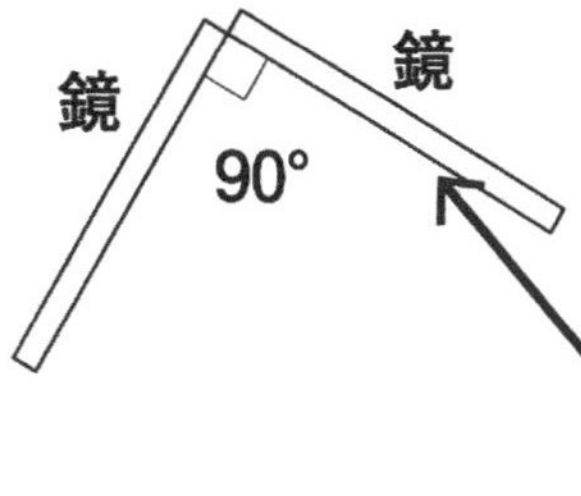

問い３　だいきさんは下線部ｂに関して調べていくと，高度経済成長期には生活が豊かになるにつれ，ある問題が発生していったことを知りました。調べたことをまとめた，下段《げだん》にあるレポートの［　①　］，［　②　］にあてはまる言葉を答えてください。
ただし，［　①　］はグラフ２の中にある言葉を使って書いてください。また，［　②　］は資料２を参考にして，「しょ理」という語句を使って書いてください。

グラフ２　ごみの排出《はいしゅつ》量と国民全体の収入《しゅうにゅう》の移り変わり

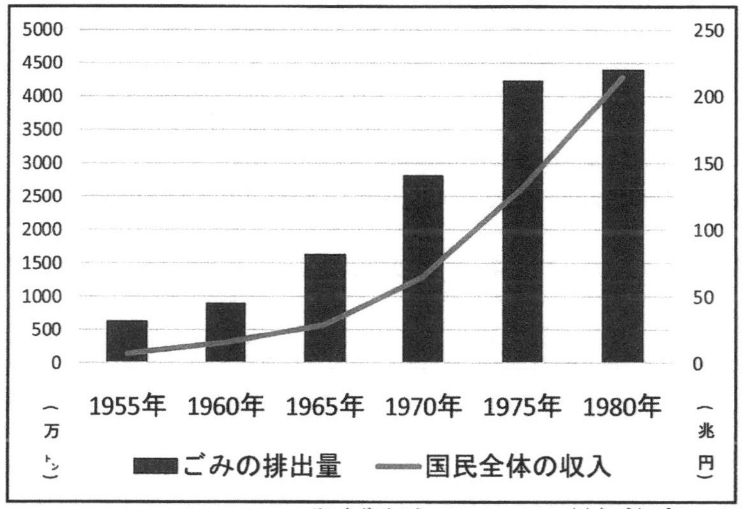

（出典：「日本の廃棄物処理《はいきぶつしょり》の歴史と現状」環境省《かんきょうしょう》より作成）

資料２　東京都江東《こうとう》区「夢の島」

東京都内では，高度経済成長期にごみが急増し始めたため，人工島である「夢の島」がごみしょ分場として利用されました。
「夢の島」では，次々に運びこまれるたくさんのごみを分別することも，電化製品を打ちくだくこともせず，そのまま野積《のづ》みにされていました。

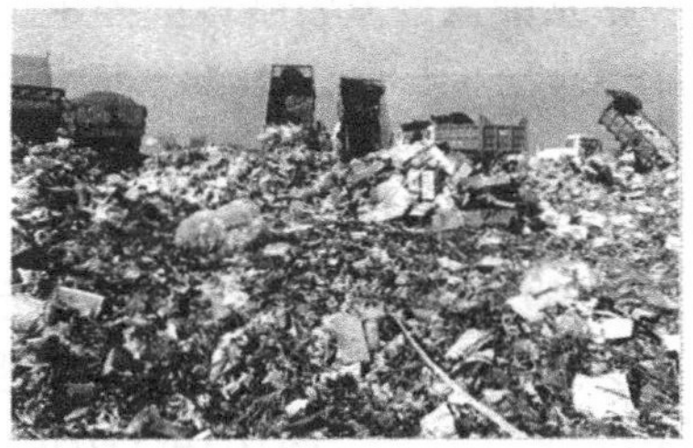

（出典：東京都江東区ＨＰより作成）

レポート

高度経済成長期には，工場ではコンベヤーなどを使い，短時間で大量にテレビなどが生産されるようになり，経済が急速に発展《はってん》し，くらしは豊かになっていきました。
その一方で，グラフ２から分かるように，［　①　］も増えていったと考えられます。
さらに，資料２から，［　①　］が急に増えたために，［　②　］などの問題が発生したのではないかと思います。

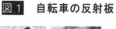

課題２

　さおりさんたちの学校では，「いい肉の日」にちなんで，毎年１１月２９日の給食は，肉を使った献立《こんだて》が出されています。さおりさんが委員長である給食委員会では，そのメニューを決めることになりました。そこで，事前に６年生の全４学級にアンケートをとってみたところ，資料１のような結果になりました。

資料１　「いい肉の日」給食献立アンケート結果

学級	１組	２組	３組	４組
児童数	３８人	４０人	３８人	３７人
第１位	ハンバーグ（１４人）	牛丼（３０人）	しょうが焼き（１５人）	ハンバーグ（１５人）
第２位	チキン南蛮《なんばん》（１２人）	ハンバーグ（４人）	チキン南蛮（１３人）	チキン南蛮（１３人）
第３位	牛丼《ぎゅうどん》（９人）	チキン南蛮（３人）	ハンバーグ（８人）	しょうが焼き（４人）
第４位	から揚《あ》げ（３人）	しょうが焼き（２人）	から揚げ（２人）	から揚げ（３人）
第５位	しょうが焼き（０人）	から揚げ（１人）	牛丼（０人）	牛丼（２人）

　資料１をもとに，さおりさんが各学級の給食委員を集めて話合いを行ったところ，次のような意見が出されました。

給食委員会での話合いのようす

さ　お　り：　それでは，11月29日の献立を決めます。みなさん，意見を出してください。
４ 組 代 表：　４学級のうち2学級で第1位になった「ハンバーグ」に決まりだね。
２ 組 代 表：　たしかに１組と４組が第1位に「ハンバーグ」をあげているけど，第1位の献立の中で一番希望者数が多いのは，「牛丼」だわ。
３ 組 代 表：　でも，「牛丼」は３組と４組で最下位だよ。
１ 組 代 表：　アンケートの結果を見ると，私《わたし》も **a** 「牛丼」と「しょうが焼き」には反対です。
さ　お　り：　では，希望者が最も多かった献立に決めてはどうでしょうか。
４ 組 代 表：　それはよい考えだね。各献立の合計希望者数を出してみると・・・。
３ 組 代 表：　あれ。 **b** 困《こま》ったことになるよ。
さ　お　り：　そうですね。どうしたらよいか先生に相談してみます。

問い１　**給食委員会での話合いのようす**の下線部 **a** について，１組代表の児童が「牛丼」と「しょうが焼き」に反対している理由を，資料１を参考にして説明してください。

問題は，次のページに続きます。

二人が話をしているところへ，先生がいらっしゃいました。

先　生：　おもしろいグラフができましたね。電子てんびんが役に立ってよかったです。ここにもおもしろいグラフがありますよ。これは日本のある海岸で海水を毎月とって，酸性やアルカリ性の度合《どあ》いを調べた結果です。季節によって，酸性やアルカリ性の度合いは変化するのですよ。

ちえみ：　海水は中性かと思っていましたが，ちがうのですね。４月から９月に比べると１０月から３月の方が，海水の酸性が強くなっています。

先　生：　そうですね。実は海水にも二酸化炭素がとけていて，とけている二酸化炭素の量が多いほど，酸性が強くなるのです。季節によって，酸性やアルカリ性の度合いが違《ちが》う理由はいくつか考えられます。例えば，冬は，海水にとけている二酸化炭素を使って生きている海草や植物プランクトンが減り，さらにほかの生き物が二酸化炭素を出すので，海水中の二酸化炭素の量が多くなり，海水の酸性が強くなっていくと考えられます。ほかにも理由が考えられますが，分かりますか。

さとみ：　難《むずか》しいですね。

先生が見せてくれたグラフ

海水の酸性・アルカリ性の月別変化

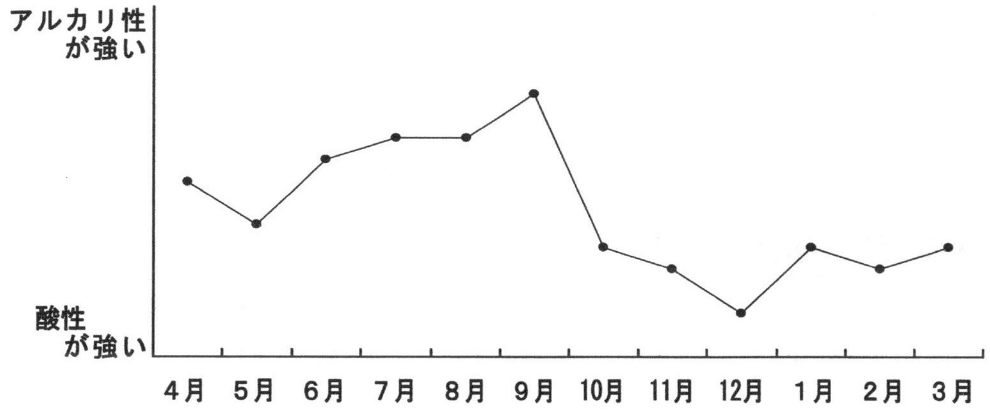

問い４　先生が見せてくれたグラフから，４月から９月に比べると１０月から３月は，海水の酸性が強くなっていることが分かります。このようになるのはなぜだと考えられますか。先生が話したこと以外の理由として考えられることを，実験１をもとに答えてください。

問い２　**給食委員会での話合いのようす**の下線部ｂについて，３組代表の児童が困った理由を具体的な献立名をあげて，説明してください。

どのように決めるか困っているさおりさんに，先生が次のようにアドバイスをしてくださいました。

先生のアドバイス

決め方にはいろいろあるけど，オリンピックの開催地《かいさいち》が，東京に決まったときの投票方法を参考にしてみるといいよ。
過半数の票をとった献立がある場合は，その献立で決定です。もし，すべての献立の票が半数以下の場合は，最下位の献立を除《のぞ》いて再投票を実施《じっし》するんだ。どれかの献立が過半数の票を得るまで，この方法で投票をくり返すんだよ。
資料１の結果をみると，どの献立も過半数の票を得ていないね。今回は，上位３つの献立でやってみてはどうかな。

さおりさんは，**先生のアドバイス**をもとに資料１の上位３つの献立で投票を行うことにしました。資料２はその結果です。

資料２　先生のアドバイスをもとに行った投票結果

	１回目	２回目	３回目
牛丼	５５人	※	９２人
チキン南蛮	４９人	１０１人	６１人
ハンバーグ	４９人	５２人	※

※　／　は，投票対象から外したことを意味しています。

問い３　資料２の**先生のアドバイスをもとに行った投票結果**から読み取れることを，次の**ア**～**オ**からすべて選んで，記号で答えてください。

ア　今年の「いい肉の日」の献立は，１回目の投票結果で最も多かったので，「牛丼」に決まった。
イ　１回目の投票で過半数の票を得た献立がなかったので，投票が続けられた。
ウ　２回目の投票が「チキン南蛮」と「ハンバーグ」で行われたのは，最下位の献立を決めるためである。
エ　今年の「いい肉の日」の献立は，２回目で１０１人の児童が投票した「チキン南蛮」に決まった。
オ　今年の「いい肉の日」の献立は，３回目の投票で過半数を超えた「牛丼」に決まった。

さおりさんは，「いい肉の日」にむけて，**給食委員会新聞**を作成しました。

給食委員会新聞　11月号

牛肉ステーキ（100g）を残すと約2tの水がムダになる!?

資料３　**日本のバーチャル・ウォーター総輸入量**

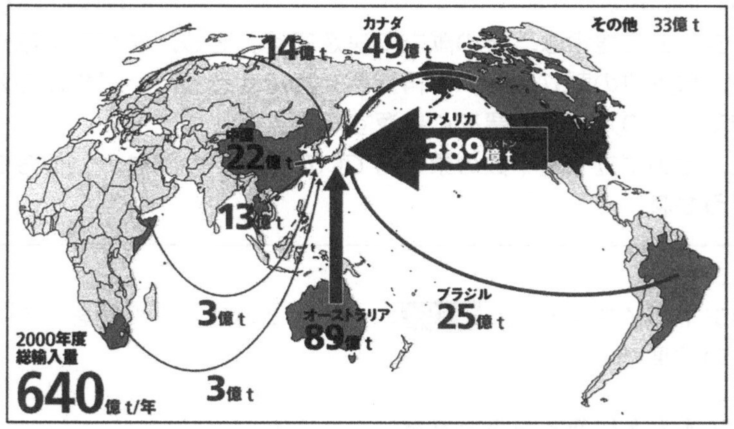

バーチャル・ウォーターとは，その国が輸入している物（食べ物や工業製品）を自分の国で生産した場合に必要な水のことです。仮想水《かそうすい》ともいい，目に見えない水を数値化《すうちか》して表しています。

資料４　**日本のバーチャル・ウォーターの品目別割合**

品目名	割合《わりあい》	食料輸入量《しょくりょうゆにゅうりょう》
トウモロコシ	22.7%《パーセント》	1679万t《トン》
牛肉	21.9%	76万t
大豆《だいず》	18.9%	504万t
小麦	14.7%	497万t
ぶた肉	5.6%	110万t

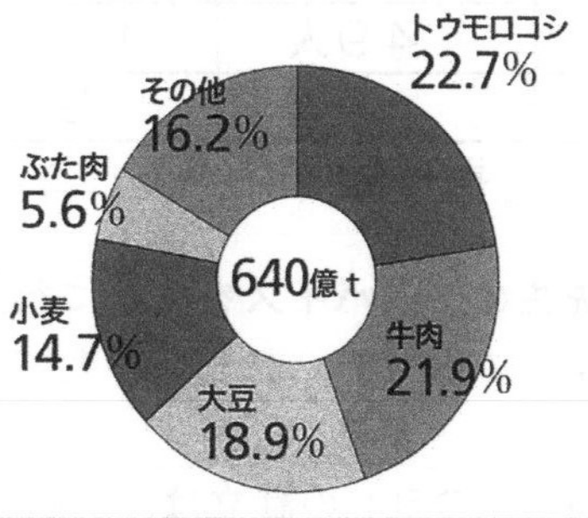

（資料３・４　出典：太郎次郎社エディタス「コンビニ弁当 16 万キロの旅」より作成）

ｃ トウモロコシと牛肉のバーチャル・ウォーター輸入量の割合はほとんど同じですが，実際の食料輸入量からすると，牛肉はトウモロコシの22分の１です。このことから，牛肉がいかにたくさんの水を必要とする食べ物かが分かります。

牛肉100ｇをつくるのに，約２ｔの水が必要になるそうです。水は地球の大切な資源《しげん》の１つです。みんな，お肉を残さずに食べてくださいね。

さとみさんとちえみさんは，**実験２**の方法で，炭酸水を入れた紙コップの重さが時間によって変わるようすを電子《でんし》てんびんで調べました。

なお，実験をした部屋の気温（空気の温度）は２０℃で，その日の天気は雨でした。

実験２

図２のように，冷ぞう庫で一晩《ひとばん》冷やした炭酸水を入れて200ｇにした紙コップを，電子てんびんの上に置き，１分ごとに電子てんびんに表示された重さを記録していきました。そして，その結果をもとにグラフをつくりました。

図２　**炭酸水を入れて２００ｇにした紙コップ**

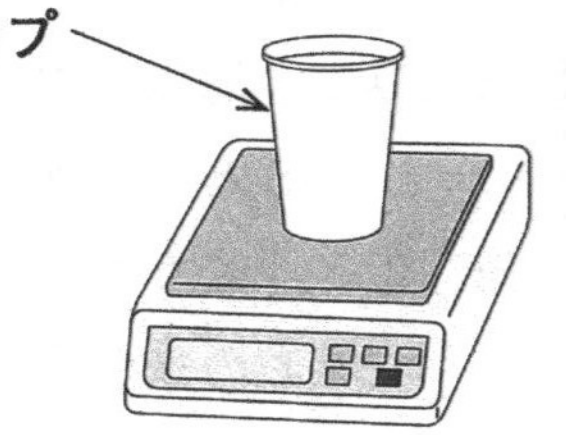

実験２の結果をもとにつくったグラフ

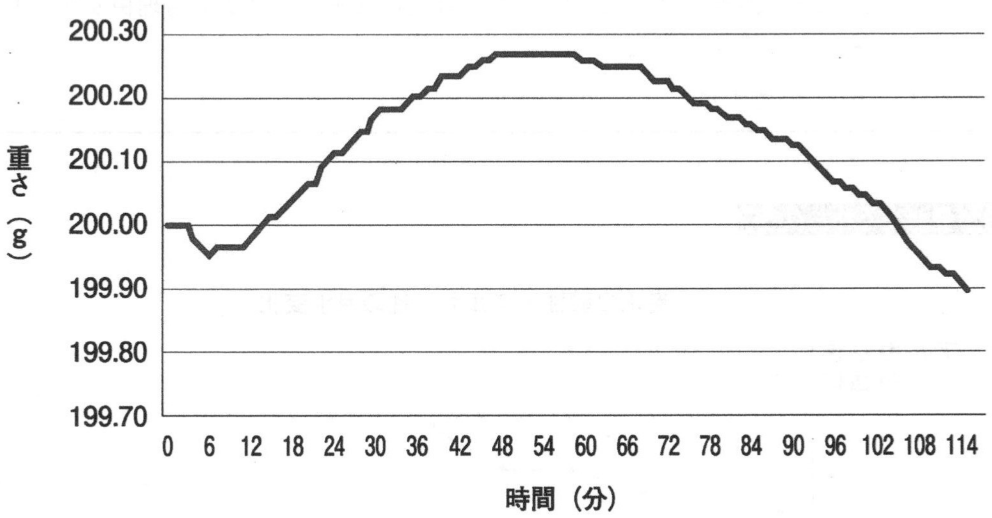

実験２後の二人の会話

さとみ：　二酸化炭素が出ていくから，その分，少しずつ重さが軽くなっていくと思っていたけど，グラフからは，実験を始めて６分から５７分ぐらいまでは，重くなっているようすが分かるわ。これはどうしてかな。

ちえみ：　そうだね。不思議だね。

問い３　**実験２後の二人の会話**にあるように，実験を始めて６分から５７分ぐらいまでは，炭酸水を入れた紙コップの重さが重くなっていることが分かります。このときの紙コップの表面に起こる変化をもとに，このように重くなった理由として考えられることを答えてください。

課題４

さとみさんとちえみさんが，炭酸水から気体を集める実験について話をしています。そのときの会話文を読んで，次の**問い**に答えてください。

さとみ：　先週，炭酸水から試験管に気体を集める実験をしたよね。炭酸水からは，そのままでも気体が出てきたけれど，炭酸水の入った容器を振《ふ》ったり，温《あたた》めたりするとたくさん出てきたね。
ちえみ：　そうだったね。試験管に集めた気体によって石灰水《せっかいすい》が白くにごったことから二酸化炭素が溶《と》けていることが分かったね。
さとみ：　ところで，炭酸水に溶けている二酸化炭素の体積はどれくらいになるか調べてみたいな。
ちえみ：　それだったら，気体を試験管に集めるのではなくて，（　ア　）に集めればいいんじゃないかな。
さとみ：　その方法は，気体の体積を正確に調べることができるいい方法だと思うよ。でも，ペットボトルの重さの変化を調べて求める方法もあるわ。一緒《いっしょ》に実験してみましょう。

実験１

図１のように，炭酸水の入ったペットボトルを用意し，その重さをはかると，537.10ｇでした。

そして，炭酸水の中の気体を出すために，ふたをあけてペットボトルを振ったり，温めたりしました。

その後，気体が出なくなったところでふたをしめペットボトルの重さをはかると534.60ｇでした。

図１

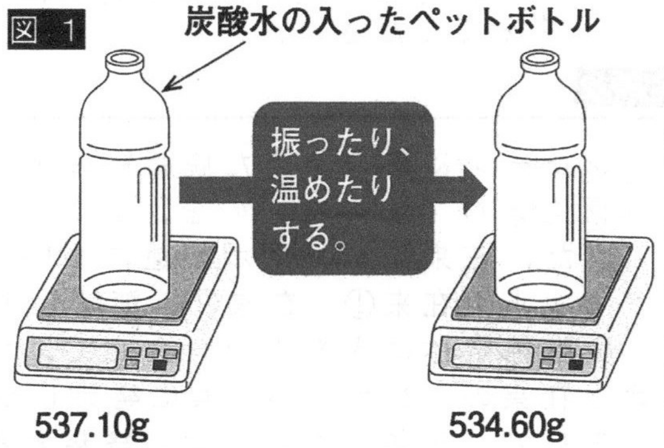

この実験で出てきた気体は，全《すべ》て二酸化炭素でした。

問い１　（　ア　）にあてはまる実験器具の名前を答えてください。

問い２　二酸化炭素の１㎤あたりの重さを0.00183ｇとして，実験１の結果から，炭酸水から出てきた気体の体積は何Ｌになるか答えてください。答えは，小数第２位を四捨五入《ししゃごにゅう》し，小数第１位まで求めてください。

さとみ：　実験１のように，炭酸水の入ったペットボトルのふたをあけ，振ったり温めたりすると，二酸化炭素が出ていって，その分，重さが軽くなることが分かったわ。
ちえみ：　それじゃ，二酸化炭素が出ていくときに，時間がたつにつれてどのように重さが変わっていくのかな。
さとみ：　重さが変わっていくようすを調べてみましょう。

問い４　**給食委員会新聞**を作成したさおりさんは，**給食委員会新聞**の下線部ｃについて疑《ぎ》問《もん》をもち，その疑問を明らかにするために，**カード**にまとめることにしました。**カードのまとめの**　　　　　　　　にあてはまる文を，資料５を参考にして，「**トウモロコシ**」という語句を使って答えてください。

カード	実際の食料輸入量は，トウモロコシより牛肉がすごく少ないのに，なぜ，バーチャル・ウォーター輸入量の割合は，ほぼ同じくらいなのだろうか。

資料５

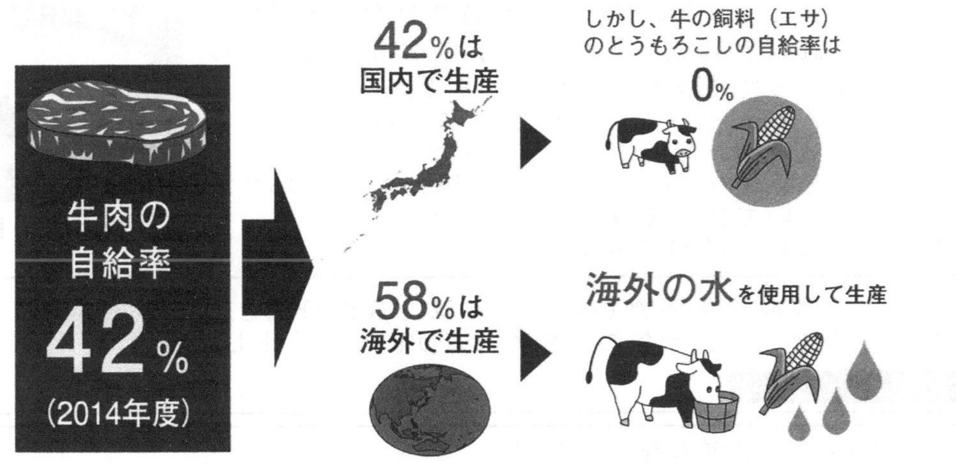

※　食料自給率《じきゅうりつ》・・・　国内で消費した食料のうち，国内で生産された食料を割合であらわしたもの。

（出典：資源《しげん》・リサイクル促進《そくしん》センターＨＰより作成）

まとめ

牛肉の実際の食料輸入量は，トウモロコシの２２分の１だけど，バーチャル・ウォーター輸入量の割合がほとんど同じである理由は，　　　　　　　　　　　　からだと思います。

課題３

ひなこさんと先生が，身近によく見かけるタンポポについて話をしています。その時の会話文を読んで，後の**問い**に答えてください。

ひなこ：　身近によく見るタンポポの多くは，外国を起源《きげん》とする生物だと聞いたのですが本当ですか。
先　生：　そうですよ。外国を起源とする生物を外来《がいらい》生物といいます。外来のタンポポとしては，ヨーロッパ原産のセイヨウタンポポはよく見かけますね。ただ，タンポポには，もともと日本に生息している在来《ざいらい》のタンポポもあるのですよ。
ひなこ：　いろいろな種類のタンポポがあるのですね。
先　生：　タンポポに興味をもってきましたね。じゃあ，タンポポの花は知っていますよね。
ひなこ：　はい，１つの花に，黄色い花びらがたくさん付いていますね。
先　生：　実はね，あれは，１つの花ではないのです。あれは「頭花《とうか》」といって小さな花がたくさん集まってできたものなのですよ。
ひなこ：　えっ，そうなのですか。タンポポのことをもっと知りたくなってきました。
先　生：　そうですか。では，自由研究で，タンポポについて調べてみてはどうでしょう。
ひなこ：　はい，調べてみます。

【タンポポの頭花】

タンポポに興味をもったひなこさんは，自由研究としてタンポポについて調べていく中で，分かったことを次のようにまとめました。

調べて分かったこと

〈外来のタンポポの種類と分布〉
- セイヨウタンポポ：日本全国
- アカミタンポポ：日本全国

〈在来のタンポポの種類と分布〉
- エゾタンポポ：北海道・東北地方
- カントウタンポポ：関東・中部地方
- シナノタンポポ：関東・中部地方
- トウカイタンポポ：千葉県から和歌山県の太平洋側
- カンサイタンポポ：長野県より西
- シロバナタンポポ：関東地方より西

〈日本で確認《かくにん》されているタンポポ〉
- 現在日本で確認されるタンポポの多くが，外来のタンポポである。

○　外来のタンポポの方が在来のタンポポよりも，日本の広い範囲《はんい》に，より多く生息している。

タンポポについて調べていく中で，外来のタンポポの方が在来のタンポポよりも，日本の広い範囲に，より多く生息していることに疑問《ぎもん》を感じたひなこさんは，タンポポの種を使ったいくつかの実験を行い，その理由を考えることにしました。

実験１

タンポポの１つの頭花にふくまれる種の個数と，種全体の重さを調べ，結果１のように表にまとめました。

結果１

	タンポポの種類	種の個数〔個〕	種全体の重さ〔g〕
外来	セイヨウタンポポ	２００	０．０９
	アカミタンポポ	２００	０．１３
在来	カンサイタンポポ	１１０	０．０９
	カントウタンポポ	８０	０．１１
	シロバナタンポポ	８５	０．１３

調べて分かったことおよび結果１から，ひなこさんは次のような仮説を立て，それを確かめるための実験をしてみることにしました。

仮説：在来のタンポポの種より，外来のタンポポの種の方が遠くまで飛ぶ。

問い１　ひなこさんがこのような仮説を立てたのはなぜだと考えられますか。調べて分かったことまたは結果１から考えられることをもとに答えてください。

問い２　ひなこさんは立てた仮説を確かめるために，それぞれのタンポポの種に風をあて，それらの種がどこまで飛ぶかを調べました。実験に使うそれぞれの種の個数を同じにすること以外に，「同じにする条件」を答えてください。

実験２

シャーレに敷《し》き詰《つ》めた脱脂綿《だっしめん》の上に，外来のタンポポの種を１０個ずつ間隔《かんかく》をあけてまいたものを，２セット（外来①，外来②）準備しました。
また，在来のタンポポの種についても，外来のタンポポの種と同様に，２セット（在来①，在来②）準備しました。
脱脂綿全体に水を十分含《ふく》ませてふたを閉《し》め，実験に使った外来のタンポポと在来のタンポポが，共に発芽しやすい温度に保ちました。
そして，発芽した種の数と発芽するまでにかかった日数を記録し，発芽した種の数の移り変わりをグラフにまとめました。

結果２

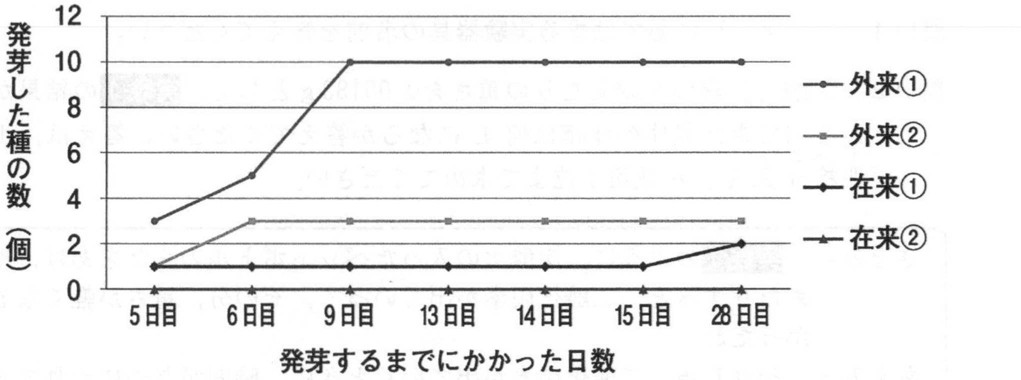

問い３　外来のタンポポの方が在来のタンポポよりも，日本の広い範囲に，より多く生息しているのはなぜだと考えられますか。
結果１と結果２から考えられることをもとに答えてください。ただし，**問い２**で確かめた仮説は正しかったものとします。

受検番号	
氏　　名	

令和２年度

宮崎県立宮崎西高等学校附属中学校
宮崎県立都城泉ヶ丘高等学校附属中学校

適 性 検 査 Ｉ

【 第 ２ 部 】

１１:４０～１２:３０（５０分）

（ 注　　意 ）

1　指示があるまで，この表紙以外のところを見てはいけません。
2　検査用紙は，表紙をのぞいて８ページで，課題は全部で４題です。
3　解答用紙は２枚《まい》です。
4　「始めなさい」の指示があったら，まず検査用紙と２枚の解答用紙に受検番号と氏名を書きなさい。
5　検査用紙のページ数がまちがっていたり，解答用紙の枚数が足りなかったり，また，文字や図がはっきりしなかったりする場合は，だまって手をあげなさい。
6　課題の内容や答えなどについての質問には，答えられません。
7　「やめなさい」の指示があったら，すぐえんぴつを置き，解答用紙を２枚ともうら返して机《つくえ》の上に置きなさい。

課題１

みかさんは，下図のように道路が一定の幅《はば》で整備されている町に住んでいます。

会話１は，今から買い物に行こうと考えているみかさんが，家から店まで行く場合に，最も近い※経路は何通りあるか，友達のひろしさんと一緒《いっしょ》に考えている会話の様子です。

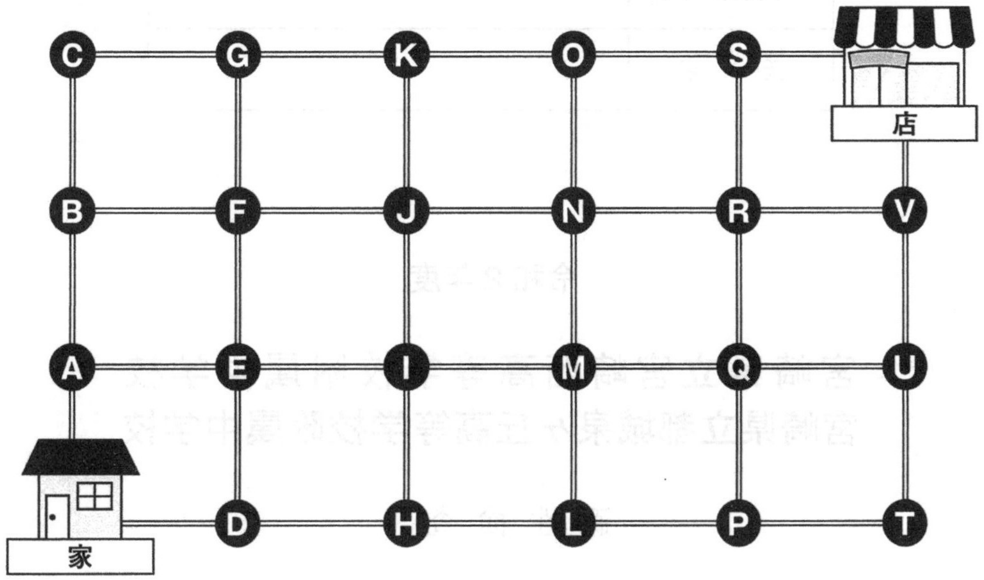

会話１

※経路…目的地までの行き方

ひろし：　みかさん，まず家からＥ地点までの最も近い経路は何通りあるかな。

み　か：　簡単《かんたん》だよ。家からＥ地点までは，（　ア　）通りになるね。

ひろし：　それでは，家からＪ地点までの最も近い経路は何通りになるかな。

み　か：　経路を順番《じゅんばん》に書いて考えてみようかな。
　［家→Ａ→Ｂ→Ｆ→Ｊ］，［家→Ａ→Ｅ→Ｆ→Ｊ］，［家→Ａ→Ｅ→Ｉ→Ｊ］
　［家→Ｄ→Ｅ→Ｆ→Ｊ］，［家→Ｄ→Ｈ→Ｉ→Ｊ］の５通りだね。

ひろし：　あれ，一つぬけていないかな。（　イ　）もあるんじゃないの。全部で６通りのはずだよ。

み　か：　本当だ。わすれてた。確かに６通りだね。

ひろし：　家からＪ地点までの最も近い経路は，Ａ地点またはＤ地点以外にも，必ず（　ウ　）地点または（　エ　）地点も通らないといけないよ。

み　か：　何かきまりがありそうだね。

ひろし：　家から（　ウ　）地点や（　エ　）地点までの最も近い経路は，どちらも，（　オ　）通りだから，その２つの行き方を（　カ　）と，６通りになるよ。

み　か：　なるほど，それなら経路を１つずつ書かなくても求められそうだね。

ひろし：　そのようにして，もう一度考えてみよう。

み　か：　家から最も近い経路が５通りになる地点は（　キ　）地点になるね。

ひろし：　では，家から店まで最も近い経路は何通りになりそうかな。

み　か：　分かった。（　ク　）通りだね。簡単に求められたね。ひろしさんありがとう。では，今から買い物に行ってきます。

問い１　下の問題に答えてください。

（１）　（ア）にあてはまる数を書いてください。

（２）　（イ）にあてはまる経路を書いてください。

（３）　（ウ），（エ）にあてはまるアルファベットを書いてください。
※同じカタカナの記号には，必ず同じアルファベットが入ります。

（４）　（オ）にあてはまる数を書いてください。

（５）　（カ）にあてはまる言葉を書いてください。

（６）　（キ）にあてはまるアルファベットを書いてください。

（７）　（ク）にあてはまる数を書いてください。

会話２

みかさんは，店に到着《とうちゃく》し，買い物を終えました。帰ろうとしたら，店長から話しかけられました。

店　長：	今から下図のＭ地点で工事が始まるので，帰りはその地点は通れないよ。
み　か：	そうなんですね。そこを通ってきたばかりなのに。それは残念だけど，Ｍ地点を通らずに帰ります。

問い２　Ｍ地点を通らずに店から家まで最も近い経路は何通りありますか。また，その理由も書いてください。

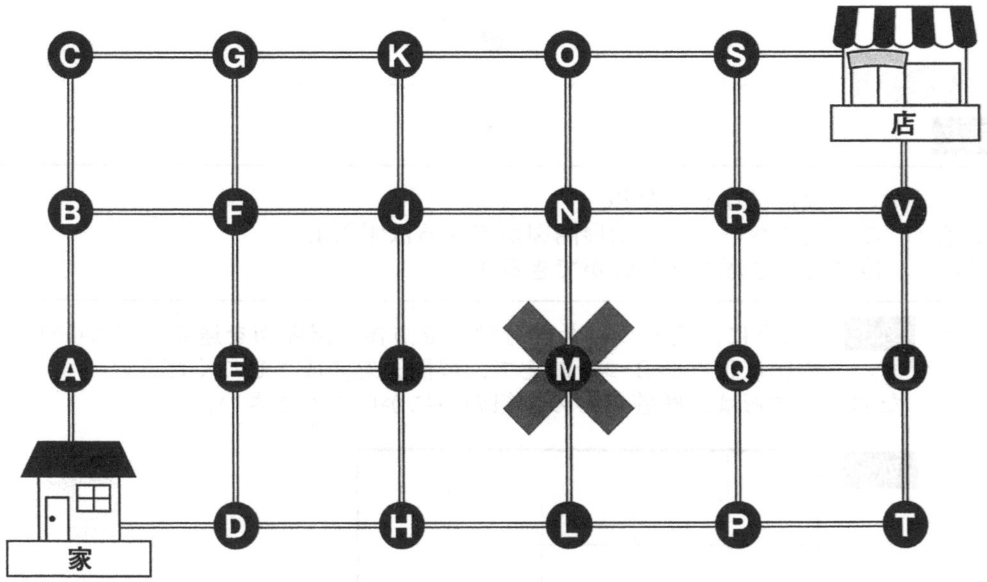

課題２

まゆみさんとひかるさんは紙でできた立方体のさいころを見て，話をしています。

会話１

まゆみ：　さいころは立方体の形をしているね。
　さいころは向かい合う面の目の数の和が7になるように，1から6の目が配列されて作られているんだよね。知っていたかな。

ひかる：　そうなんだね。この立方体の辺にそって切り開いた図を展開図《てんかいず》と言うんだよ。切り開き方のちがいで，いろいろな展開図ができるみたいだよ。

まゆみ：　なるほどね。それじゃあ，このさいころの辺にそって，切り開いてみようよ。

ひかる：　どんな展開図ができるだろうね。

図１

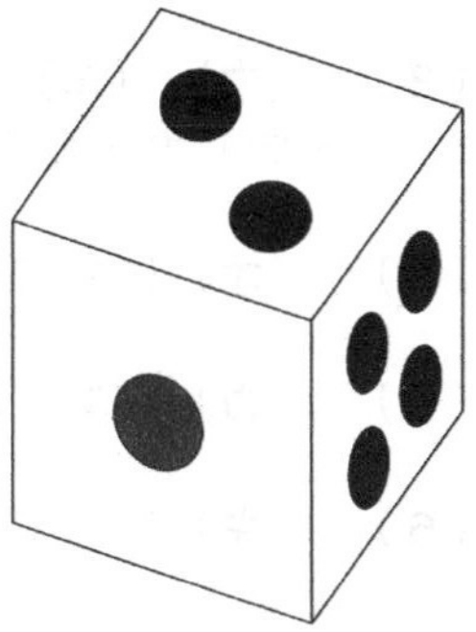

問い１　図１ のさいころを辺にそって切り開いたら，図２ のような展開図になりました。
…（５）の目は，どの面になるでしょうか。次の**ア**～**エ**の中から１つ選び，記号で答えてください。

図２

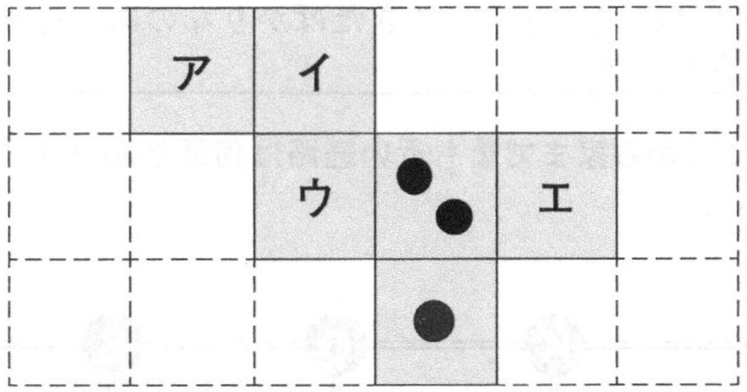

会話２

まゆみ：　こんな形になるんだね。
ひかる：　この他にもいろいろな展開図ができるはずだよ。
まゆみ：　他にどんな形の展開図ができるかな。

問い２　図３ のように，色をつけた部分は，立方体の展開図を途中《とちゅう》までかいたものです。この図に正方形２つを加えて，展開図を完成させてください。
　なお，正方形は，解答らんの太線の中にかいてください。

図３

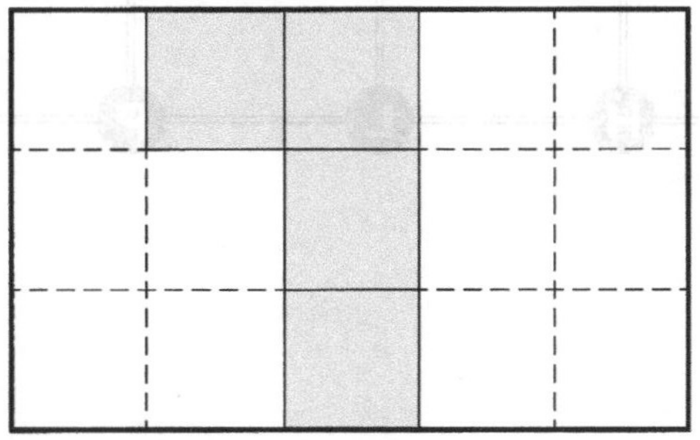

会話３

博　士：　では，あやかさん最後の問題じゃ。
　下の交差点の図のように，４０秒周期の**【信号機①】**と，６０秒周期の**【信号機②】**がある。車は**【信号機②】**に向けて進んでいる。
【信号機①】と**【信号機②】**が同時に青になった瞬間《しゅんかん》に，［**地点Ｃ**］を時速３０㎞で通過し，同じ速度で［**地点Ｄ**］に向かったところ，その間に，**【信号機②】**の信号が青→黄→赤になり，車が［**地点Ｄ**］に到着《とうちゃく》したときにちょうど青色に変わりました。
　［**地点Ｃ**］から［**地点Ｄ**］までの距離は何ｍかな。

あやか：　速度は時速３０㎞のままでいいですか。

博　士：　そうじゃな。速度は一定として考えるのじゃよ。

交差点の図

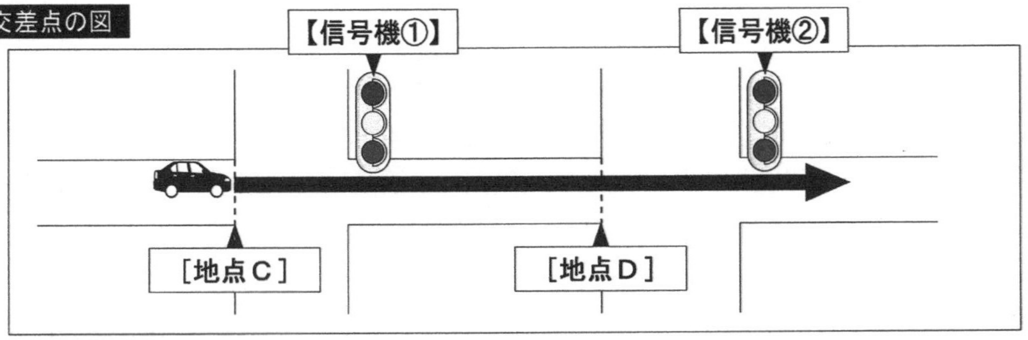

問い３　［**地点Ｃ**］から［**地点Ｄ**］までの距離《きょり》を答えてください。

問い４　**問い３**と同じように，**【信号機①】**と**【信号機②】**の信号が同時に青になった瞬間に［**地点Ｃ**］の交差点を時速６０㎞で通過し，同じ速度で［**地点Ｄ**］の交差点に向かったとすると，４５秒後には，自動車はどこにいますか。下の 条　件 を踏《ふ》まえて答えてください。

条　件

○　それぞれの信号の周期のうち，黄信号の時間３秒，青信号の時間は，赤信号の時間よりも６秒長いものとする。
○　「**地点Ｃ**」という言葉を使って答えること。

課題４

あやかさんは，自動車の助手席に乗っていたとき，大きな交差点で，信号機が赤になり停車しました。しばらく進むとまた赤になり停車しました。

そこで，あやかさんは信号機について不思議に思い，信号機にくわしい博士に教えてもらうことにしました。下は，そのときの会話の様子です。

会話１

あやか：　信号の変わり方は，何かきまりがありますか。

博　士：　そうじゃな。大きな道路は，「定周期式信号」と言って，青，黄，赤が決まった時間でくりかえし表示されるんじゃ。
（周期・・・青→黄→赤の順に表示が一回りする時間）

あやか：　なるほど。でも周期は，どのように変わりますか。

博　士：　交差点の距離《きょり》が長く，交通量が多いほど，周期が長いとされておる。信号機のことが分かったところで，ここで問題じゃ。次の **条　件** で，下図のような交差点があったとき，それぞれの信号が変わる時間を求めてみよう。

条　件

○　大きい方の道路を**【道路Ａ】**，小さい方の道路を**【道路Ｂ】**とする。
○　信号機の周期は１００秒で，黄信号の時間を３秒として計算する。
○　一方の信号が赤に変わり，もう一方の信号が青に変わるまでの時間は考えないものとする。

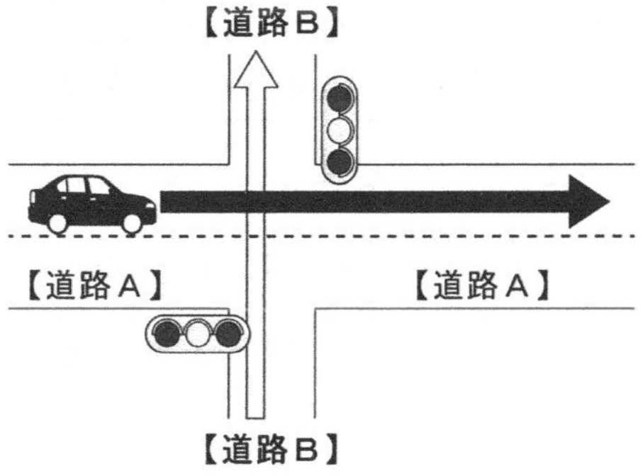

博　士：　**【道路Ａ】**の青信号と黄信号の時間をあわせた時間が，赤信号の時間の1.5倍になるとき，**【道路Ａ】**の青信号と赤信号の時間はどうなるかな。

あやか：　青信号の時間は（　ア　）秒で，赤信号の時間は（　イ　）秒ではないですか。

博　士：　その通り。それでは**【道路Ｂ】**の青信号と赤信号の時間はどうなるかな。

あやか：　同じ条件になるので，青信号の時間は（　ウ　）秒で，赤信号の時間は（　エ　）秒ですね。

問い１　（ア）～（エ）にあてはまる数を答えてください。

会話２

博　士：　では，次の問題も考えてもらおう。
４０秒周期の交差点があって，広い方の交差点の青信号の時間と赤信号の時間を調べたときに，青が１秒だけ長かった場合，青信号，赤信号の時間はそれぞれどうなるかな。この場合も黄信号の時間は３秒とするんじゃ。

あやか：　そうすると，青信号の時間は（　オ　）秒で，赤信号の時間は（　カ　）秒になります。

博　士：　では，反対側の交差点の青，赤信号の時間はどうなるかな。

あやか：　青信号の時間は（　キ　）秒で，赤信号の時間は（　ク　）秒ではないですか。

問い２　（オ）～（ク）にあてはまる数を答えてください。

会話３

まゆみ：　立方体の展開図がいろいろできるね。いろいろな展開図ができることはよく分かったけど，立方体を辺にそって何回切り開けば，展開図になるのかな。

ひかる：　じつはね。切り開く回数は同じなんだよ。ただし，辺にそって，一辺ずつ切り開くことが条件になるけどね。

まゆみ：　それはびっくりだね。やってみようよ。

問い３　立方体を下の **条　件** に従《したが》って展開図にする場合，何回切り開けばよいか答えてください。

条　件

○　辺にそって，一辺だけ切り開くこと。
○　回数は，一辺を切ったときを一回と数えること。

まゆみさんとひかるさんは，**図４** の①から④の面にある点●と同じ面にある角《かど》を結び，下のように線を書き込みました。●はそれぞれの辺の真ん中にある点です。

まゆみ：　線を引いた部分を切って，残った内側の図を組み立ててみようよ。

ひかる：　どんな立体になるんだろうね。楽しみだね。

まゆみ：　やってみよう。ついでに，立体の体積も考えてみようよ。

問い４　展開図の線を引いた部分を切り，残った内側の図（色が濃《こ》くなっている部分）を組み立てたときにできる立体の体積は，元の立方体の体積の何倍になるかを答えてください。

※　ただし，展開図を組み立ててできる立体については，辺と辺を結び，全ての面で囲まれた立体として考えること。

図４

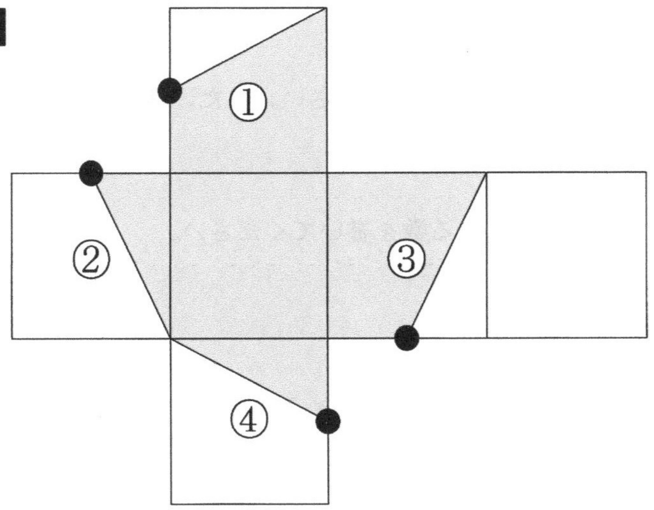

課題３

さとしさんは，算数の勉強をしていくうちに，数に興味をもつようになりました。次の会話は，さとしさんが先生と数について話をしている様子です。

会話１

さとし：　先生の好きな数って何ですか。
先　生：　「３」，「７」，「１３」のような素数《そすう》が大好きだよ。
さとし：　素数ってどんな数ですか。
先　生：　素数とは，「１」とその数のほかに約数がない整数のことだよ。
　　　　　「３」という数で説明すると，約数が「１」と「３」だけということだね。
さとし：　「２３」，「４９」，「７３」，「８９」も素数ってことですよね。
先　生：　あれ，１つ素数でない数が混ざっているよ。
　　　　　（　ア　）は素数ではないはずだよ。
さとし：　本当ですね。ところで，素数って１から１００までに何個ありますか。
先　生：　それでは，一緒《いっしょ》に考えてみましょう。
　　　　まずは，素数でない数が１００の中に何個あるか考えてみるといいね。
さとし：　素数でない数を考えて，１００から引けばいいですね。
先　生：　そのとおりですね。そのように考えていくと，
　　　　　「２の倍数は５０個」，「３の倍数は（　イ　）個」，「５の倍数は２０個」，
　　　　　「７の倍数は（　ウ　）個」になりますね。
さとし：　あれ，「４の倍数」は考えなくてもいいですか。
先　生：　「４の倍数」は「２の倍数」に含《ふく》まれるから数えなくてもいいよね。だから，「２」・「３」・「５」・「７」の素数の倍数だけ考えればいいことになるね。

問い１　次の問題に答えてください。

（１）　（ア）にあてはまる数を答えてください。また，選んだ数が素数ではない理由を書いてください。

（２）　（イ）と（ウ）にあてはまる数を書いてください。

会話２

さとし：　あれ，先生，合計１１７個になりました。１００個より多くなってしまいました。
先　生：　そうだね。でも計算はあっているよ。
　　　　　(エ) 式に表すと，１１７－４＝１１３となり，とりあえず，１１３個にする必要があるね。
　　　　　次に，その１１３個には，まだ重なって数えている数がたくさん含まれていて，「６」とか「１０」は２回数えてしまっているんじゃないかな。
さとし：　本当ですね。「６」は「２の倍数」でもあり，「３の倍数」でもあるから２回数えていることになります。
先　生：　それでは，そのように２回数えている数が全部で何個あるか考えてみましょう。
　　　　　「２の倍数」と「３の倍数」で重なっているのは（　オ　）の倍数だから１００の中に，（　カ　）個あることになるよね。
さとし：　なるほど，確かにそうなっています。（　オ　）の倍数のように，
　　　　　(キ) 重なっている倍数が何個あるかを考えていけばいいですね。

問い２　次の問題に答えてください。

（１）　下線部（エ）の中にある式の「４」に含まれる数を全て答えてください。

（２）　（オ），（カ）にあてはまる数を書いてください。

（３）　下線部（キ）の重なっている倍数は，（オ）の倍数の他に，５つ考えられます。何の倍数ですか。全て書いてください。

会話３

さとし：　計算を続けると，全部で４５個重なっていたことになり，計算より出てきた４５を引くので，式で考えると，１１３－４５＝６８となり，６８個が素数でない数ですね。
先　生：　そのとおりですね。でも，今求めた４５個の中に「４２」が２回数えられているはずだよ。さらに重なっている数があるということだね。そんな数字はいくつあるかな。
さとし：　分かりました。全部で６個ありますね。この６個は多く引いてしまったので，６８個に６をたして，６８＋６＝７４となり，７４個が素数でない数になります。だから，１００から引いて，１００－７４＝２６となり，２６個が素数になります。先生どうですか。
先　生：　ここまでよくできたね。でも一つ多く数えていないかな。
さとし：　あっ，分かりました。（　ク　）を素数として，数えていました。だから，全部で２５個になりますね。
先　生：　さとしさん，大正解です。よくがんばりましたね。

問い３　（ク）にあてはまる数を書いてください。

作文用紙

受検番号

氏名

（配点非公表）

問い一

ア

イ

問い二

20

30

問い三

※　題や氏名を入れずに一行目から書いてください。

100

200

300

400

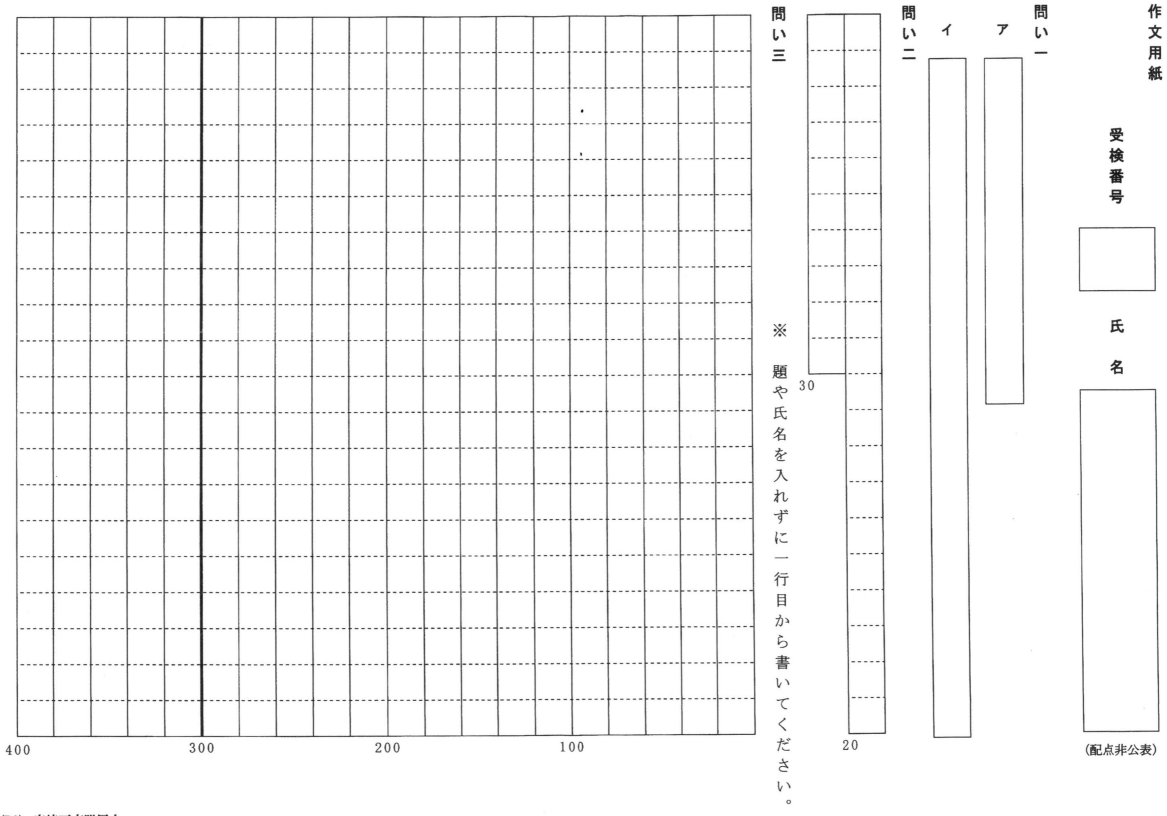

作文用紙

受検番号

氏名

（配点非公表）

問い一

問い二

※題や氏名を入れずに一行目から書いてください。

100

200

300

400

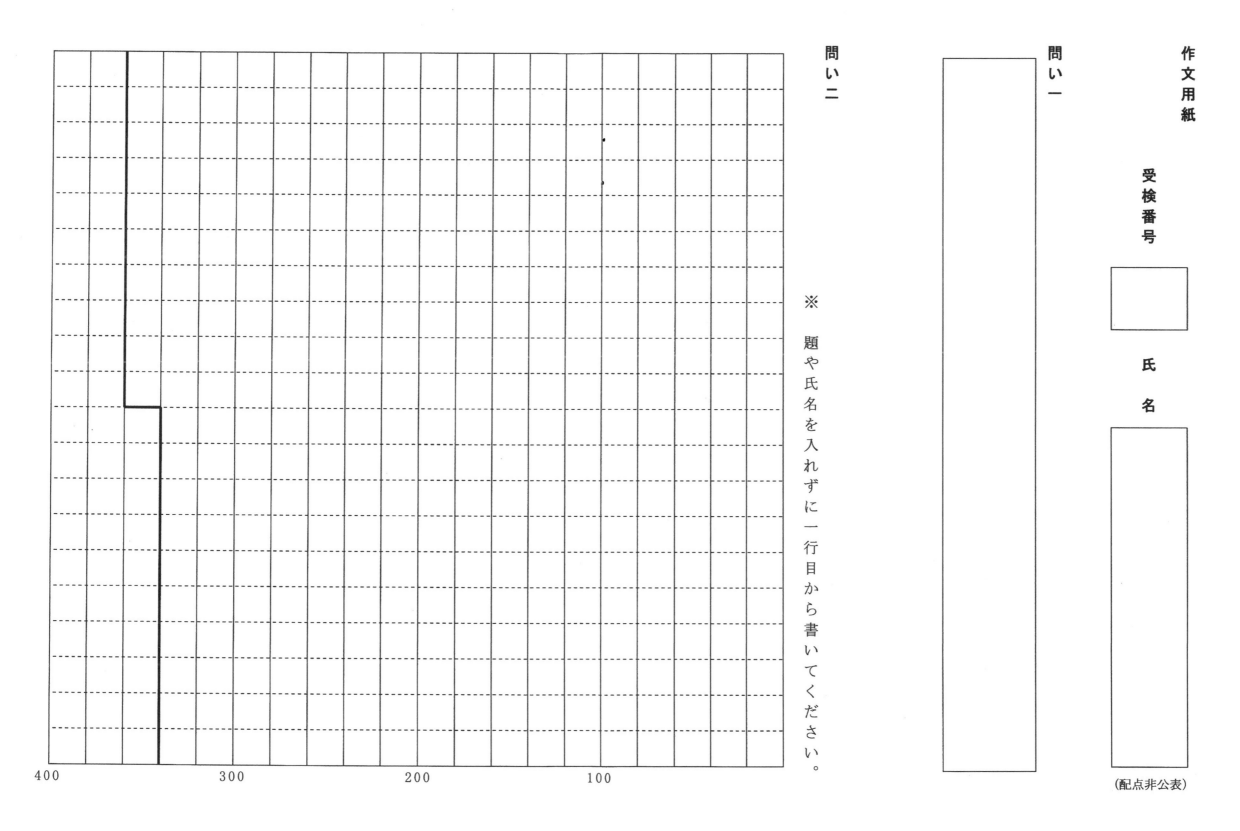

受検番号		氏　　名	

【１枚《まい》目】

（配点非公表）

令和２年度　宮崎西高等学校附属中学校・都城泉ヶ丘高等学校附属中学校

適性検査Ⅰ　第１部　解答用紙

課題１

問い1				
問い2	①		②	
問い3	①			
	②			

課題２

問い1	
問い2	
問い3	
問い4	

課題３

問い1	
問い2	
問い3	

30-(27)
【解答用紙4-(1)】

受検番号		氏　名	

【２枚《まい》目】

課題４

問い１		問い２	L
問い３			
問い４			

課題５

問い１	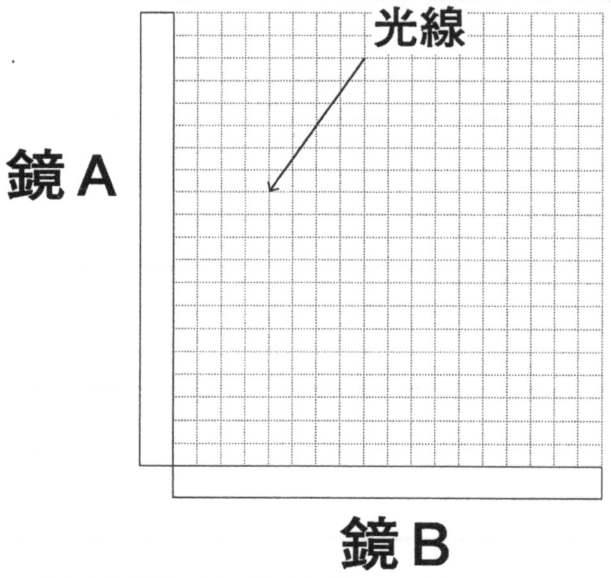	問い２	あ
			い
			う
			え
問い３			

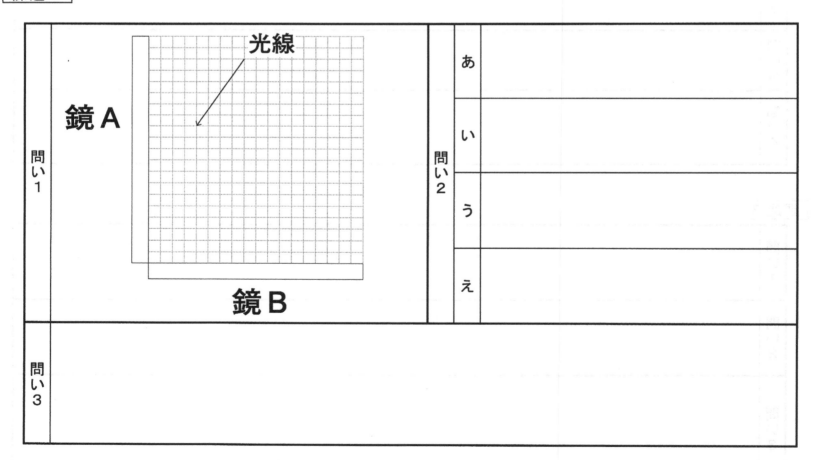

受検番号		氏　　名	

【１枚《まい》目】

○　　　　　　　　○　　　　（配点非公表）

令和２年度　宮崎西高等学校附属中学校・都城泉ヶ丘高等学校附属中学校

適性検査Ⅰ　第２部　解答用紙

課題１

問い１	（１）		（２）			
	ア	通り	イ	家 →　　→　　→　　→ Ｊ		
	（３）				（４）	
	ウ	地点	エ	地点	オ	通り
	（５）		（６）		（７）	
	カ		キ	地点	ク	通り
問い２	通り 〈理由〉					

30-(29)
【解答用紙4-(3)】

課題２

問い１	
問い２	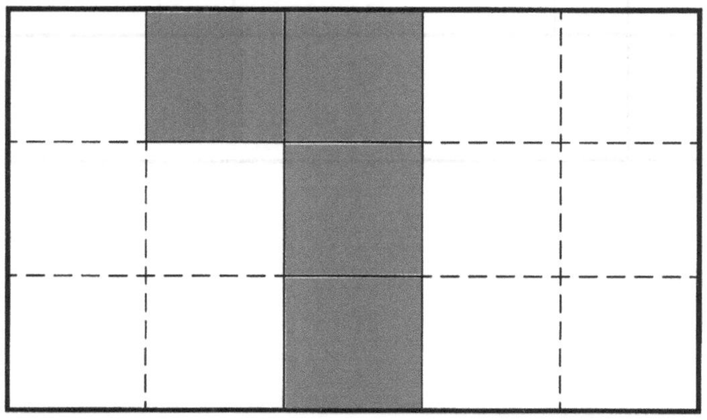

問い３	回	問い４	倍

受検番号		氏　名	

【２枚《まい》目】

○　○

課題３

問い１	（１）			
	ア		理由	
	（２）			
	イ		ウ	
問い２	（１）			
	エ			
	（２）			
	オ	の倍数	カ	個
	（３）			
	キ	＿＿の倍数　＿＿の倍数　＿＿の倍数 ＿＿の倍数　＿＿の倍数		
問い３	ク			

課題４

問い１	ア	秒	イ	秒	ウ	秒	エ	秒
問い２	オ	秒	カ	秒	キ	秒	ク	秒
問い３	m							
問い４								

2020(R2)　宮崎西高附属中・都城泉ヶ丘高附属中
教英出版

平成三十一年度

宮崎県立宮崎西高等学校附属中学校

「作　文」

午前九時三十分～午前十時十分（四十分）

（注　意）

一　指示があるまで、表紙（この用紙）以外のところを見てはいけません。

二　検査用紙は、表紙一枚《まい》、課題用紙二枚、作文用紙一枚の計四枚です。

三　「始めなさい」の指示があったら、まず受検番号と氏名を、作文用紙の決められたらんに書きなさい。

四　声に出して読んではいけません。

五　印刷がはっきりしなかったり、課題用紙や作文用紙が足りなかったりした場合は、だまって手をあげなさい。

六　課題の内容などについての質問には答えられません。

七　「やめなさい」の指示があったら、すぐえんぴつを置き、表紙（この用紙）を上にして机《つくえ》の上に置きなさい。

課題用紙①

次の文章を読んで、後の問いに答えてください。

※がついている言葉は、後に説明があります。

人間は他の動物にみられないすばらしい能力にめぐまれているけれども、そうした能力のひとつに「理想」の構想力、というものがあるのではないか、とわたしは思う。人間というものは、たんに現在のあるがままのすがたに満足することができず、つねに、こうありたい、こうあってほしい、という理想像を心のなかにつくりあげ、それにむかって日々の生活をいとなんでいる存在《そんざい》なのだ。

もちろん、「理想」とひとくちにいっても、それにはいろんな種類のものがあるだろう。世界に永遠の平和をもたらしたい、という雄大《ゆうだい》で※崇高《すうこう》な理想もあるし、今年の秋こそは※オーバーをひとつ新調したいものだ、といったような、きわめてささやかで個人的な理想もある。受験生にとっては、入学試験に合格することが理想だろうし、療養中《りょうようちゅう》の人にとっては一日もはやく健康を※恢復《かいふく》することが理想だろう。人それぞれの境遇《きょうぐう》や立場によって、理想はさまざまなものでありうる。

しかし、それがどのようなものであれ、理想あればこそ人間は生きるよろこびを知ることができる。たとえ今日が苦しみにみちたものであっても、明日がよりたのしいものであるだろう、いや、たのしいものであってほしい、というほのかな希望がひとを力づけるのである。ひとは、理想をみずからつくり、その理想によって生きるのだ。

ところで、さまざまな理想のなかで、とくに注目していいのは、人生をどのように生きるか、という生き方の理想像であろう。人生というものは、われわれの多くにとって、じつは、たいへんにぼんやりしたもので、生きる、ということは、一種の不安にみちた手さぐりのいとなみである。どんなふうに生きたらいいのか、は、正直なところ、よくわからないのがふつうなのだ。そして、そういうわれわれの不安にこたえてくれるものとして、これまでこの地球上で生きた何人もの人びとの人生のモデルがある。それは多くのばあい、自伝だの伝記だのといった文学形式をとって、書物になっている。どんなふうに生きるか、という漠然《ばくぜん》とした問題にぶつかったとき、われわれは伝記をひもとく。そして、生きるための指針《ししん》をそこからひき出す。伝記をつうじてわれわれが学ぶのは、人生の理想というものだ。もとより、伝記の主人公たちのような、ずば抜《ぬ》けた偉人英雄《いじんえいゆう》になることはできないにしても、せめて、それにちかい生き方をしたい、すくなくともそういう努力をしたい――われわれは、そんなふうにかんがえる。

人間、生きたいように生きればよいではないか、という人がいる。たしかに、そうかもしれぬ。しかし、どんなふうに生きるかを、ことごとくじぶんで決めることができる、とかんがえるのは、思い上《あが》りというものだ。人間の人生観、あるいは生き方の理想は、どこかで、誰《だれ》かから学んでいるのである。※よしんば伝記を読まないとしても、誰かの人生を見たりきいたりしながら、われわれはじぶんの人生を設計しているのである。

（「加藤秀俊《かとうひでとし》著作集《ちょさくしゅう》」　加藤秀俊）

※　崇高《すうこう》……その存在が極めて高い境地にあり、とても近寄りがたい感じを与える様子。
※　オーバー……オーバーコート（寒い時期に着用する上着）のこと。
※　恢復《かいふく》……「回復」の古い字体。
※　よしんば……仮に。たとえ。

課題用紙②

問い一　みつこさんは、文章を読んで作成した**図**を使って、学級の友だちに筆者の考えを説明する準備をしています。**図**を参考にして、**図**と**説明する原稿**《げんこう》の①と②の空らんにあてはまる言葉を、①は文章から探《さが》して、②は文章を参考に自分で考えて書いてください。ただし、①と②には、それぞれ同じ言葉が入ります。

図

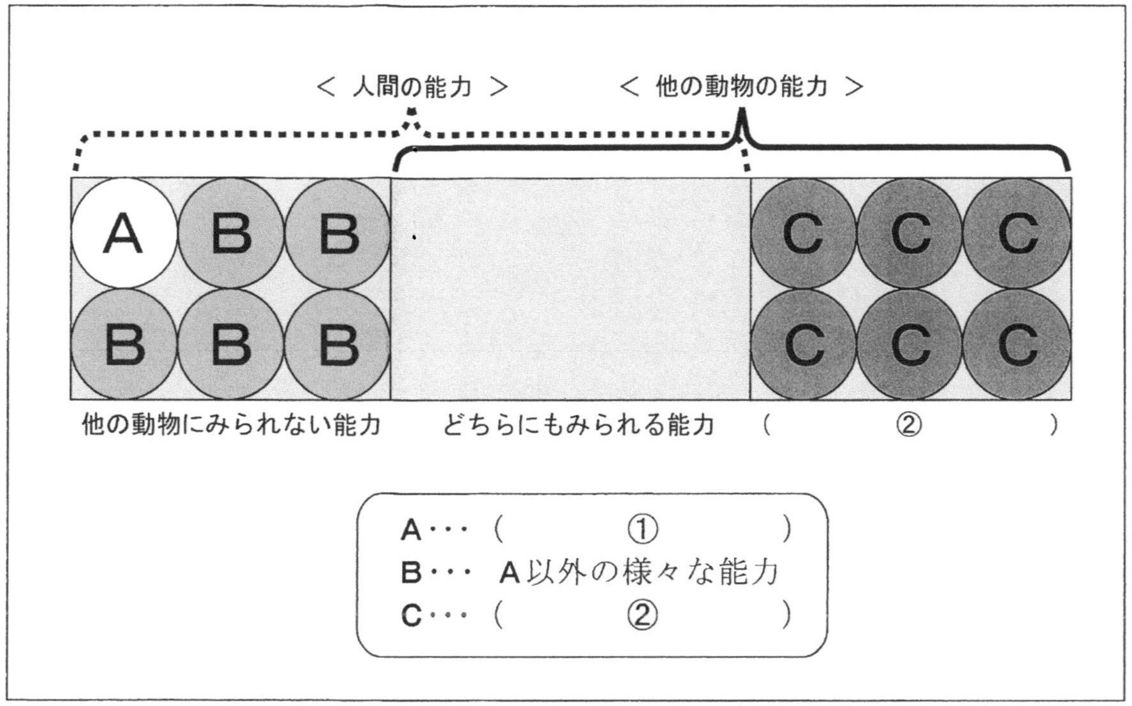

説明する原稿

私は文章を読んで考えたことを**図**にまとめてみました。筆者は、人間には「他の動物にみられない能力」があると考えています。**A**は（　①　）といわれる能力で、「こうありたい、こうあってほしい」という理想像を心の中につくりあげるものです。**A**は「そうした能力のひとつ」と書かれています。そこで**B**についての説明は特にされていませんが、様々な能力の一つ一つとして、**図**の中に**B**と表現しました。そこまでまとめたとき、私は、動物のもつ「（　②　）」も表現しようと考え、**C**としました。

筆者は、生きたいように生きるという考えやどんなふうに生きるかをことごとく自分で決められるという考えは思い上《あが》りというものだと述べています。そして、人間は誰かから生き方の理想を学んでいると考えていることが分かりました。

問い二　あなたが考えている「生き方の理想」について、次の条件にしたがって作文を書いてください。

〈条件〉

① 筆者の考えをふまえて書いてください。

② その考えをもつようになった具体的な体験を入れて書いてください。

③ 三百字以上、四百字以内で書いてください。

平成三十一年度

宮崎県立都城泉ヶ丘高等学校附属中学校

「作　文」

午前九時三十分～午前十時十分（四十分）

（注　意）

一　指示があるまで、表紙（この用紙）以外のところを見てはいけません。

二　検査用紙は、表紙一枚《まい》、課題用紙二枚、作文用紙一枚の計四枚です。

三　「始めなさい」の指示があったら、まず受検番号と氏名を、作文用紙の決められたらんに書きなさい。

四　声に出して読んではいけません。

五　印刷がはっきりしなかったり、課題用紙や作文用紙が足りなかったりした場合は、だまって手をあげなさい。

六　課題の内容などについての質問には答えられません。

七　「やめなさい」の指示があったら、すぐえんぴつを置き、表紙（この用紙）を上にして机《つくえ》の上に置きなさい。

課題用紙①

次の文章と資料①、②を読んで、後の問いに答えてください。

※がついている言葉は、後に説明があります。

「便利」というのは、ほんの少しの動作で用事がすみ、思い通りの結果に変化すること、自分が行った動作に対して得られる結果が非常に大きいことです。ボタンひとつ、かけ声ひとつ、ハンドルとアクセルを操作《そうさ》するだけで、何百キロも移動できる、お金をやりとりするだけで食べ物が手に入る、力仕事や細かい手仕事をしなくてよい……。そんなことが「便利」の魅力《みりょく》です。ものごとが変化していく過程をじっと見たり、変化の度合いをコントロールする必要はなくなります。過程がどのようなものか知らなくてもすんでしまい、たとえ知ったところで、自分の意志を生かしたり、工夫《くふう》する※余地を見つけるなど、自ら影響《えいきょう》を及《およ》ぼすことができない場合も多くあります。

自動を歓迎《かんげい》しながらも、一方でわたしたちは頭を使って考えたり、手を使って工夫してものを作り上げることを楽しいと感じる力を持っています。

現在のわたしたちが趣味《しゅみ》として行っていることの中には、昔の人たちが生活のための※生業《なりわい》として行っていたことが少なくありません。釣《つ》りやキャンプ、カヌーなどのアウトドア・レジャー、キノコ狩《が》り、木の実拾い、日曜大工、※陶芸《とうげい》や※板金《ばんきん》なども生活するために※必須《ひっす》の作業。その中から環境《かんきょう》を整えたり道具を作る技術が生み出されました。縫《ぬ》い物《もの》や編み物や※パッチワークは、寒さや危険《きけん》から身を守る衣服を作るのに必要でした。

「アウトドア・レジャー」ということばがあるのは、世界中でも限られた国だけだそうです。アウトドアを「レジャー」として位置づけることができるのは、あまりにも便利さが進んでしまっていることを表しています。そして同時に、生活に手間をかけたり自分で工夫したりするのは楽しいことなのだと教えてくれているようにも思います。

もっともっと便利にと「多くの自動化」を求めても、やがてそのありがたみが薄《うす》れたり、味気《あじけ》なさを感じることもあります。自動化して楽をしたいというのも生活や未来を作っていくことのひとつですが、自動だけじゃつまらない、と考えるのも、未来のひとつです。また、便利さをお金で買うのもひとつの選択《せんたく》ですが、できるだけ多くの工程を自分の手で行うこともまた、創造的《そうぞうてき》で楽しい仕事です。

（「おはようからおやすみまでの科学」ちくまプリマー新書　佐倉統《さくらおさむ》／古田ゆかり）

※　余地　……　ものごとがさらにできるゆとり。
※　陶芸《とうげい》　……　粘土《ねんど》で形作って焼き物を作ること。
※　必須《ひっす》　……　必ず必要なこと。
※　生業《なりわい》　……　生活するための仕事。
※　板金《ばんきん》　……　金属板を加工すること。
※　パッチワーク　……　小さな布を縫《ぬ》い合わせる手芸。

【資料①】

地域《ちいき》をしぼって規制をゆるめる国家戦略特区に、千葉市、広島県、愛媛《えひめ》県今治《いまばり》市、福岡県北九州市の四つの自治体が新たに加わることが決まりました。

千葉市ではドローンが倉庫から約10キロ離《はな》れたマンションまで荷物を届《とど》ける事業や、ドラッグストアから近くのマンションのベランダに薬を運ぶ事業を3年以内に実現したい考えです。広島県と今治市ではドローンによる橋の点検を計画。北九州市では介《かい》護施設《ごしせつ》でのロボット導入《どうにゅう》をさらに進めます。

「ニュースあれこれ　ドローンで配達など目指す」

（二〇一五年一二月一七日　朝日小学生新聞より）

【資料②】

※神流町《かんなまち》の豊かな森林に触《ふ》れる「休日、山しごと体験」が開かれた。県内外から参加した17人がのこぎりで森の木を切り、まき割《わ》りやたき火を体験した。

はこだたみキャンプ場（同町神ケ原《かがはら》）の周辺の森林が会場。神流川《かんながわ》森林組合の職員《しょくいん》から指導《しどう》を受けながら、のこぎりを懸命《けんめい》に動かして直径約20センチのヒノキを切《き》り倒《たお》した。午後はキャンプ場でまき割りを体験。たき火で焼き上げたマシュマロやりんごを味わった。

（二〇一八年四月七日　上毛《じょうもう》新聞より）

※　神流町《かんなまち》　……　群馬《ぐんま》県にある町。

課題用紙②

問い一　「便利」とはどのようなことでしょうか。文章を参考に、「便利」のよい点とそうでない点をそれぞれ説明してください。

問い二　「便利」にするために「自動化」を進めるということに対し、「自動化して楽をしたいというのも生活や未来を作っていくことのひとつですが、自動だけじゃつまらない、と考えるのも、未来のひとつです。」と述べられています。この文をふまえて、あなたはどんな「未来」を作っていきたいか、次の条件にしたがって書いてください。

〈条件〉

① **【資料①】**または**【資料②】**のどちらか一つから読み取ったことを必ず入れて書いてください。

② あなたがこれまでに体験したことを入れて書いてください。

③ 三百五十字以上、四百字以内で書いてください。

受検番号	
氏　　名	

平成３１年度

宮崎県立宮崎西高等学校附属中学校
宮崎県立都城泉ヶ丘高等学校附属中学校

適性検査Ⅰ

【 第 1 部 】

１０:３０～１１:２０（５０分）

（ 注　　意 ）

1　指示があるまで，この表紙以外のところを見てはいけません。
2　検査用紙は，表紙をのぞいて１４ページで，課題は全部で５題です。
3　解答用紙は#2枚《まい》です。
4　「始めなさい」の指示があったら，まず検査用紙と２枚の解答用紙に受検番号と氏名を書きなさい。
5　検査用紙のページ数がまちがっていたり，解答用紙の枚数が足りなかったり，また，文字や図がはっきりしなかったりする場合は，だまって手をあげなさい。
6　課題の内容や答えなどについての質問には，答えられません。
7　「やめなさい」の指示があったら，すぐえんぴつを置き，解答用紙を２枚ともうら返して机《つくえ》の上に置きなさい。

＃教英出版 編集部　注
編集の都合上、解答用紙は表裏１枚にまとめてあります。

課題１

かずきさんは，学級で「店」について学習した後，さらに調べ，レポートにまとめてみることにしました。

かずきさんがまとめたレポート

■ 調べたこと

◆「店」の条件には，以下の２つがある。

① 製品（商品）の売上げをのばし，利益《りえき》を増やすことを目的としている。

② 製品（商品）を消費者に販売《はんばい》するところである。

ただし，店舗《てんぽ》（商品を売るための建物）や製品（商品）には，以下のような場合もある。

・ 店舗では直接，人が販売しない場合もある。
・ 店舗では販売しない場合もある。
・ 製品（商品）には，モノだけではなく技術やサービスもふくまれる場合もある。

■ 考えたこと

①，②の条件をどちらも満《み》たした場合，「店」とよぶことができる。

問い１　**かずきさんがまとめたレポート**を参考にして，下の**ア**～**カ**の中から，かずきさんが考えた「店」にあてはまらないものを，すべて選んで記号で答えてください。

ア　クレープ販売車　　**イ**　市立図書館　　**ウ**　ガソリンスタンド
エ　自動販売機　　**オ**　インターネットショップ　　**カ**　消防署《しょ》

次にかずきさんは，最近，家の周辺でコンビニエンスストアが増えていることに興味をもち，近くのコンビニエンスストアの店長さんに話を聞くことにしました。

かずきさんと店長さんの会話

かずき：　この場所に開店した理由は何ですか。
店　長：　少しでも多くのお客さんに来店してもらうために，特に，車で寄りやすい場所を選んだんだよ。
かずき：　なるほど。ぼくはまだ車の運転ができないので分からないのですが，運転をしている人が寄りやすい場所はあるのですか。
店　長：　大きく２つあるよ。１つは，基本的に車は左側通行だから，右側よりも左側にある店の方が寄りやすいよね。それからもう１つ。駐《ちゅう》車場《しゃじょう》から車が出やすいということも大事なポイントなんだよ。信号が赤に変わって通行量が少なくなったときに，出やすいところがいいね。こんなことを考えて，わたしの店は開店したんだよ。
かずき：　今日はどうもありがとうございました。おかげでこのコンビニエンスストアが，なぜ［　　　］に開店したのかがよく分かりました。

きよし：　ペダルの所についているギアの他《ほか》にも，後輪には３枚のギアがついているよ。
父　：　そうだね。これもスピードを上げたり，坂道をのぼったりするのに大切なはたらきをするんだよ。
きよし：　後輪についているギアのはたらきについても調べたいな。

お父さんときよしさんは，自転車を自転車スタンドにつり下げ，後輪のギアとペダルの力の関係を調べるために実験をしました。

【実験２】

① ペダル側は**ギアＡ**にする。

② ペダルの部分と後輪におもりをつるして，水平につり合うときを見つける。

③ つり合ったら，おもりの個数を記録する。

図３　自転車スタンドでつり下げた実験（イメージ図）

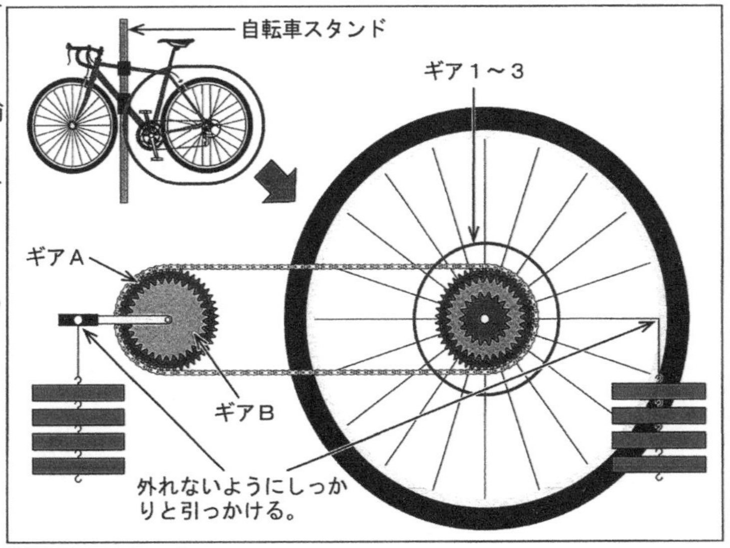

【結果２】

	ペダル側のおもりの数	後輪側のおもりの数
ギア１	１５個	６個
ギア２	２０個	６個
ギア３	２０個	５個

問い２　最も小さい力で自転車をこぐことができるギアの組合せは，下の**ア**～**エ**のどれでしょうか。**ア**～**エ**から１つ選び，記号で答えてください。

ア　ギアＡとギア１　　**イ**　ギアＢとギア３　　**ウ**　ギアＡとギア３　　**エ**　ギアＢとギア１

問い３　**ギアＢ**と**ギア２**を使い，**実験２**と同じ方法で，ペダル側のおもりを２４個にして実験を行いました。後輪側のおもりの数が何個になったときにつり合いますか，答えてください。

【実験１】

① 図２のように，ペダルの部分に，５０ｇのおもりを４個つるす。

② ギアＡにおもりをつるし，個数を変え，水平につり合うときを見つける。

③ つり合ったら，おもりの個数を記録する。

図２

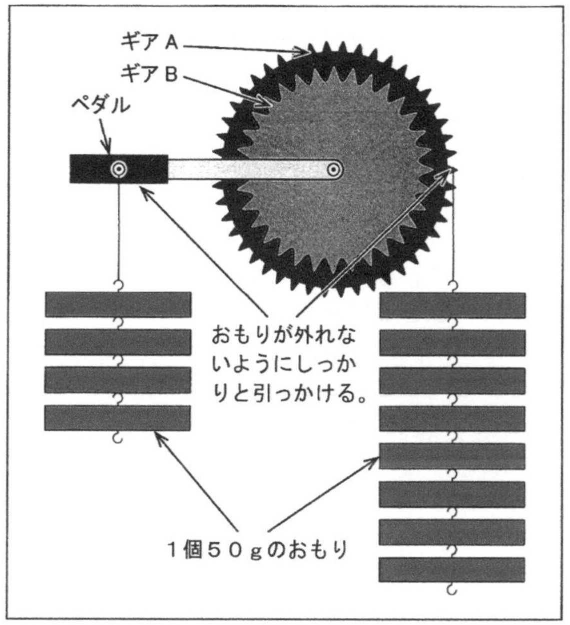

【結果１】

	ペダル側のおもりの数	ギア側のおもりの数
ギアＡ	４個	８個

父　：【結果１】からどのようなことがいえるのかな。
きよし：ペダルをこいだときの力が，大きな力となってギアに伝わることがいえるね。
父　：では，ギアＢで実験すると，どのような結果になるか予想できるかな？

問い１　きよしさんは，ギアＡとギアＢで，ペダルに同じ大きさの力を加えたときギアにどのように伝わるか，ちがいを調べるために，ギアＢでも実験１と同じように確かめてみました。このとき，下の表のような【結果】になりました。下の表の（ ア ），（ イ ）にあてはまる数字を書いてください。

【結果】

	ペダル側のおもりの数	ギア側のおもりの数
ギアＡ（実験１）	４個	８個
ギアＢ	（ ア ）個	（ イ ）個

問い２　資料１のＡ～Ｆの中に，かずきさんが訪《おとず》れたコンビニエンスストアがあります。**かずきさんと店長さんの会話と資料１に書かれた内容**をもとに，会話中の[　　]に最もあてはまる立地《りっち》場所を，Ａ～Ｆから１つ選んで記号で答えてください。また，選んだ理由も書いてください。なお，**資料１**の矢印の向きは，車の進行方向を示しています。

資料１　コンビニエンスストアの立地場所

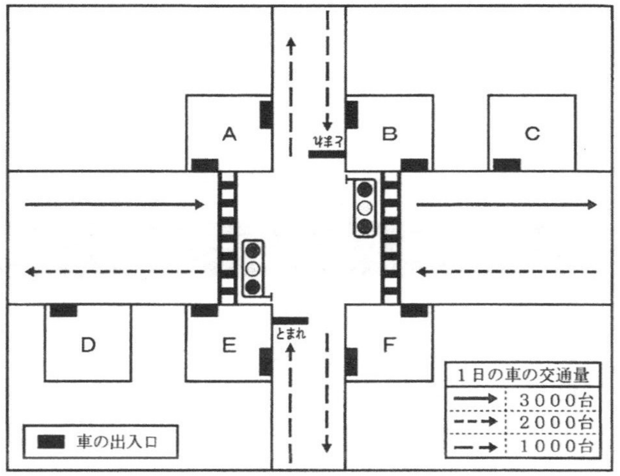

問い３　コンビニエンスストアに興味をもったかずきさんは，コンビニエンスストアが今後，利用者を増やすために，どのようなサービスを行えばよいか，まとめました。**かずきさんのまとめ**の[　　]にあてはまる言葉を，**資料２**と**資料３**をもとにして，答えてください。

かずきさんのまとめ

> 　コンビニエンスストアが今後，利用者を増やすためには，いろいろな方法があると思いますが，**資料２**と**資料３**をもとに考えると，[　　　　　　　　]などのサービスを行う方法が考えられます。
> 　この方法は，利用者を増やすだけでなく，高齢者《こうれいしゃ》の見守り活動にもつながるため，これからの日本にとってもよいことだと思います。

資料２　コンビニエンスストアの商品配達用車両

（出典：毎日新聞ニュースサイト）
＜2017年４月21日＞

資料３　これまでの一人暮《く》らしの高齢者の人数と今後の予想

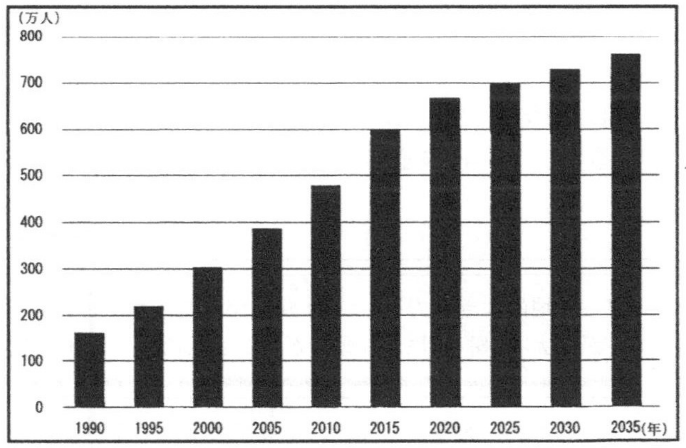

（出典：平成２８年版高齢社会白書より作成）

課題2

しょうこさんのクラスでは，社会科の授業のはじめに，新聞記事の紹介《しょうかい》をしています。しょうこさんが，紹介する記事をさがしていると，次のような記事を見つけました。

しょうこさんが見つけた新聞記事（２０１８年５月２５日付け）

新たに１３ストーリー（物語）を日本遺産に認定！

2018年５月24日，文化庁《ちょう》は各地の文化財を地域《ちいき》活性化に役立てる「日本遺産《いさん》」に，宮崎県の「古代人《こだいじん》の※モニュメントー台地に絵を描《か》く　南国宮崎の古墳景観《こふんけいかん》ー」（写真Ⅰ）をふくむ全国13件を認定《にんてい》したと公表した。

写真Ⅰ：西都原古墳群
（出典：宮崎日日新聞ホームページより作成）　＜2018年＞

2015年からはじまった日本遺産は，一つ一つの文化財に注目して選ぶのではなく，地域の中にあるいくつもの文化財を組み合わせて，その地域の歴史や文化の魅力《みりょく》をストーリー（物語）として，ほかの地域の人や海外の人に伝えることができるものを認定している。

また今回，2017年に日本遺産に認定された「荒波《あらなみ》を越《こ》えた男たちの夢が紡《つむ》いだ異《い》空間～※北前船《きたまえぶね》※寄港地《きこうち》・※船主集落《せんしゅしゅうらく》～」（写真Ⅱ）に富山市などの市町村が新たに追加された。

写真Ⅱ：北前船
（出典：北前船日本遺産推進協議会ホームページより作成）
＜2018年＞

※ モニュメント…記念建造物。記念碑《ひ》。遺跡《いせき》。
※ 北前船…江戸《えど》時代に，北海道と大阪《おおさか》を，日本海回りで航海《こうかい》していた大型の商船。途中《とちゅう》，各地の港を訪《おとず》れ，商品を売り買いしながら移動した。
※ 寄港地…目的地に向かう途中に立ち寄る場所。
※ 船主集落…船のもち主《ぬし》が住んだ場所。

しょうこさんは，この新聞記事を紹介しようと思い，発表の準備を進めていると，日本の歴史についてまとめた，次のようなカードを見つけました。

見つけたカード

ア　各地に大きな力をもつ豪族《ごうぞく》が出現し，やがて大和朝廷《ちょうてい》により国土が統一された。	イ　大仏がつくられるなど，天皇《てんのう》を中心とする政治が，都だけでなく全国におよんだ。
ウ　武士が力をつけ，朝廷《ちょうてい》や貴族《きぞく》の対立の中で力をのばしていった。	エ　狩猟《しゅりょう》や採集の生活が営まれており，表面に縄目《なわめ》の文様《もんよう》がついた土器が使われていた。

課題5

きよしさんは，お父さんとサイクリングに行ったとき，自転車のしくみについて疑問《ぎもん》に思い，その理由をお父さんに聞いてみました。そのときの会話文を読んで，下の**問い**に答えてください。

きよし：　お父さん，どうして自転車は軽くこぐだけでスピードが出るのかな。
父　：　それは，ペダルをこいだときの力を効率《こうりつ》よく後輪に伝える仕組みになっているからだよ。学校で勉強した「てこ」の仕組みを使って考えると分かると思うよ。家に帰ってから，自転車を整備するから，そのときに，自転車を使って実験をしてみようか。

お父さんときよしさんは，家に帰ってから，**自転車のペダルの部分のギア**（図１）とおもりを使って実験をしました。

図１　自転車のペダルの部分のギア

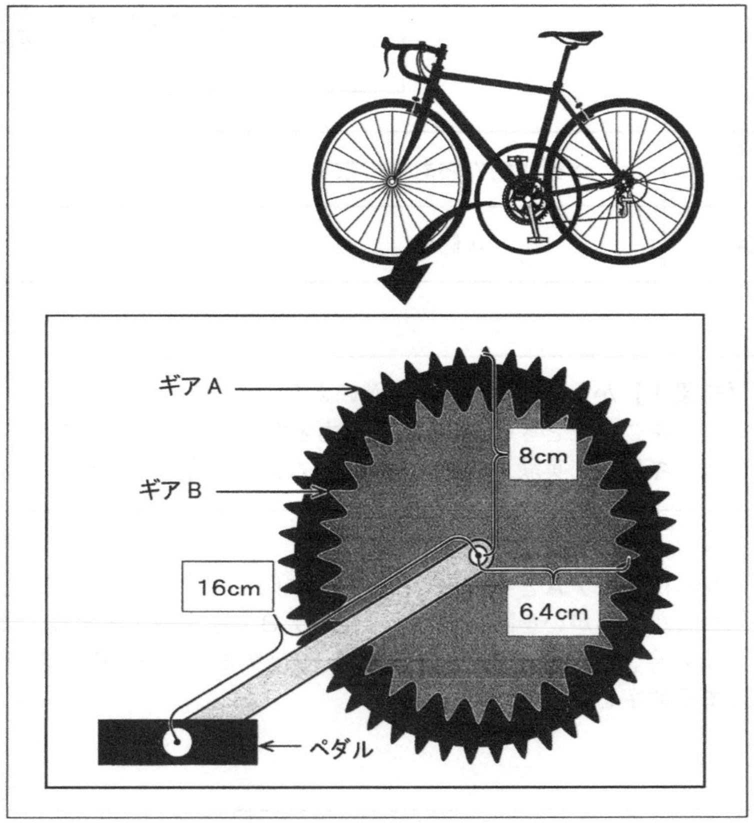

会話３

かずみ：　実験から，塩化カルシウムが雪を溶かすはたらきがあるのは分かりましたが，食塩と尿素が雪を溶かす理由が分かりません。
先　生：　それでは，もうひとつ実験をしてみよう。塩化カルシウム，食塩，尿素をそれぞれ水に溶かしたものを冷凍庫《れいとうこ》に入れて，明日観察しよう。

１日経過後

かずみ：　あっ，３つともこおっていない。冷凍庫の温度は－１０℃以下なので，水は，こおるはずですよね。
先　生：　そうだね。この３つの物質は，水をこおりにくくするはたらきがあるんだよ。
かずみ：　水に溶けて温度変化をすることや，こおりにくくするはたらきで，雪が溶けていくのですね。
先　生：　その通りです。塩化カルシウムと食塩を実際に雪にまいた実験結果があるよ。このグラフです（図５）。

図５　１ｋｇの塩化カルシウムや食塩で溶かすことのできる雪の量とその時間変化（気温が－１２℃のとき）

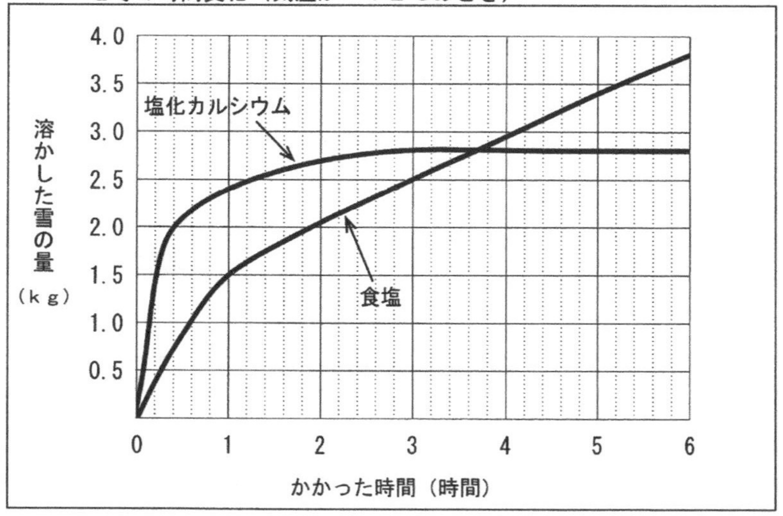

（出典：「2005除雪《じょせつ》・防雪ハンドブック」より作成）

問い３　雪を溶かすということについて，６時間の実験において，食塩と比べた**【塩化カルシウムの特ちょう】**を，図５から読みとり，下の表のようにまとめました。下の表の（　ア　）～（　ウ　）にあてはまる言葉を書いてください。

【塩化カルシウムの特ちょう】

雪を溶かす量	（　ア　）
雪を溶かす効果が現れるはやさ	（　イ　）
雪を溶かす効果が続く時間	（　ウ　）

問い１　しょうこさんが**見つけたカード**のうち，新たに日本遺産に認定された，宮崎県の「古代人のモニュメント」と最も関係の深いものを，**見つけたカード**のア～エから１つ選び，記号で答えてください。

次に日本遺産について興味をもったしょうこさんは，新聞記事の下線部のことについて調べてみました。調べていくと，下の資料を見つけました。

見つけた資料

北前船と昆布《こんぶ》の道　～富山の昆布消費量の謎《なぞ》を追え～

資料１　昆布の漁獲《ぎょかく》量

順位	都道府県	漁獲量（単位：トン）
1	北海道	56,454
2	青森	886
3	岩手	644
4	宮城	56
―	富山	0

（出典：「平成28年漁業・養殖《ようしょく》業生産統計」農林水産省より作成）

資料２　昆布のおもな消費地

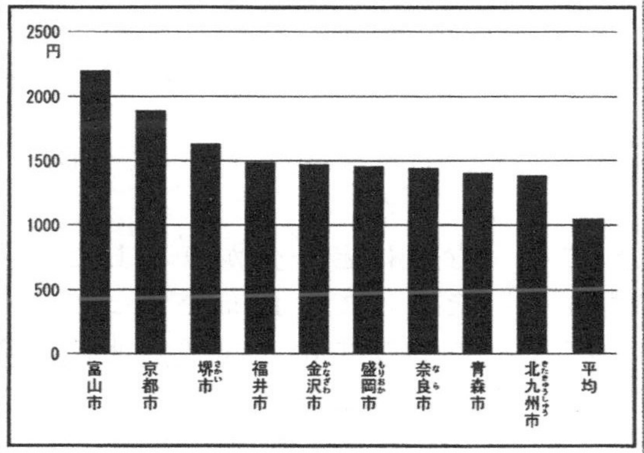

（出典：「１世帯あたり年間の支出額」［2011～13年平均］総務省統計局より作成）

資料３　昆布締《こぶじ》め

富山では，昆布を使った料理や昆布の加工品が豊富《ほうふ》です。

※　昆布締め…新鮮《しんせん》な魚介《ぎょかい》類や山菜《さんさい》などを昆布で挟《はさ》み締《し》めた料理。

（出典：みなと文化研究事業ホームページより作成）

富山の昆布消費量の謎！

富山では，＿＿＿＿＿＿，
なぜ，＿＿＿＿＿＿
だろうか。

しょうこさんは**見つけた資料**を見て，富山の昆布消費量の謎に興味をもち，この謎を明らかにするために，富山県に住む親せきのおばさんに**見つけた資料**を送ったあと，テレビ電話で次のような会話をしました。

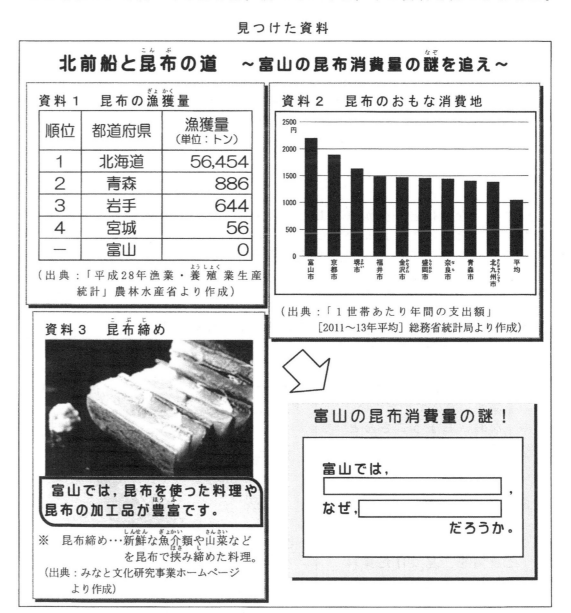

しょうこさんとおばさんの会話

しょうこ：　おばさん，こんにちは。おばさんに聞きたいことがあって電話しました。
おばさん：　わざわざ資料を送ってくれてありがとう。何でも聞いてね。
しょうこ：　富山では，みんな昆布をよく食べるのですか。
おばさん：　そうね。昆布を出汁《だし》や料理の材料に，はば広く使っているよ。わたしは，**資料３**の郷土《きょうど》料理の「昆布締め」が大好きよ。
しょうこ：　それでは，富山の昆布消費量の謎について，分かることを教えてもらってもいいですか。
おばさん：　テレビ電話に，**北前船の航路（資料４）**を映すから，それを見ながら聞いてね。いくつかの理由があるようだけど，理由の１つは，**北前船の航路**から分かるように，北前船の寄港地の１つである富山に，（　　　①　　　）ことから，自然と（　　　②　　　）が生まれたからではないかな。
しょうこ：　なるほど，分かりました。少しずつ，謎が解《と》けてきました。
おばさん：　ところで，昆布を使った郷土料理は，沖縄《おきなわ》にもあるよ。
しょうこ：　本当ですか。なぜ，北前船の寄港地ではない沖縄に，昆布を使った郷土料理があるのか，また，調べてみます。

問い２　**見つけた資料**をもとにして，**見つけた資料**中の**「富山の昆布消費量の謎！」**の□にあてはまる言葉を，答えてください。
なお，**しょうこさんとおばさんの会話**も参考にすること。

問い３　**しょうこさんとおばさんの会話**の（　①　），（　②　）にあてはまる言葉を，**見つけた資料**と，テレビ電話に映した**資料４**を参考にして，答えてください。

資料４　北前船の航路

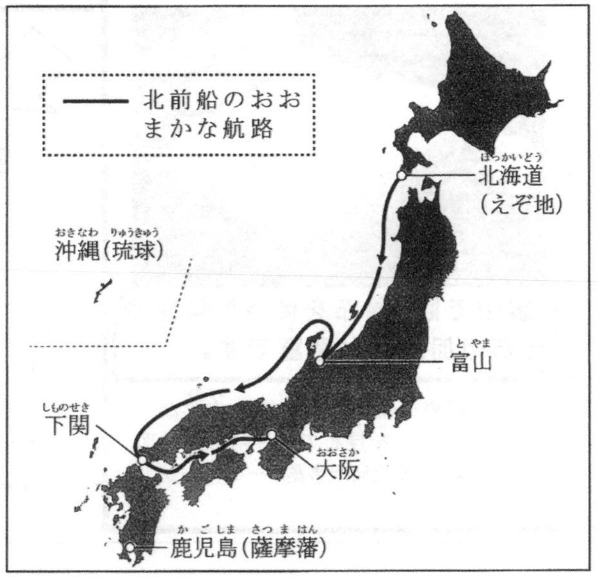

しょうこさんは，**しょうこさんとおばさんの会話**の下線部の新たな疑問《ぎもん》を解決するために，資料をさがしていたところ，次の本を見つけました。

かずみさんは登校中に，塩化《えんか》カルシウム（**図３**）という白い粒状《つぶじょう》のものを雪の積もっている道路にまいている作業員さんを見ました。

会話２

かずみ：　先生，登校中に雪の上に塩化カルシウムをまいている作業員さんを見たのですが，なぜ塩化カルシウムをまくのですか。
先　生：　雪の日に道路がこおって事故をおこさないように塩化カルシウムをまくんだよ。他《ほか》にも食塩や尿素《にょうそ》という物質をまくこともあるんだ。
かずみ：　塩化カルシウムや食塩，尿素を雪の上にまいたら，どのようなことが起こるのですか。
先　生：　そうだね，塩化カルシウムと食塩，尿素を水に溶かすとその効果が分かるかもしれないね。放課後に，実験してみようか。

図３　塩化カルシウム

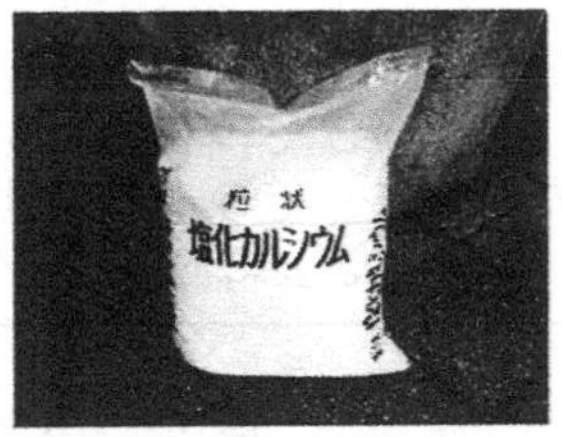

※尿素・・・肥料《ひりょう》にも用いられる白い粒状のもの

放課後，理科室で，かずみさんと先生は，塩化カルシウムと食塩，尿素の性質を調べるため，**実験**を行い，**結果**をまとめました。

【実験】

①　図４のように，鉄製のコップに塩化カルシウム２０ｇを入れ，水６０ｍＬを加えてかき混ぜる。
②　すぐにラップでふたをして，温度を測る。
③　１分ごとに温度を測って，記録する。
④　食塩２０ｇ，尿素２０ｇについても，同じように実験する。

図４　温度変化を調べる実験のようす

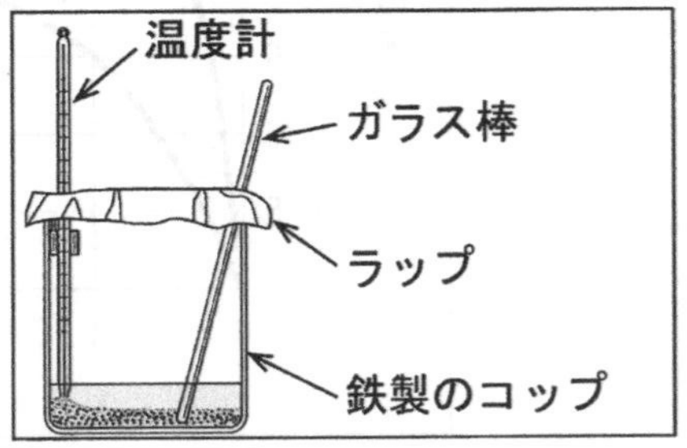

【結果】水を加えて溶かしたときの温度変化

	０分	１分	２分	３分	４分	５分
コップの外　（℃）	２２	２２	２２	２２	２２	２２
塩化カルシウムに水を加えたとき　（℃）	２２	４１	４０	３９	３８	３７
食塩に水を加えたとき　（℃）	２２	１９	１９	１９	１９	１９
尿素に水を加えたとき　（℃）	２２	５	６	６	７	７

問い２　尿素に水を加えたときには，鉄製のコップの外側を見ると白くくもりました。白くくもった理由を書いてください。

課題４

１月のある日の朝，かずみさんは外に積もった雪を見て，ある疑問《ぎもん》をもちました。

会話１

かずみ：　あれ，あそこだけ雪が積もっていないよ（図１）。

父　：　そうだね。マンホールのふた（図２）の上だけ雪が溶《と》けているね。マンホールの下は配水管などが通っていて，外気《がいき》より温度が高いんだよ。

かずみ：　それなら，あのマンホールの横にあった，別のマンホールのふたの上の雪が溶けていないのはなぜだろう。

父　：　ヒントをあげようか。雪が溶けているマンホールのふたはおもに鉄でできていて，雪が溶けていないマンホールのふたは，おもにプラスチックでできているからだよ。どうしてそうなるのか，調べてみたら。

図１　マンホール周辺のようす

図２　鉄でできたマンホールのふた（左）と
プラスチックでできたマンホールのふた（右）

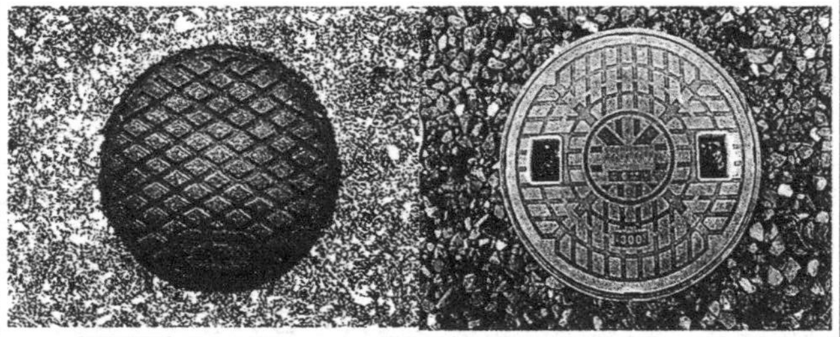

かずみさんは，鉄とプラスチックの熱の伝わりやすさにちがいがあると考え，実験で確かめてみたいと思いました。

問い１　かずみさんは，鉄とプラスチックについて，熱の伝わりやすさのちがいを比べるために，実験をすることにしました。次の中から，この実験に必要ではないものが１つだけあります。下の**ア**～**オ**から１つ選び，記号で答えてください。

ア　携帯《けいたい》用使い捨てカイロ
イ　厚さ０.５ｃｍ，縦５ｃｍ，横５ｃｍのプラスチックの板
ウ　厚さ０.５ｃｍ，縦５ｃｍ，横５ｃｍの鉄の板
エ　厚さ１ｃｍ，縦５ｃｍ，横５ｃｍの鉄の板
オ　同じ量の雪

しょうこさんが見つけた本

資料５　昆布と薩摩藩《さつまはん》

江戸時代，中国では日本の昆布は，高いねだんで売られていました。これに目をつけたのが鹿児島《かごしま》（薩摩藩）です。当時，多くの借金のあった鹿児島（薩摩藩）は，支配していた沖縄（琉球《りゅうきゅう》）から昆布を中国に売り，借金を返そうと考えていました。

資料６　北前船で運ばれた薬の材料と薬づくり

富山は，北前船により全国から多くの商品が集まる場所でした。さらに，江戸中期ごろからは，薬づくりがさかんになりました。富山の薬売りは陸路や北前船に乗り，全国で薬を売るようになりました。また，薬の材料の多くは，中国から鹿児島（薩摩藩）を経由して輸入された，とても貴重《きちょう》なものでした。

問い４　しょうこさんは，北前船の寄港地ではない沖縄（琉球）に，昆布を使った郷土料理がある理由をあきらかにするために，貿易品の流れを図に表そうと考えました。下の図のⒶ，Ⓑにあてはまる場所と，Ⓧ，Ⓨにあてはまる貿易品を，**しょうこさんが見つけた本**にある語句を使い，答えてください。

しょうこさんが表した貿易品の流れの図

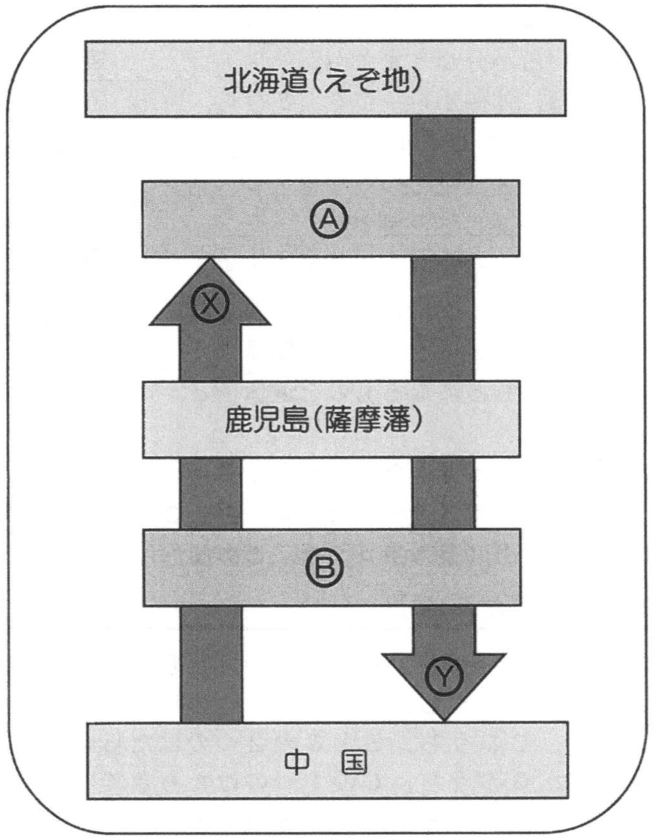

2019(H31)　宮崎西高附属中・都城泉ヶ丘高附属中
K 教英出版
32-(15)
【適Ⅰ 第1部 8-(7)】

課題３

たかしさんは，植物の観察をしているときに，同じ種類なのに，他《ほか》に比べて花びらの枚数《まいすう》がたくさんある花を見つけました。たかしさんは，同じ種類の花なのに，なぜ花びらの枚数にちがいがあるのか疑問《ぎもん》に思い，その理由を先生に聞いてみました。そのときの会話文を読んで，下の問いに答えてください。

たかし：　先生，次の**図１**，**図２**の２つの花には，花びらの枚数にちがいがあります。どうしてですか。

図１　花びらの枚数が４枚の花

図２　花びらの枚数がたくさんの花

先　生：　花びらの枚数がたくさんあるものを「八重咲《やえざ》きの花」といいます。おしべができるところに，花びらができているなどの特《とく》ちょうがあります。まず花のつくりについて考えてみましょう。植物の各部分には，がく，花びら，おしべ，めしべというなまえがついています。植物によって，各部分の色や形，数などはさまざまですが，花のつくりは共通しています。花のつくりはどのようになっているか分かりますか。

図３　花のつくり

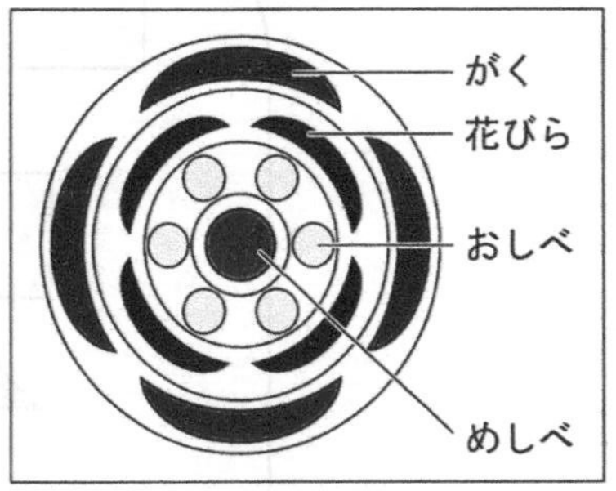

たかし：　花のつくりは，外側から，がく，花びら，おしべ，めしべの順のつくりになっています。

先　生：　そうですね。**図３**は花のつくりを上から見て，分かりやすく表しています。

たかし：　花の各部分の配置や数がよく分かります。

先　生：　がく，花びら，おしべ，めしべの各部分ができるには，そのもとになるものが関係しているのです。そのもとになるものを遺伝子《いでんし》といいます。

たかし：　遺伝子という言葉は聞いたことがあります。

先　生：　花のつくりに関係する遺伝子は，Ａ，Ｂ，Ｃの３つがあります。それぞれのはたらきは，次の【**遺伝子Ａ，Ｂ，Ｃのはたらき**】のとおりです。

【遺伝子Ａ，Ｂ，Ｃのはたらき】

がく・・・・Ａ，Ｂ，Ｃのうち，Ａの１つのはたらきでできる。
花びら・・・Ａ，Ｂ，Ｃのうち，ＡとＢの２つのはたらきでできる。
おしべ・・・Ａ，Ｂ，Ｃのうち，ＢとＣの２つのはたらきでできる。
めしべ・・・Ａ，Ｂ，Ｃのうち，Ｃの１つのはたらきでできる。

先　生：　【**遺伝子Ａ，Ｂ，Ｃのはたらき**】をもとに**図４**のように表すと，花の各部分にどの遺伝子がはたらいているかが分かりやすくなります。

たかし：　花びらがＡとＢの２つの遺伝子のはたらきでできることや，おしべがＢとＣのはたらきでできることから，**ア**，**イ**，**ウ**，それぞれに入る遺伝子が分かりました。

図４　遺伝子のはたらきを加えた図

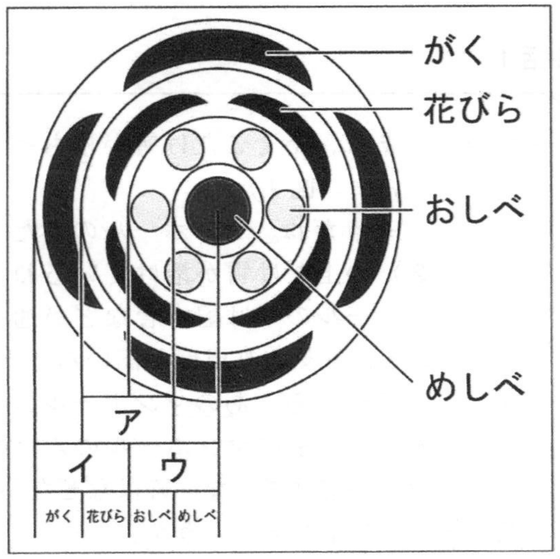

問い１　図４の**ア**～**ウ**には，どの遺伝子が入るでしょうか。Ａ，Ｂ，Ｃからそれぞれ１つずつ選び，記号で答えてください。

先　生：　それでは**図４**をもとに考えたとき，もし<u>Ｂの遺伝子がはたらかなかったら</u>，どのような花のつくりになるか分かりますか。

たかし：　例えば，花びらはＡとＢの２つの遺伝子のはたらきでできていたのに，Ｂがはたらかず，Ａだけはたらくということですね。

先　生：　そうです。すると，花のつくりはどうなるかな。

問い２　下線部の「Ｂの遺伝子がはたらかなかった」場合，花のつくりはどうなりますか。花の各部分のなまえを使って，花のつくりを説明してください。

先　生：　それでは，「八重咲きの花」ができる仕組みも説明できますね。

たかし：　分かりました。少し考えて，まとめてみます。

問い３　花の各部分のなまえやＡ，Ｂ，Ｃのはたらきを使って，「八重咲きの花」ができる仕組みを説明してください。

受検番号	
氏　　名	

平成３１年度

宮崎県立宮崎西高等学校附属中学校
宮崎県立都城泉ヶ丘高等学校附属中学校

適 性 検 査 Ⅰ

【　第 ２ 部　】

１１：４０～１２：３０（５０分）

（　注　　意　）

1　指示があるまで，この表紙以外のところを見てはいけません。
2　検査用紙は，表紙をのぞいて９ページで，課題は全部で４題です。
3　解答用紙は♯3枚《まい》です。
4　「始めなさい」の指示があったら，まず検査用紙と３枚の解答用紙に受検番号と氏名を書きなさい。
5　検査用紙のページ数がまちがっていたり，解答用紙の枚数が足りなかったり，また，文字や図がはっきりしなかったりする場合は，だまって手をあげなさい。
6　課題の内容や答えなどについての質問には，答えられません。
7　「やめなさい」の指示があったら，すぐえんぴつを置き，解答用紙を３枚ともうら返して机《つくえ》の上に置きなさい。

♯教英出版 編集部　注
編集の都合上、解答用紙１枚目と２枚目は表裏１枚にまとめてあります。

課題１

ともみさんが通う病院では，視《し》力《りょく》検査を行うとき視力を２.０，１.５，１.２，･･･のように表していましたが，学校では，視力をＡ，Ｂ，Ｃ，Ｄのように表していました。そこで，ともみさんは，検査で使用した**視力検査表**（**図１**）に興味をもち，先生と話をしています。

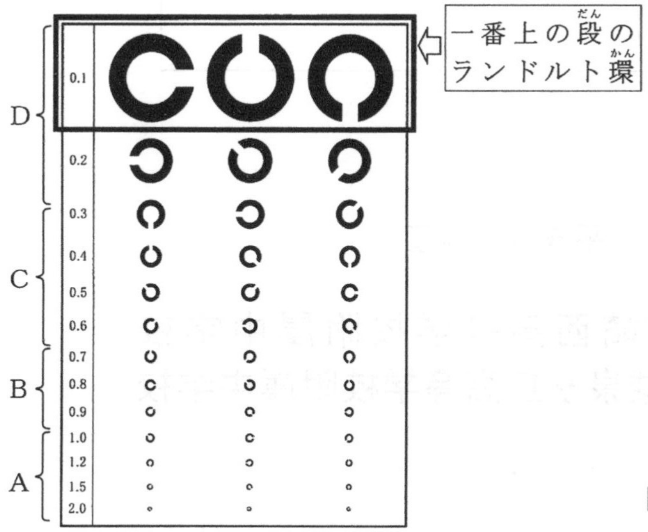

【図１　視力検査表】

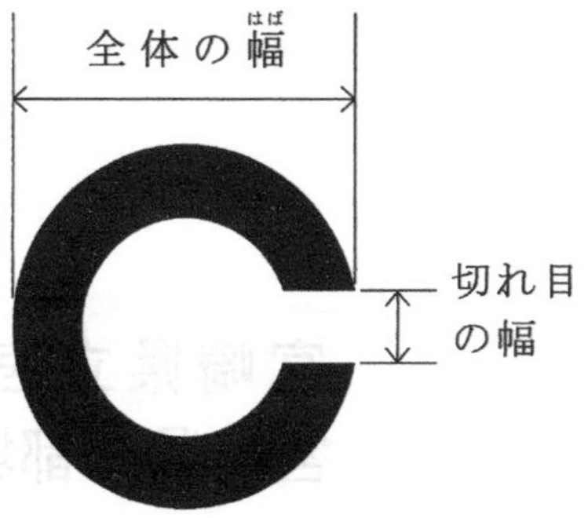

【図２　ランドルト環《かん》】

会話１

ともみ：　**視力検査表**に「**Ｃ**」の記号がいっぱい並んでいますね。

先　生：　この「**Ｃ**」の記号は，**ランドルト環**といって，フランスの眼科医のランドルトさんが，視力を判定するために作った図形です。この**視力検査表**は，５ｍ離《はな》れたところから測ることになっています。

ともみ：　学校では，視力をＡ，Ｂ，Ｃ，Ｄで表しているのに，病院では１.５などの小数で表しています。どんな仕組みになっているのですか。

先　生：　**視力検査表**のように，１.０，０.７，０.３で区切って，その範囲《はんい》をＡ，Ｂ，Ｃ，Ｄで表しているのですよ。

ともみ：　**ランドルト環**の全体の幅と切れ目の幅（**図２**）は，**視力検査表**の上から下にいくにしたがって，だんだん小さくなっていますね。この切れ目の幅には，きまりがあるのですか。

先　生：　よいところに気がつきましたね。では，実際に幅を測ってみましょう。

問い１　ともみさんは，**ランドルト環**の全体の幅と切れ目の幅（**図２**）を測り，下の**表**にまとめました。表中の**ア**，**イ**にあてはまる数を答えてください。

【表　ランドルト環の全体の幅と切れ目の幅】

視　力	0.1	0.2	0.3	･･･	0.5	0.6	･･･	1.0	･･･	1.5	･･･
全体の幅（㎜）	75	37.5	25	･･･	**ア**	12.5	･･･	7.5	･･･	5	･･･
切れ目の幅（㎜）	15	7.5	5	･･･	3	2.5	･･･	1.5	･･･	**イ**	･･･

会話３

たくみ：　しまった。水を流しすぎてしまった。ザリガニの水そうにしたいんだけど，どうしたらいいかな。
さとし：　今，かたむけたままで，よこの目盛りは何cmになっているか分かるかな。
たくみ：　４cmだよ。
さとし：　ということは，

【さとしさんの考え】

　だから，もう一度，この水道から水を入れれば，ちょうど（　**キ**　）秒で，ザリガニの水そうにすることができるよ。

問い３　（　**キ**　）にあてはまる数を答えてください。また，（　**キ**　）を求めるために，さとしさんはどのように考えたのか，**【さとしさんの考え】**を言葉や式を使って答えてください。

会話２

ともみ：　先生の視力はいくらですか。
先　生：　めがねを外すと０.０１ですよ。
ともみ：　先生，０.０１の**ランドルト環**は，**視力検査表**にはないですよね。０.０１の**ランドルト環**ってどのくらいの大きさになるのかな。
先　生：　ともみさんが測ってくれた**表**をみると，「視力」と「全体の幅」や「切れ目の幅」には，何かきまりがありそうですよね。
ともみ：　分かりました。視力０.０１の**ランドルト環**の全体の幅は（　**ウ**　）mmになりますね。
先　生：　よく求めることができましたね。

問い２　（　**ウ**　）にあてはまる数を，答えてください。また，解答用紙の**＜説明＞**のらんに，言葉や式を使って，どのように求めたのかかいてください。

会話３

ともみ：　学校での視力検査ではＡだったのですが，もっと細かな視力を測ることはできないのですか。
先　生：　**視力検査表**では，下になるほど**ランドルト環**の全体の幅や切れ目の幅（**図２**）の差が小さくなっています。Ａの範囲は一番下になるので，細かな視力を調べることも難《むずか》しくなります。
　ただし，**基本となる考え方**を使えば，計算することはできますよ。

【基本となる考え方】
・　一番上の段のランドルト環（**図１**）の切れ目が，５ｍ離れたところから見えると，視力は０.１となります。
・　一番上の段のランドルト環（**図１**）の切れ目が，１０ｍ離れたところから見えると，視力は０.２となります。

ともみ：　ということは，この同じランドルト環（**図１**）の切れ目が１５ｍ離れたところから見えたら，視力は０.３ということですね。
先　生：　そのとおりです。
ともみ：　視力検査にも，いろいろなきまりがあるのですね。

問い３　**視力検査表**で一番上の段のランドルト環（**図１**）の切れ目が，**視力検査表**から７０ｍ離れた地点まで見えたとします。このとき，**基本となる考え方**をもとにすると，視力はいくらと考えられるか答えてください。ただし，視力検査に影響《えいきょう》する光の強さや体調などは考えないものとします。

2019(H31)　宮崎西高附属中・
教英出版　都城泉ヶ丘高附属中
32-(19)
【適Ⅰ 第２部 6-(3)】

課題２

あきらさんの家族は，家で犬を飼《か》うことにしました。あきらさんは犬をどのようにつないで飼うのがよいか，お父さんと話し合っています。

【犬が動くことのできる面積を考えるときの条件】

- 杭《くい》にリード（犬の首輪と杭やロープをつなぐひも）をつなぐ場合は，杭の太さや杭につなぐために必要なリードの長さは考えません。
- ロープにリードをつなぐ場合は，つなぎ目の太さやロープにつなぐために必要なリードの長さは考えません。
- 犬小屋の壁《かべ》の厚さは考えません。
- 犬が動くことのできる範囲《はんい》の地面は，全て水平であることとし，また，リードの端《はし》が，犬が動くことのできる最大の範囲となります。
- 杭２本の間にロープをぴんと張ったとき，そのロープは水平になることとします。
- リードが直線になったときは，そのリードは水平になることとします。
- 円周率《えんしゅうりつ》は３.１４で計算します。

会話１

あきら：　地面に杭を打ってリードでつないで飼うことにしよう。
父　：　リードの長さは２ｍだね。犬が動くことのできる範囲の面積は，どれくらいになるかな。
あきら：　犬が動くことのできる範囲は中心が杭で，半径が（　**ア**　）ｍの円の内部になるね。ということは，犬が動くことのできる面積は（　**イ**　）㎡になるね。
父　：　正解だよ。

問い１　（　**ア**　），（　**イ**　）にあてはまる数を答えてください。

会話２

あきら：　犬が動ける範囲がせまい気がする。もっと，たくさん動けるようにしたいな。
父　：　よし，じゃあ，杭を２本打って，その間にロープをぴんと張って，ロープに沿ってリードが動けるようにつないでみよう。ロープの長さは５ｍ，リードの長さは２ｍだね。ロープはぴんと張っているので，犬が動いても伸びたりゆるんだりすることはないよ。

【リードが動けるようにつなぎ，上から見たときのイメージ図】

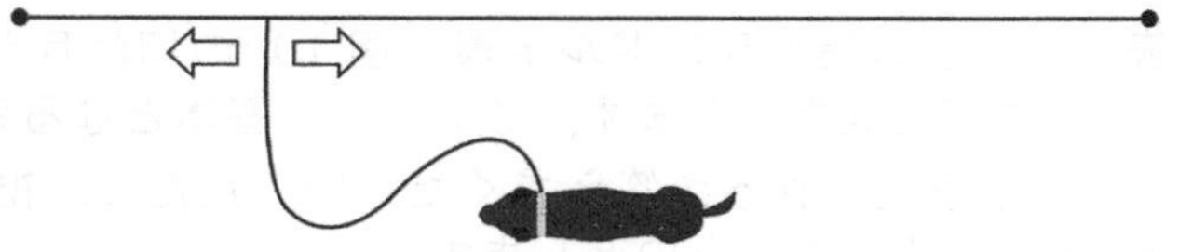

あきら：　なるほど。これだとさっき求めた（　**イ**　）㎡と比べて，犬が動くことができる範囲の面積が（　**ウ**　）㎡も大きくなるね。
父　：　そうだね。

問い２　（　**ウ**　）にあてはまる数を答えてください。

会話２

たくみ：　ごめん。ちょっと目を離《はな》したら，水そうがあふれそうになってて，あわてて水をとめたんだ。水はあふれることはなかったんだけど，ぴったり満杯《まんぱい》になっちゃった。水を入れはじめてからとめるまでの時間は，ちょうど５分間だったよ。
さとし：　そうなんだ。この水道は，きまった時間には，きまった量だけ水が出るよね。**図１**で水があふれずにぴったり満杯になっているということは，１分間で（　**ウ**　）cmずつ水面は高くなっていくんだね。
たくみ：　水の量を３分の２にするためには，水をどうやって流したらいいかな。
さとし：　**図２**のように水そうをかたむけて水を流していけばいいと思うよ。２つの辺が３０cmと４０cmの長方形の面の方向から見た水そうの図（**図３**）をかいて考えれば水の量は半分になるよね。だから，目盛りを利用すると水の量を３分の２にできるはずだよ。

【図２　かたむけた水そうのイメージ図】

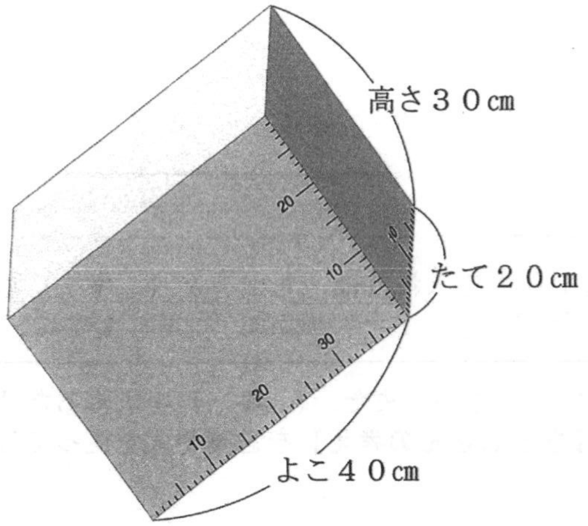

【図３　かたむけた水そうを２つの辺が３０cmと４０cmの長方形の面の方向から見た図】

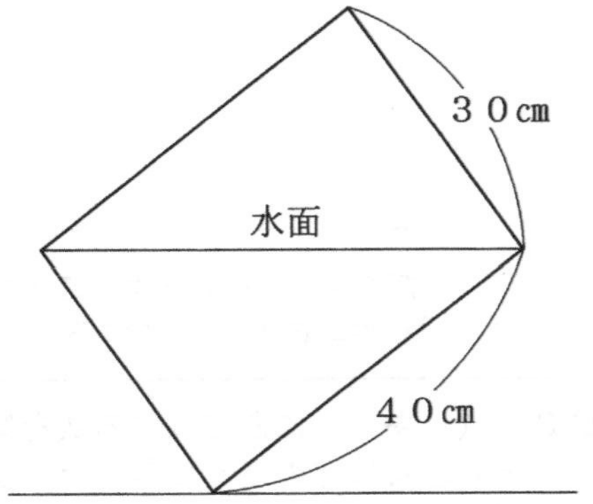

たくみ：　なるほど。じゃあ，水の量を３分の２にするためには，高さの目盛りが（　**エ**　）cmのところまで水を流せばいいんだね。
さとし：　そうだね。ただ，底面のたての辺が，水平な地面とぴったりとくっついているようにして水を流さないといけないよ。
たくみ：　よし，メダカの水そうは分かったよ。ザリガニの水そうも同じようにして流せばいいよね。えっと，ザリガニの水そうなら，どこまで流せばいいのかな。
さとし：　ザリガニの水そうは，このイメージ図（**図２**）の（　**オ**　）の目盛りが，（　**カ**　）cmのところまで水を流せばいいよね。
たくみ：　なるほど。そうすれば水の量は５分の１になるのか。

問い２　（　**ウ**　）～（　**カ**　）にあてはまる言葉や数を答えてください。

課題４

たくみさんとさとしさんは理科でメダカとザリガニの観察をすることになり，飼育《しいく》するための準備をしています。

会話１

たくみ：　メダカ用とザリガニ用に同じ水そうを２つ買ってきたよ。これでいいかな。
さとし：　たての長さが２０cmでよこの長さが４０cmで高さが３０cmの直方体（**図１**）だね。それぞれに１cmごとに目《め》盛《も》りがあるから分かりやすいね。さっそく水を入れよう。

【図１　水そうのイメージ図】

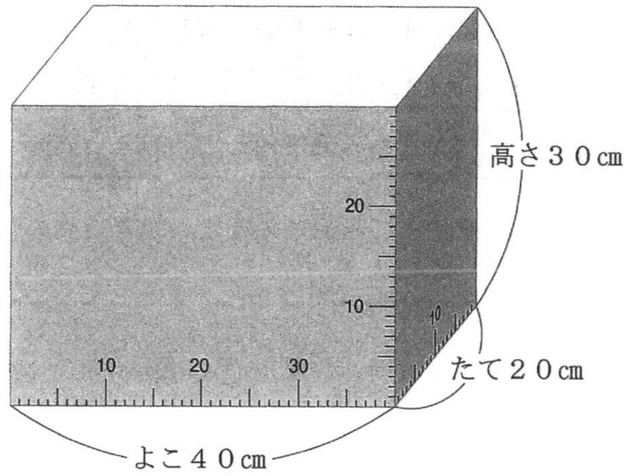

たくみ：　水はどれくらいの量を入れるといいのかな。
さとし：　メダカの場合は水そう全体の量の３分の２で，ザリガニの場合は水そう全体の量の５分の１なんだよ。
たくみ：　ということはメダカの水そうは高さの目盛りが（　**ア**　）cmでザリガニの水そうは高さの目盛りが（　**イ**　）cmまで水を入れればいいんだね。
さとし：　そうだね。水道が２つあるから２つの水そうに同時に水を入れていこう。

問い１　（　**ア**　），（　**イ**　）にあてはまる数を答えてください。

会話３

あきら：　お父さん。犬小屋を置く場所はどうしようか。
父　　：　杭の近くがいいからここに置くことにしよう。犬小屋は１辺が１ｍの立方体の形をしているんだけど，屋根に犬が上がることはできないよ。犬小屋の出入口は杭にくっつけて，上から見たときの犬小屋の出入口側《がわ》の壁《かべ》とロープでつくる角が，直角になるようにしよう。ロープの長さは５ｍ，リードの長さは２ｍだ。これだと犬が動くことのできる範囲の面積も，さっきと変わってくるね。

【犬小屋を置き，上から見たときのイメージ図】

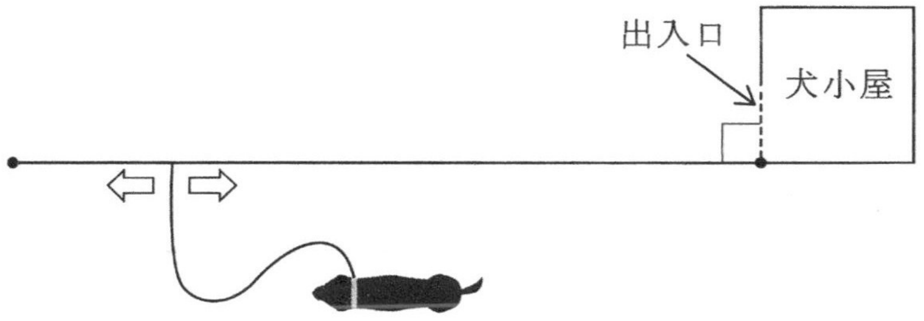

あきら：　どうして面積も変わってくるの。
父　　：　犬が動くことができる範囲を図にかいてごらん。
あきら：　なるほど，そうか。犬小屋がじゃまになって，犬が動くことができる範囲の面積も変わるのか。面積はどれくらい変わるのかな。
父　　：　計算してごらん。犬小屋の中も動ける範囲だよ。
あきら：　分かった。犬が動くことができる面積は（　**エ**　）㎡になるね。犬小屋をここに置いても面積はあまり変わらないね。

問い３　犬が動くことのできる範囲を，解答用紙に図でかいてください。ただし，直線の部分は，定規《じょうぎ》を使って正確にかいてください。曲線の部分は，コンパスを使うことができないので，正確でなくてもかまいません。

問い４　（　**エ**　）にあてはまる数を答えてください。

課題３

はるかさんたちの班《はん》は，６年１組の一人一人の図書の貸出冊数《さっすう》について調べることにしました。

会話１

はるか：　６年１組３０人の一人一人の貸出冊数を調べて，**表１**にまとめたよ。

【表１　６年１組の図書の貸出冊数】

番号	冊数（冊）	番号	冊数（冊）	番号	冊数（冊）
①	１５	⑪	１２	㉑	１２
②	２０	⑫	２１	㉒	１８
③	２	⑬	７	㉓	４
④	４０	⑭	１６	㉔	２９
⑤	９	⑮	２５	㉕	４７
⑥	４４	⑯	４６	㉖	２１
⑦	１６	⑰	２８	㉗	３１
⑧	９	⑱	１２	㉘	３７
⑨	２５	⑲	６	㉙	１５
⑩	３０	⑳	１０	㉚	２３

会話１のつづき

あかり：　ありがとう，はるかさん。でも，みんなバラバラで少し分かりにくいね。
はるか：　それじゃ，５冊《さつ》ずつに区切って表にまとめたものもあるから見てみて。
あかり：　分かりやすくなったね。あれ，よく見ると６年１組の**表２**は，６年２組の**表３**と同じ結果になっているね。じゃあ，一人あたりの平均貸出冊数も同じになるのかな。
はるか：　それはちがうよ。一人あたりの平均貸出冊数は同じになる場合もあるけど，同じにならない場合もあるよ。

【表２　５冊ずつに区切った表（６年１組）】

冊数（冊）	人数（人）
０以上～　５未満	２
５以上～１０未満	４
１０以上～１５未満	４
１５以上～２０未満	ア
２０以上～２５未満	４
２５以上～３０未満	イ
３０以上～３５未満	２
３５以上～４０未満	ウ
４０以上～４５未満	２
４５以上～５０未満	２

【表３　５冊ずつに区切った表（６年２組）】

冊数（冊）	人数（人）
０以上～　５未満	２
５以上～１０未満	４
１０以上～１５未満	４
１５以上～２０未満	ア
２０以上～２５未満	４
２５以上～３０未満	イ
３０以上～３５未満	２
３５以上～４０未満	ウ
４０以上～４５未満	２
４５以上～５０未満	２

問い１　**表２**と**表３**の中の，ア，イ，ウにあてはまる数字を答えてください。

問い２　はるかさんは，なぜ～～～のように考えたのでしょうか。その理由を説明してください。ただし，**表１**と**表２**，**表３**の違《ちが》いを必ずかいてください。

６年３組のある班では，４人の貸出冊数について話をしています。

会話２

ゆ　い：　わたしたちの班は，４人全員が本を借りていますね。貸出冊数の多い順に，わたし，ひろきさん，まみさん，はるきさんの順になっているよ。
ひろき：　そうだね。２人ずつの和と差を計算してみたんだ。すると，大きい数から順に，次の４つの数になったよ。

７３，６４，６０，４２

はるき：　これをヒントにして，貸出冊数が分からないかな。
ひろき：　**表４**の奇数《きすう》や偶数《ぐうすう》の和に注目すると分かりそうだね。

【表４　奇数や偶数の和】

（奇数）＋（奇数）＝（偶数）	（偶数）＋（奇数）＝（奇数）
（奇数）＋（偶数）＝（奇数）	（偶数）＋（偶数）＝（偶数）

ゆ　い：　なるほど。これを使って考えてみると，ひろきさんとまみさんの貸出冊数は（　　エ　　）だね。

問い３　（　エ　）に入る言葉は何ですか。下の①～③から１つ選んでください。また，その理由を説明してください。

①　どちらも偶数　②　一方《いっぽう》が奇数でもう一方が偶数　③　どちらも奇数

会話３

はるき：　４人それぞれの貸出冊数は，分からないのかな。
ひろき：　さらに，**表５**の奇数や偶数の差にも注目して考えると，分かると思うよ。

【表５　奇数や偶数の差】

（奇数）－（奇数）＝（偶数）	（偶数）－（奇数）＝（奇数）
（奇数）－（偶数）＝（奇数）	（偶数）－（偶数）＝（偶数）

ま　み：　もう少し考えてみると，みんなの貸出冊数も求められそうですね。

問い４　４人の貸出冊数はそれぞれ何冊になるか答えてください。

作文用紙

受検番号

氏名

（配点非公表）

問い一

（①）

（②）

問い二

※題や氏名を入れずに一行目から書いてください。

400　300　200　100

作文用紙

受検番号

氏名

(配点非公表)

問い一

よい点

そうでない点

問い二

※題や氏名を入れずに一行目から書いてください。

100

200

300

400

受検番号		氏　　名	

【１枚《まい》目】

平成３１年度　宮崎西高等学校附属中学校・都城泉ヶ丘高等学校附属中学校

適性検査Ⅰ　第１部　解答用紙

（配点非公表）

課題１

問い１	
問い２	＜記号＞・・・（　　　　　　） ＜理由＞
問い３	

32-(27)
【解答用紙5-(1)】

課題２

問い１				
問い２	富山では，（　　　　　　　　　　　　）， なぜ，（　　　　　　　　　　　　）だろうか。			
問い３	①			
	②			
問い４	Ⓐ		Ⓑ	
	Ⓧ		Ⓨ	

受検番号		氏　名	

【２枚《まい》目】

課題３

	ア	イ	ウ
問い１			
問い２			
問い３			

課題４

問い１	・
問い２	＜理由＞

	（ア）	（イ）	（ウ）
問い３			

課題５

問い１	（ア）		（イ）	
問い２				
問い３	個			

2019(H31)　宮崎西高附属中・
教英出版　都城泉ヶ丘高附属中

受検番号		氏　名	

【１枚《まい》目】

平成３１年度　宮崎西高等学校附属中学校・都城泉ヶ丘高等学校附属中学校

適性検査Ⅰ　第２部　解答用紙

（配点非公表）

課題１

問い１	ア	イ

問い２	（ ウ ）
	mm
	＜説明＞

問い３	

【解答用紙5-(3)】 32-(29)

課題２

問い１	（ ア ）	（ イ ）
	m	㎡

問い２	（ ウ ）
	㎡

問い３

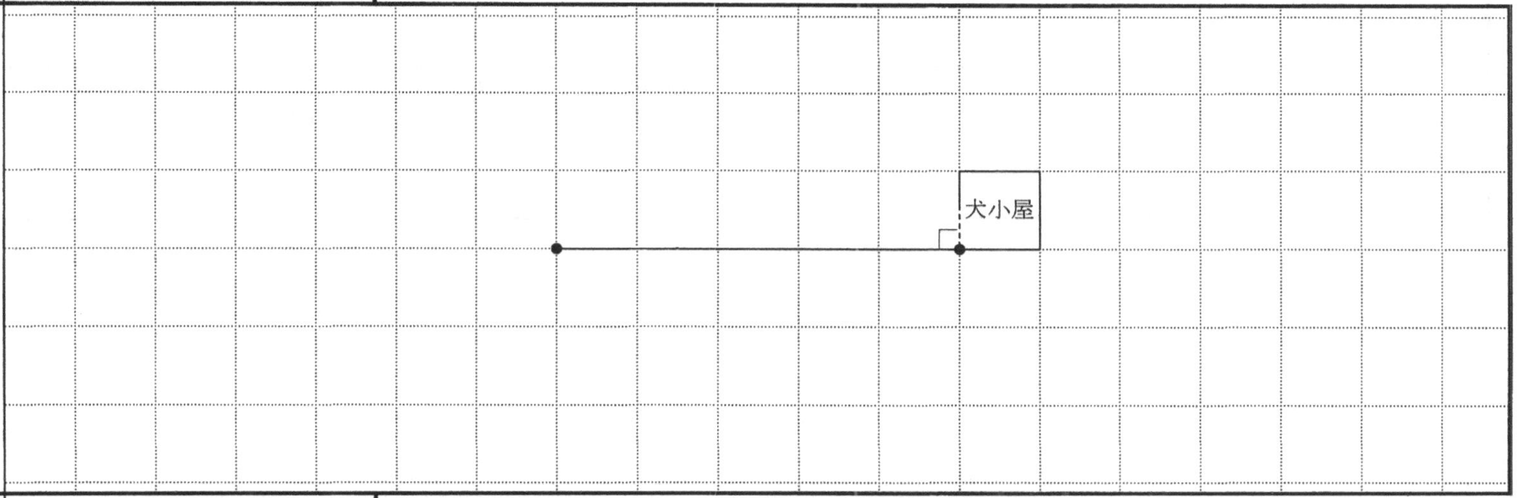

問い４	（ エ ）
	㎡

受検番号		氏　名	

【２枚《まい》目】

課題３

問い１	ア	イ	ウ	
問い２	＜理由＞			
問い３	（　エ　）			
	＜理由＞			
問い４	ゆい	ひろき	まみ	はるき
	冊《さつ》	冊	冊	冊

受検番号		氏　　名	

【3枚《まい》目】

課題4

問い1	（ア）	（イ）
	cm	cm

問い2	（ウ）	（エ）	（オ）	（カ）
	cm	cm		cm

問い3	（キ）
	秒
	【さとしさんの考え】

【解答用紙5-(5)】 32-(31)